曾国藩

周峰/著

曾国藩——晚清的重臣，官场上的大腕，当今持续不衰的时尚话题主角。
将曾国藩的优点与克服其缺点的方法和奥妙嫁接。
在学习曾国藩中超越曾国藩。

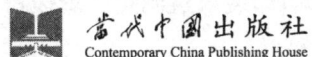

图书在版编目（CIP）数据

超越曾国藩/周峰著.—当代中国出版社，2010.10
ISBN 978-7-80170-940-0

I.①超… II.①周… III.①曾国藩（1811~1872）
—人物研究 IV.① K827-52
中国版本图书馆 CIP 数据核字（2010）第 202661 号

出 版 人	周五一
策划编辑	良石嘉业
责任编辑	陈立旭
装帧设计	飞鸟设计
出版发行	当代中国出版社
地　　址	北京市地安门西大街旌勇里 8 号
网　　址	http://www.ddzg.net　邮箱：ddzgcbs@sina.com
邮政编码	10009
编 辑 部	（010）66572154　66572264　66572132
市 场 部	（010）66572281 或 66572155/56/57/58/59 转
印　　刷	三河市国新印装有限公司
开　　本	710×1000 毫米　1/16
印　　张	20 印张　200 千字
版　　次	2010 年 12 月第 1 版
印　　次	2010 年 12 月第 1 次印刷
定　　价	35.00 元

版权所有，翻版必究；如有印装质量问题，请拨打 (010)66572159 转出版部

目录

引子 …………………………………………………………… /1

第一章　曾国藩背影的奥秘 …………………………… /3
　　曾国藩权术班的同学们 ………………………………… /4
　　那个有来历的曾国藩 …………………………………… /7
　　数数曾国藩的气数 ……………………………………… /13

第二章　权变圆融VS阻力执著，谁能超越曾国藩 …… /27
　　曾国藩的那面"阻力墙" ……………………………… /28
　　化解钥匙在谁手中 ……………………………………… /39
　　唯一不变是权变 ………………………………………… /46

第三章　洒脱进取VS郁闷发展，谁能超越曾国藩 …… /51
　　郁闷发展愁杀曾国藩 …………………………………… /52
　　人在刀丛火海的一条钢丝绳上 ………………………… /57
　　张无忌凭什么超过曾国藩 ……………………………… /62
　　枭雄的洒脱竟那么透彻 ………………………………… /68
　　"恶搞"看破天下事 …………………………………… /73

第四章　格局广大VS奴性忘本，谁能超越曾国藩 …… /81
　　古今流行的奴性忘本症 ………………………………… /82
　　道是"忠君"却欺君 …………………………………… /87

　　大将留在天山的那只蝴蝶……………………………………… /93
　　薛福成大谋略"大"在哪里……………………………………… /99

第五章　永葆活性VS个性萎缩，谁能超越曾国藩……………… /107
　　个性萎缩症害了多少人………………………………………… /108
　　职场有没有真性情的空间……………………………………… /116
　　贾谊手中的双刃剑……………………………………………… /128

第六章　善解干戈VS消灭政敌，谁能超越曾国藩……………… /135
　　心魔举刀刺向谁………………………………………………… /136
　　"消灭政敌"几多解……………………………………………… /148
　　政敌之功圆满我………………………………………………… /155

第七章　红利及人VS独吞遗毒，谁能超越曾国藩……………… /159
　　谁能分享曾国藩的红利………………………………………… /160
　　曾国藩的"黑利"缠中了历史…………………………………… /171
　　曾国藩红与黑的流弊…………………………………………… /183
　　历史上真正的"大人"…………………………………………… /200

第八章　智慧在我VS相术崇拜，谁能超越曾国藩……………… /209
　　相术神话送给曾国藩的光环…………………………………… /210
　　眉间尺与庞统的反对意见……………………………………… /229
　　相人者的按相培养人…………………………………………… /235
　　美人对相术最大的讽刺………………………………………… /241
　　一生真伪如何决………………………………………………… /244
　　何惧吹断大王旗………………………………………………… /255

第九章　身心平衡VS身病心病，谁能超越曾国藩 …………/261
　　身病心病困一生…………………………………………/262
　　战国蝴蝶意悠长…………………………………………/269
　　若问21世纪什么最宝贵…………………………………/278
　　圈子面子皆微妙…………………………………………/281
　　真正大才不加班…………………………………………/285

第十章　顺势而为VS狭窄问路，谁能超越曾国藩 …………/289
　　如何坐上"蒸汽船"………………………………………/290
　　狭路求存叹凋零…………………………………………/296
　　慈悲自然天地宽…………………………………………/301
　　印记最深是良心…………………………………………/308

引子

如果与曾国藩同场竞技,你是选择超越他,还是跟在他后面亦步亦趋?或者与他并肩而进?

无论在其当世还是后世,曾国藩这位晚清的重臣、官场上的大腕,永远都是一个时尚话题。当今时代也不例外,各种有关这位重臣的著作层出不穷。但面对当今社会此起彼伏、持续不衰的"曾国藩热",有一个问题非常值得思考,那就是今人究竟该把曾国藩视为无法超越的楷模,甚至放纵劣根性的心理安慰,大搞邪门歪道的借口,还是真正学到曾国藩成功的精髓?是因为敬重曾国藩或者接受来自曾国藩的某种心理暗示,所以一切思想和行动均按曾国藩的原貌复制,在21世纪的阳光下继续19世纪诡秘晦暗的往事,还是寻求对曾国藩的超越,开辟一个灿烂的新空间?

曾国藩的功成身退,本身就证明了"长江后浪推前浪"的道理。所以,答案不言自明,曾国藩热的高潮和最高境界是"青出于蓝而胜于蓝":在学习曾国藩中超越曾国藩,而非目前那种视曾国藩为无法超越也不敢超越的"神",仅在其身后亦步亦趋，最多也只是与其并肩而进。为此必须探讨曾国藩那些值得学习的优点，审视曾国藩那些应避免的缺点，同时仔细思考从哪些方面改进曾国藩的不足，发扬其长处，进而探讨超越曾国藩的枢机何在？可以想见，如果能将曾国藩的优点与克服其缺点的方法和奥妙嫁接，搞明白该在哪些方面学习曾国藩，在哪些方面超越曾国藩，必将如虎添翼，事半功倍。

　　本书的目的，正是在不苛求古人的前提下集中总结曾国藩成功的真谛，条理探究其不容置疑的缺点，借以寻找历史上能够弥补曾国藩不足的人物，在让曾国藩与其前期或同期历史人物珠联璧合的携手中，为读者铺就一条成功的捷径坦途。

第一章
曾国藩背影的奥秘

　　当曾国藩走上历史舞台的时候,他没有想到自己会成为晚清重臣,时代名人;

　　当曾国藩退出历史舞台的时候,他没有想到自己会成为某些人追寻的楷模,另一些人痛恨的时代罪人;

　　当历史重拾对曾国藩的兴趣时,所发生的一切恐怕连曾国藩自己都感到惊讶。

曾国藩权术班的同学们

"经商要读胡雪岩，做官要学曾国藩"，这两句不知从何时强劲流行起来的俗语，对许多人来说有如在商场和官场上求胜的箴言、秘诀、上上签。所以一段时期以来，有关胡雪岩和曾国藩成功心法与绝学的书也是风生水起。但与胡雪岩相比，曾国藩的成功秘诀、人生手腕、处世心法之类的书更要用多如牛毛来形容。曾有人总结说，目前国内图书市场上树曾国藩为榜样、楷模的书已多到可以设立专门的部类了。面对如此众多对曾国藩的解读，如果说曾国藩不是千手观音，那至少也是一个千面人了。

于是相应的感叹油然而生：20世纪八九十年代掀起的曾国藩热，产生了如此多的历史翻案文章，终于众星捧月似的捧出了曾国藩，一捧就将那位曾镇压太平天国的刽子手捧成了一个大儒，大有把他册封为孔孟之后第三位圣人的声势。中国社会由此正在出现新一轮造神运动，那就是把曾国藩由历史上一个普通的封疆大吏和朝廷大员，涂脂抹粉、添枝加叶地变成一个做官之神，

曾国藩像

"学之者昌，不学之者亡"。虽然这多少显得有些古怪，但曾国藩确实已经成为社会上有形或无形，或显露或隐晦地影响官场的一个不可或缺的因素。几乎每一个想在商场和官场上混到出人头地的有心人，莫不以手中有一本曾国藩成功之道的书为安慰，想从中参悟出为官之道、经商之门、处世之术的秘诀，否则便会感到心里没底，因为别人也都在这么学习、参详曾国藩。当社会上形成一种似乎只有抱住曾国藩的大腿，怀想着曾国藩博冠大袍、长髯飘飘的形象，才能在官场、商场上平步青云，在人际关系中游刃有余，否则就会一无所获的风气时，自己不学习就会感到落后。甚至有人调侃说，如果哪个聪明的美国总统候选人能够精通曾国藩的权术，便会从任何顺逆形势下的美国大选中光荣胜出。

其实，学习曾国藩并没有什么大不了的，但如果只是看别人怎么学自己就怎么学，别人学什么自己就学什么，那么能学得比他人高明吗？如果只是一切复制曾国藩而不想超越他，能比那些"曾国藩权术班的同学"更高明吗？显然，答案是不能。

何况，在这股学习曾国藩的热潮中，想不到却又在意料之中的还有歪学曾国藩。而且这样的人，可以说随处可见。某年某月笔者在南京求学时，就见某个单位的管理者沈兄，作为曾国藩的忠实学习与模仿者，颇彰显了学习曾氏言行、"绝学"者的"风采"。沈老哥背手踱方步的姿态特别像曾国藩的不急不徐，沉稳而有气质。有时大老远一望那个背影，熟悉者便"惊呼"那是沈兄。而不知道者，甚至以为是某级重要领导甚或曾国藩本人驾临。

最为有趣的是一次放假回家过春节。当时官方规定，回家的人必须先签到后离开，以方便管理。当然，许多人由于思家心切都迫不及待地想签名之后潇洒地挥挥手开路。确实也有一些兄弟单位较为体贴人心，早早放人，落得个皆大欢喜。然而每天都研究曾国藩"绝学"的沈兄则不然，一直等到官方规定的最迟放假时限到了，才通知大家去签名，同时一一与大家握手祝春节快乐。虽然他这一握手，并没有让人感觉到会有三年不散的香气，却不免让人想起曾国藩初创湘军之际，曾打造了许多刻有"涤生曾国藩赠"的腰刀，并亲手赠给少数英勇善战者以激励士气收笼人心的旧事。只可惜这位沈兄学到的只是曾国藩的形，而未学到曾国藩的神，反而东施效颦。因为大家无不因他不早放人回家而心生怨气，而且在急于回家的情况下也根本没有心思体会沈兄的"良苦用心"。沈兄本末倒置算是白忙了，不仅不为人感念，反而显得不伦不类。

同时还有一位朋友专门研究政治权术，以能拥有曾国藩的细心和善于人情世故标榜自己。只可惜他每每喜欢观察的，却是诸如别人床上的毛发是从身体哪个部位掉下来的，并借机推断毛发背后的故事，进而推演出若干子虚乌有的风流韵事。虽然这在"推理能力"上可以与曾国藩"明察秋毫"相匹配，实际上其趣味却可能深为曾国藩本人所鄙夷。同样还有一位学惯了曾国藩相术的老兄，成天用防贼的眼神看着别人，却又对官宦子弟点头哈腰，对没有背景的人则如狼似虎，也难为他的相术水平，原来只是以金钱权势论贵贱高低。

其实，诸如此类捡了芝麻丢了西瓜、不伦不类、徒有其表地学习曾国藩，把曾国藩一些优点用于无聊之事和纯粹一己之私的不入流的学习手法，某种意义上正是当前学习曾国藩热的常态，颇令人遗憾。同样令人不得其解的还有一些人专门取一点而不顾其余，仅把曾国藩当成玩权谋的高手，只学得狡猾、虚伪甚至无情无义。

显然，这些人忽视了曾国藩的志向、治学、治德、治家、治属下、治身的高明真谛，只是把曾国藩当成自家的私心杂念和劣根性开脱的"理论依据"、行事借口和心理安慰,从而只捡无聊的把戏学,只捡所谓八面玲珑、逢迎拍马、暗送秋波、工于心计、巧取豪夺、损人牙眼等来修炼。延伸开去,还发展成现实生活中总有那么一些人,对于古今中外权臣小人的为人处世之道十分景仰,不是揣摩他们的当官权术,就是研究他们的谋财、谋色、谋人伎俩,还津津有味、乐此不疲。

但上述曾国藩热中产生的现象,难道就是今人应该学习的曾国藩吗?即使在人类已经进入21世纪,世界、国家、社会、官场和商场都已经发生重大变化的时候,非要让一个19世纪的老者曾国藩来引领和指导做官之路吗?我觉得也不应该把曾国藩学浅了、学偏了、学歪了,同样,更不能把曾国藩学僵化了,当成不可超越的"神"。只有一边学习曾国藩的优点,一边克服其缺点超越他,才是学习曾国藩的正途。

那个有来历的曾国藩

俗话说,一切从头说起,才能说得明白。在琢磨超越曾国藩之前,我们不妨先看一看曾国藩的来历。

谁也无法否认,曾国藩确有可学之处——不然这位老先生也不会是身前生后各个时代的"时尚人物"、"焦点话题"。作为中国清代

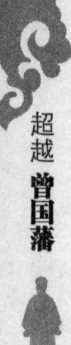

历史上最有影响的人物之一，曾国藩历任两江总督、直隶总督——是官居一品的省部级高官，死后被谥"文正"——悼词的评价非常高。曾国藩所处的时代，是中国大清王朝由盛世转而为没落、衰败，内忧外患接踵而至的动荡年代。但由于曾国藩等人的力挽狂澜，清王朝却一度出现"同治中兴"的局面，颇给上上下下各色人等以信心。曾国藩，正是这一过渡时期的中心人物之一，在政治、军事、文化、经济等各个方面产生了令人瞩目的影响。这种影响不仅仅作用于当时，而且一直延伸至后世。

曾国藩，初名子城，字伯涵，号涤生。公元1811年生于湖南省双峰县（原属湘乡）荷叶镇——现在这里已经是一个名胜了。道光十八年（1838年）中，曾国藩考中进士，并得以进入翰林院，成为军机大臣穆彰阿的门生。随之，曾国藩先后升迁为内阁学士、礼部侍郎，任兵、工、刑、吏部侍郎，可以说大清朝比较牛的衙门，曾国藩都见识过、体验过，工作经历比较丰富。

咸丰二年（1852年），不甘寂寞但主要是对现实不满的洪秀全率领太平军在广西贫困之地揭竿而起，随后由广西北扬进军湖南，再转为一条直线向东进逼南京，并在那里建立了太平天国，清廷上下无不为此震怒。曾国藩当时正因母丧留在湖南原籍，看见太平军打入自己的家乡，颇有些气愤不平，便奉旨前往湖南省会长沙，帮同湖南巡抚办理团练，从而经历了人生最重要的一个转折，从拿笔杆子为主跳槽成了指挥刀把子的人，开始了其人生中最重要的一个时期。

为对抗太平军，曾国藩招募农民为营勇，任用儒生为将佐，组建"湘勇"（通称湘军），拉起了自己的队伍。1854年年初，湘军练成水陆师1.7万余人，汇集湘潭，誓师出战，但初战连败于岳州、靖港。一心想以湘军扬名立腕的曾国藩期望大，失望也大，因此为失败

而羞愧,愤不欲生,投水自杀,但随即被其左右救起。湘军受此刺激,也跟着起死回生,逐渐成为太平军的劲敌。此后,湘军攻陷湖北省城武昌,曾国藩奉诏任湖北巡抚。旋因以老太太慈禧为代表的清朝朝廷恐其于地方坐大,抢走太后屁股底下的宝座,又很快被解职。此后,曾国藩只能长期以侍郎虚衔领兵,受尽了夹板气。但曾国藩颇善于把夹板气变成争气,在功名场上愈挫愈勇,一路高歌。1855年年初,曾国藩率领湘军进攻江西九江、湖口,遭太平军重创,退守南昌。

背洋枪的湘军

1858年6月,曾国藩奉诏出办浙江军务。1860年,由于曾国藩在朝廷上的竞争者主持的围攻太平军都城天京的清军江南大营被太平军彻底击败,曾国藩及湘军成了对抗太平军的唯一支柱,他本人也就因别人之祸而得福,成为清政府不可或缺的人物,先后加兵部尚书衔,授两江总督,以钦差大臣督办江南军务。不但拥有乱世之宝——兵权,而且开始掌握"兵权的兄弟"——地方政治经济大权。

1861年9月,曾国藩指挥其弟曾国荃攻陷太平军都城天京的重要外围支撑地安庆,给太平天国的生存压上了一块沉重的石头。11月,曾国藩因"剿匪"有功得以加太子少保衔,奉命统辖江苏、安徽、江西、浙江四省军务。此时的曾国藩,手握清朝最善战的部队,管理着天下最有钱的地区。也就是在此时，曾国藩向朝廷举荐左宗棠督办浙江军务、李鸿章出任江苏巡抚，曾国藩既得扶植人才之名，又形成了自己的庞大集团和坚固羽翼。1862年，曾国藩以安庆为大本营，命曾国荃部沿江东下，直逼太平天国都城天京，同时左宗棠率部自江西进攻浙江，李鸿章部自上海进攻苏南，对太平天国实行战略包围。当年10月，湘军与太平军忠王李秀成等部数十万在天京城外激战，持续围困天京。至1864年7月，终于攻破天京城池，完成对太平天国起义的镇压。清政府随后封曾国藩为一等毅勇侯，加太子太傅，赏双眼花翎。

在镇压太平天国过程中，曾国藩还腾出手来发起了洋务运动，颇为重视采用外国军事技术，主张"师夷智以造炮制船"。1861年，曾国藩设立安庆内军械所，制造"洋枪洋炮"，后又试制小火轮船。1863年造成"黄鹄"号轮船，并派当时的科学家容闳赴美国购买机器。1865—1866年，曾国藩又与李鸿章在上海创办江南制造总局等军事工业。后为之积极筹措经费，派遣学童赴美留学，成为清末兴办洋务事业的首创者之一。

也是在此前后，湘系势力中许多人都劝曾国藩自立为帝。传言一次曾国藩生日时，湖北巡抚胡林翼来贺，交谈间书写一纸条，赫然有："东南半壁无主，我公岂

江南制造总局炮厂厂房

有意乎？"曾国藩见之，惶恐无言，将纸条悄悄撕个粉碎。浙江巡抚左宗棠也曾赠曾国藩一副对联："鼎之轻重，似可问焉！"曾阅后，将"似"字改为"未"字，退回。安徽巡抚彭玉麟则送密信称"东南半壁无主，老师岂有意乎？"尤其是太平天国覆亡后，彭玉麟、左宗棠、曾国荃更与湘军悍将鲍超等密谋拥戴曾国藩自立，企图重演一场"赵匡胤黄袍加身"的历史剧。曾国藩则书写出一副对联"倚天照海花无数，流水高山心自知"，委婉地表明了无意自立的想法。当时，就连太平天国阵营内也有人劝曾国藩称帝。曾国藩劝太平天国前期高级将领石达开降清时，石则说曾国藩是举足轻重的韩信，何不率众独立？忠王李秀成被俘后也表示：愿以长江两岸数十万太平军余部，拥戴曾国藩为帝。可见，当时天下真是人心思变，不甘人下者人人似乎都想抓住每一个机会自立门户。但鉴于湘军可能由此分裂，考虑到自己称帝后可能被狼子野心的曾国荃等人火中取栗，或受到已经羽翼丰满的淮军势力威胁，以及八旗骑兵主力在北方的存在，曾国藩最终没有冒称帝的政治风险。

然而此后，曾国藩的气势开始转入下行通道，一世英名逐渐被挥霍殆尽。

1865年5月，曾国藩奉命督办直隶（约今河北）、山东、河南三省军务，镇压太平军之后反抗清朝的捻军。他驻营徐州，先后采取重点设防、凭河筑墙、查办民圩的方略，欲在黄河、淮河之间，运河以西，沙河、贾鲁河以东区域歼灭捻军，但用兵很久却无功而返。因为捻军以骑兵为主，忽来忽去，难找踪迹。次年冬，不耐烦曾国藩成事缓慢的清廷改派他的学生李鸿章接替曾国藩，命曾国藩回两江总督之任。曾国藩由此遭受成名后的重大挫折。1867年，曾国藩调任直隶总督。1870年6月天津发生教案，曾国藩奉命前往查办，处决、遣戍官民

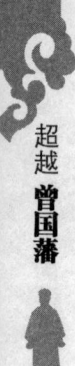

数十人,被视为屈从法国势力,受到社会舆论谴责。再碰壁后,曾国藩于9月重回两江总督之任。但他也并没有在这个托底的两江总督任上干多久,1872年3月,曾国藩在南京病逝,赠太傅,谥文正。

无论是在生前还是在身后,曾国藩都是一个非常有争议的人物,"谳之为元凶,誉之为圣相"。反对者如历史学家范文澜先生在其名篇《汉奸刽子手曾国藩的一生》中说,曾氏者,清廷鹰犬也。直指曾国藩为"百年来一切出卖民族的汉奸与屠杀人民的刽子手的开山祖师"。虽然从当时的清朝国家意志层面去看,曾国藩应该是一个功臣、英雄,但其所作所为不能与人民或后世某些权势人物的利益相吻合。

而更多一些名人则多给予曾国藩以赞美之辞。如清末民初的名人梁启超就称:"曾文正者,岂惟近代,盖有史以来不一二睹之大人也已;岂惟中国,抑全世界不一二睹之大人也已。然而文正而非有超群轶伦之天才,在并时诸贤杰中,最称钝拙,其所遭值事会,亦终身在拂逆之中,然乃立德、立功、立言三并不朽,所成就震古铄今而莫与京者,其一生得力在立志自拔于流俗,而困而知,而勉而行,历百千艰阻而不挫屈……"意思是说,曾国藩是一个与众不同、超凡出众的大人物,遭遇大挫折却成就大事业,不仅是中国的伟人,也是世界级的伟人。不过,这多少给人一种梁启超自道的感觉。又如有人称曾国藩"即我国旧教育理想与制度下所产生最良之果之一。故能才德具备,文武兼资。有宗教家之信仰,而无其迷妄;有道德家之笃实,而无其迂腐;有艺术家之文采,而无其浮华;有哲学家之深思,而无其凿空;有科学家之条理,而无其支离;有政治家之手腕,而无其权诈;有军事家之韬略,而无其残忍……呜呼,斯真中国教育之特色,中国文化之特色也"。这是说曾国藩颇能平衡,是中庸的大家,更是

全才。曾国藩的朋友而兼政敌的左宗棠，则称其"知人之明，谋国之忠，自愧不如元辅；同心若金，攻错若石，相期无负平生！"意思是说曾国藩善于识人用人。而撰有《湘军志》并对曾国藩有所不满的王闿运也说："湘军兵威之盛，岂天数耶？一二人谋力之所致也。"这"一二人"，当然首推曾国藩。此外还有诸如"中兴第一名臣"、"德埒诸葛，功迈萧曹，文章无愧于韩欧，实为近百年来难得的圣贤"等。所以这些评论与贬之者所谓"曾屠户"、"曾剃头"、"卖国贼"的评论并存，正应了那句"横看成岭侧成峰"，各人有各人的眼光，而这也就形成了历史的扑朔迷离。当然，这同时也正是历史的魅力所在。

数数曾国藩的气数

无论争议如何，一个事实是曾国藩能够从一个农家子弟，在波澜起伏的时代和历史舞台上成就当时人所看重的功名事业，自有其一定的道理和过人之处。

第一，曾国藩对人生的理解非常有穿透力。这种穿透力，说的是对人生只有看透了，才能有所作为。曾国藩的一生很有见识，并因此而有追求作为的紧迫感和一定程度上的超脱。曾国藩一次在写家书时说："静中细思：古今亿万年，无有穷期，人生其间，数十寒暑，仅须臾耳！大地数万里，不可当极，人于其中寝处游息，昼仅一室

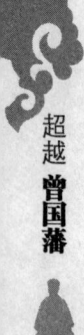

耳,夜仅一榻耳!古人书籍,近人著述,浩如烟海,人生目光之所能及者,不过九牛之一毛耳!事变万端,美名百途,人生才力之所能办者,不过太仓一粟耳!知天之长,而吾所历者短,则遇忧患横逆之来,当少忍以待其定;知地之大,而吾所居者小,则遇荣利争夺之境,当退让以守其雌;知书籍之多,而吾所见者寡,则不敢以一得自喜,而当思择善而约守之;知事变之多,而吾所办之者少,则不敢以功名自矜,而当思举贤而共图之。夫如是则自私自满之见,可渐渐蠲除矣。"这是何等高明的见解!只有空出来地方,才能装进去东西,并产生新的创造。古往今来,没有经过深思熟虑的人生一文不值,不知道自己该干什么的生活就是迷途,人都是先有其谦虚才有所学识,先有其识才能有所成;没有超脱境界的生活往往会愁眉不展,自以为是,无所作为。曾国藩能够意识到自己的渺小与人生的短暂,自然就容易虚怀若谷并登高望远,有气魄而且追求有所作为。可以说,上述对人生的重要见解是曾国藩成功的重要原因之一,也是他从一个文弱书生而平步青云的重要思想保障。

　　第二,曾国藩为人很有志向力。这种志向力,就像人只有目标明确,明白自己是干什么来的,才最有可能成功。这种志向力,说的是人要立志才能踏上成功之径,无论这种志向是较小的吃喝玩乐、鲜花美女、功名利禄,还是较大的为国为民。而曾国藩为人非常有志向,他曾说:"盖人不读书则已,亦既自名为读书人,则必从事于大学。大学之纲领有三:明德、亲民、止于至善,是我分内事也。"当时他宣扬说:"以仁存心应该有民胞物与之量,内圣外王之业,不忝父母之生,不愧天地完人,这就是先王经世的精神。"为此曾国藩还把原来的名字"曾子城"改为曾国藩,暗寓"为国藩篱"之意。相信自己终有一天,能如云中展翅的孤凤一样,不鸣则已，一鸣惊人。所谓"莫道儒生终龌龊，万一雄卵变蛟龙"。这种奋发进取的思想，匡时救世的远大抱负和人生目的，今日看来仍然难能可贵。虽然后来在镇压太平天国之时，曾国藩因为时代和个人的原因这一点做得言行不太相符，但在其青年时期以及早期的官宦生涯中，这种以求德、求仁、求善为读书与从政的目的，并以此立志，还是给了曾国藩奋斗的力量以及较为有利的从政环境。当时以道光、咸丰两朝皇帝为首的清政府北京的大小官员，也尚有一点清明之气，故也喜欢曾国藩这样有志建功立业的年轻人。

其实再放大看，无论何种时代的各色人等，活在世上都当有所作为。没有大作为，人生的风景线就不会出现云彩。中国知识分子的传统就是一方面关心自己的学识，一方面关心天下兴亡，以天下为己任。这正是学习曾国藩不可不学之处。但可叹的是，目前某些人却把曾国藩学歪了。在他们那里，哪里还有多少以天下为己任，只是用曾国藩的成功之术为一己谋利，以己利为任。

正因为曾国藩有志于做出一番事业，因此他能够坚韧不拔，将"忍"之涵养置放于时间与空间的大背景里来定位，具有极大的涵容性和主动性。在曾国藩的言论中，自警的坚忍维持、坚忍力争、坚忍支撑、坚忍不懈等字眼随处可见。曾国藩认为，坚忍的方法是"随而解之，不置胸次"。就是遇到不如意之事随时以意加以化解，该吃吃，该喝喝，遇事别往心里搁，更不能傻忍生闷气，以致伤肝伤身。在遇到挫折时，曾国藩喜欢拿湖南乡间的一句俗话来安慰、激励自己，"好汉打脱牙和血吞"，不示人以弱，不求人怜恤，尤其是对同事更要如此，否则会招人耻笑却难得帮助。一切痛苦自己担当，甚至将仇恨吞到肚子里，让它们生根发芽，变成进取甚至复仇的动力。有野史说：幕僚替曾国藩给朝廷拟奏折说湘军"屡战屡败"，曾氏将"战"、"败"两字易了一个位置，变为"屡败屡战"。一字之易，体现了一个截然不同的精神气概：不服输，不害怕；决不屈服，决不退缩，倒下了再爬起来，前人死了，后人再继续。这是一种不达目的誓不罢休的倔犟精神。这样的对手哪个竞争者不看重，不害怕？他又怎能不获得一定的胜利？

第三，曾国藩很有执行力。这种执行力，是把自己或他人的主张落实成具体事的能力。世界不缺乏主张，缺少的是得到落实的主张。而曾国藩却非常注重亲身实践，即使不能亲身实践也会组织他人来贯彻自己的主张。曾国藩的《挺经》主张，"天下事，

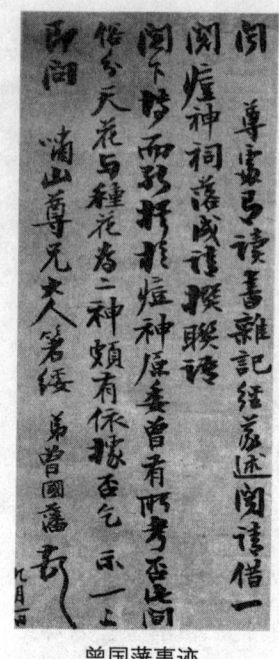
曾国藩事迹

在局外呐喊议论，总是无益，必须躬身入局，挺膺负责，乃有成事之冀。"他所瞧不起的，是于局外呐喊的人。可惜的是，这种人从来都太多太多。尤其是一些读书人，更易"坐而论道"，难起而践行。因此他们所论之道，最终也就往往会沦为替不作为不行动找的借口，缺什么喊什么，他们总是说自己本应如何有为，却从不行动去做自己想做的那个自己；即使自己不能做，也不能组织一些人去做，或兜售自己的主张。他们总是一事当前，先求舒适，等待别人的安排，而不是艰苦努力；一事未成，先计其利而不计其行，坐而幻想至终老，或行事有始无终、半途而废，最终一事无成。而事实上，曾国藩却强调"做事是硬道理"、"成功是硬道理"。这一点，始终为重视实践、实事求是的毛泽东所看重。毛泽东因此曾对友人黎锦熙说："愚于近人，独服曾文正。"

综观曾国藩对人生的感悟与志向，可以看出毛泽东此语是在分析曾国藩的历史观点和实践上提出的。曾国藩曾说，"使得大本大源，则必有定向，而不致摇摇无着。"青年毛泽东所说的，未得本源的人"如墙上草，风来两边倒"，显然是受到曾国藩启发，即主张做事首先要有一个恰当的主张和立场，并依此执行，坚持到底。毛泽东说："夫本源者，即宇宙之真理。天下之生民，各为宇宙之一体，即宇宙之真理，各具于人人之心中，虽有偏全之不同，而总有几分之存在。今吾以大本大源为号召，天下之心其有不动者乎？天下之心皆动，国家有不富强幸福者乎？然今之天下则纷纷矣！推其原因，一则如前之所云，无内省之明；一则不知天下应以何道而后能动，乃无外观之识也。"毛泽东所说的"本源"，实际上是从大视野的角度先看透，形成治理天下的理念或普世价值，找到能在每个人心中都激起共鸣的主张，再居高临下地实践，从而使一切矛盾的纠结豁然开朗，建成大功大业。在毛泽东眼里，与其时代与地域接近而能做到这一点的人，首推曾国藩。此外，青年毛泽东所主张的本源治世、圣贤豪杰办事，也与曾国藩的观点一脉相承，实际上说的是一种"精英"的行动思路和角度。当然，其并非简单盲动，而是有思想有计划地在大战略下指导的行动，就如："不谋全局者不足以谋一域，不谋万世者不足以谋一时。"

第四，曾国藩做人很讲究自驱力。这种自驱力，就是时时给自己以勉励，鼓励自强，像赶牛一样驱使自己去成功。西方谚语说，世界上只有两类天才，一类是与生俱来的，一类是除了聪明而一无所有、但终生勤奋的人。人活一世，除了希望你好的人和特别憎恨你的人，几乎没有人会驱使你去努力，所以人的成功很大程度上在于自我激励的效果如何，自己用鞭子把自己赶向何方。曾国藩天资平平，一生事

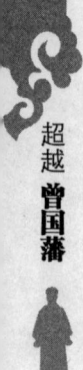

功在很大程度上是他勤勉守恒所致。他勤于事功，故得以建立奇功异勋；他勤于学业，故得以遗存著述多卷；他勤于修身，故得以被家族后人尊为楷模；他勤于教子，故得以使晚辈桃李成荫。曾国藩说："古之成大业者，多自克勤小物而来。"他认为，勤如天地之阳气，立身居家，做官治军，都是依赖阳气鼓荡。勤则兴旺，惰则衰颓。所谓勤，就是手眼俱到，心力交瘁，困知勉行，夜以继日。勤字功夫，一是要早起，二是要守恒，三是要事常亲躬。因此，他推崇早起，以早起为第一先务，认为治家要以不晚起为本。而后来许多成名成家的人，也都推崇"黎明即起"、勤能补拙。虽然这里的"勤"字主要体现在时间上，早起也不是绝对的，但勤奋是成长的根本从来都是公认的真理。曾国藩认为"精神愈用而愈出，阳气愈提而愈盛"，说"每日做事愈多，则夜间临睡愈快活"。相反，一个不上夜班而早晨却习惯赖床的人，肯定会多贪图享受与淫乐之心，也就涣散了精气神，难以干成什么事。

曾国藩年轻时一次参加科举考试，曾经借钱买了一套廿四史。虽然他家当时非常贫穷，但他的父亲并没有责怪他乱花钱，而是说只要你能读一遍这套书就没有白买。而曾国藩也真的在回家之后，想尽办法通读圈点了一遍，这正是他勤奋的一个体现。试想，一部廿四史并不是简单的几百页而是万余页，随便翻翻倒不难，难的是都读完。曾国藩由此也养成了好读史览史的好习惯，自谓每日要把没有标点符号属于"白文"的史书，圈点十页。而且读书时就像对待爱情一样，如果一本书没有读完就不放弃，不见异思迁去读第二本，以训练自己做事有始有终。至于他练习书法，亦是如此，就是在军中也不间断。龙梦荪曾在《曾文正公学案序》中说："曾文正（曾国藩字文正）为近世之大人物，德业文章，炳耀寰宇，虽妇孺亦知钦佩其为人。彼果何所得力而成就如斯之盛哉？吾尝读其遗集，按其行事，反覆推求，始知其得力所在，盖由强毅谦谨而来也。惟其强毅也，故因知勉行，力追前哲，特立独行，自拔流俗，虽遇人世艰苦之境，而曾不少易其心；虽极千挫百折之阻，亦不足以夺其志。"而当身处军营，统领湘军时，身体条件并不十分好的曾国藩，也是不辞辛劳地总理军务，避免荒弛。这位一生勤奋的事业强人，依靠勤奋锻炼能力和提高生存本领，最后成就了一番事业。

第五，曾国藩很有分寸力。这种分寸力，体现出一个人对周围人的交往尺度，也反过来体现出一个人被社会所接受的程度。人毕竟是社会的动物，人不能无止境地要求别人有多高尚，但要学会与各种人打交道。而曾国藩所持的中心思想就是待人以敬恕为主，与人为善，好学人之长处。曾国藩称："作人之道，圣贤千言万语，大抵不外'敬'、'恕'二字。"他要求自己的家人遵循孔子的"己所不欲，勿施于人"、"欲立立人，欲达达人"，孟子的"行有不得反求诸己，以仁存心，以礼存心，有终身之忧，无一朝之患"、"君子之道，莫善于下，莫善于不下"。所谓有"下"，不一定非要低三下四，但要谦恭，要礼贤下士。但这也不是装出来的恭恭敬敬，而是要当成一种以诚为本的行为习惯。即使是假的，也要假久成习惯，假久成实。《庸庵笔记》中曾记载了这样一个故事："傅相（李鸿章）入居幕（曾国藩幕府）中，文正每日黎明必与幕僚会食，而江南北风气，与湖南不同，日食稍晚，傅相遂不欲往。一日以头痛辞，顷之差弁络绎而来，顷之巡捕又来，曰'必待幕僚到齐乃食'。傅相披衣跟跄而往。文正终食无言，食毕，舍箸正色谓傅相曰'少荃（李鸿章字少荃）！既入我幕，我有言相告，此处所尚，唯一诚字而已。'遂无他言而散。傅相为之悚然。"李鸿章号称是曾国藩最得意的门生，曾

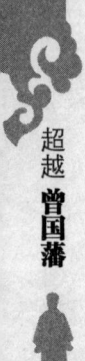

国藩一生中很少对他声色俱厉，但唯在教导"诚"字时，可以当众羞辱老李，这确实值得人深思。

曾国藩为什么对人对己都强调敬以持躬、恕以待人的敬恕精神呢？这恐怕是因为这老先生深受儒家之学的影响。再者，他统领千军万马，不诚又何以服众？所以曾国藩认为，敬恕是做人之道，立德之基。能敬，则心志坚定而不放荡；能恕，则不为一己私利所蒙蔽。早年，曾国藩在京城为自己制定的身心性命修养的日课表上，第一条就是"主敬"，即整齐严肃，无时不慎，无事时心在腔子里，应事时专一不杂，如日之升。曾国藩还将"恕"列为后代必须遵循的"八德"之一，"三致祥"之一。曾国藩说："谦之存诸中者不可知，其着于外者约有四端：曰面色，曰言语，曰书函，曰仆从属员。"这就是说，谦谨是存之内心的，是自然而然流露的，流露在外表的主要有四个方面，一是面色。正如《论语》提出的"色难"问题，谦不谦，谨不谨，一看面色就知道，那些习惯于自以为是、颐指气使、下巴朝天的人，往往一副舍我其谁的面色，目光咄咄逼人，让人难以接受。二是言语。"言为心声"，言语是思想的外壳，骄横的人并没有在额头上写上"骄横"二字，但言语之间透出的横气、霸气和自私自利，却让人感到难以接受，要不怎么说"听话听音"呢。三是文字。言语一变成文字，就白纸黑字了，所以落笔亦慎，用词亦圆融成熟稳重，不要口气太大，否则授人以柄，追究起来可不是小事。四是随员下属。他们是官员的延伸和爪牙，因此为官者不但自己要谦谨，还要让随员们学会谦谨，有的随员颇有气焰，狐假虎威，反而添乱帮倒忙。所以选带随员要慎，管教随员要严。

第六，曾国藩作为政治军事人物，成功最关键的原因是他非常善于选人用人，这实际上是他的一种笼络力，即网罗人才为己所用。即

使像曾国藩这样牛的人，都不可能单独成事，所以人必须善于组织和使用人才。这正如《吕氏春秋·用众》所指出的："物固莫不有长，莫不有短，人亦然。"既然人都有其长，亦都有其短，当然就应当互相协作以取长补短。用人，从来都是中国政治史上一个重要的话题。越王勾践之所以能灭亡吴国，称霸诸侯，是由于他能屈己尊人，虚心听取、集中各方面智谋。相形之下，其敌国吴国有一伍子胥而不能用，最终导致了亡国。诸葛亮一世英明，但没有很好地解决接班人问题，培养人才太少，以致后来"蜀中无大将，廖化当先锋"。而用人的好处据《说苑·权谋》说："故万举而无遗筹失策，传曰：众人之智，可以测天。兼听独断，惟在一人，此大谋之术也。"明代兵学家何汝宾在《兵录·论将》中说，在决策前必须与众人谋议，原因是"一己之见有限，众人之智无穷"。《何博士备论·吴论》中说："古之豪杰有功业之大志，其才力虽足以取济，而无谋夫策士合奇集智，以更转其不迫，使无失平事机之会，则往往功败业去而为徒发者。"

可以说，对于先贤这些拉着袖子苦口婆心的劝告，曾国藩听得进去，做得也可谓有板有眼，恰如其分。一般而言，曾国藩选人不问门第，不分贵贱，汉满官员一视同仁，只看本领，看实绩。谁的战功大，谁就升迁快。他说："取人之式，以有操守而无官气，多条理而少大言为要。"意思是说识人取人关键之处在于品德高尚而没有官气，做事条理清晰而不说大话。除此之外，曾国藩还强调首先要用忠义血性之人。所谓忠义血性，就是要誓死效忠清王朝，至少要效忠他曾国藩，具有誓死如归和顽强战斗的意志。曾国藩曾说："带勇之人，第一要才堪治民，第二要不怕死，第三要不计名利，第四要耐受辛劳。治民之才，不外公、明、勤三字。不公不明，则诸勇必不悦服；不勤则营务巨细，皆废弛不治。故第一要务在此，不怕死则冲锋陷阵，士卒仍可效命，故次之。身体羸弱者，过劳则疾；精神匮乏，久用则散，故又次之。四者似过于求备，而苟厥其一，万不可带勇，大抵有忠义血性，则四者相从以俱至，无忠义血性，则貌似四者，终不可恃。"

同时，由于曾国藩对于当时清政府中接替已经腐朽的八旗兵为军队主力的绿营兵官气深重、争权夺利、办事拖拉、埋没人才、消磨锐气、卖官鬻爵、投机取巧、迎合钻营的腐败风气很是反感，认为"国家养绿营兵五十余万，二百年来所费何可胜计！今大难之起，无一兵卒供一战之用，实以官气太重，以窍太多，漓朴散淳，真意荡然"。为此曾国藩规定，不用入营已久的绿营兵和守备以上的军官，选将必须注重"淳朴之人"，即脚踏实地、无官气、不浮夸伪饰之人。此外，曾国藩强调"立坚忍不拔之志，卒能练成劲旅……数年坎坷艰辛，当成败绝断之处，持孤注以争命。当危震撼之际，每百折而不回"。也就是，用人要用那种干什么事就一干到底，能吃苦耐劳，不达目标誓不罢休的人。因为天下的事没有一帆风顺的，而一般无所成的人之所以无所成，正是因为不耐烦，不能坚持。为达到上述用人目的，曾国藩不拘一格，不限出身，大量提拔书生为将。在湘军将领中，书生出身的人占百分之五十八。年轻有为的主要给官职、给前程，使其出谋划策、冲锋陷阵；年老的赏金银、奖物质，使其帮助招揽人才、照看家业；文官精神奖励为主，武将财物当先。可以说，在曾国藩力所能及的范围内，真正做到了人尽其才，物尽其用，"不拘一格降人才"。

曾国藩因其用人之术在晚清那样一个信仰崩溃、价值趋向多元化的时代，几乎揽尽天下英才，在政治上有李鸿章、左宗棠、沈葆桢、郭嵩焘等,在洋务上有薛福成、冯桂芬、容闳等,在科学上有徐寿、华蘅芳、李善兰等。由这些人组成的幕僚与曾国藩大多没有明显的上下级关系,因此能够从为人处世上给曾国藩许多启示,在处理湘军事务时,在很大程度上能以平等态度对曾国藩提出中肯意见。最为重要的是,这些人才的支持,为曾国藩、李鸿章等人成为近代中国的洋务派提供了眼界与思想的根基与空间。正是因为有这些幕僚的出谋划策,曾国藩的智慧才被放大了。

第七,曾国藩值得关注的用人之处还有"用上级",即一种颇有点庸俗意味的攀附力。曾国藩的发迹,离不开其"恩师"军机大臣穆彰阿的提携。曾国藩在道光末年中进士,是军机大臣穆彰阿的得意高足,被授以"检讨"官职。一个流传很广的故事说,某天穆彰阿对曾国藩说:"明日上朝,我决定正式向皇帝推荐你,你要有个准备,把四书五经多加背诵,皇上或许要试你的才学。"曾国藩听了受宠若惊,躬身作揖说:"多谢恩师栽培,晚生自当珍惜这个机遇,绝不负恩师重望。"第二天,穆彰阿上朝向咸丰皇帝保奏了自己这个得意门生,请求皇上重用。咸丰皇帝听了,问道:"你说这个门生才堪重用,不知他有什么超人才能?"穆彰阿脱口而出:"曾国藩的超人才能是善于留神,过目不忘。"咸丰皇帝听了也没有说什么,穆彰阿便告退。谁知咸丰皇帝在穆彰阿走后,却开始琢磨怎么试验曾国藩是否有过目不忘的超人之处。于是两天后,咸丰皇帝命太监传旨给穆彰阿,让曾国藩初一卯时在中和殿候见。穆彰阿大喜过望,忙把这事告诉了曾国藩,并嘱咐要好好准备,以应付皇上的测试。曾国藩信誓旦旦,表示决不辜负恩师厚望。初一这日天未亮,曾国藩即沐浴更衣,穿戴整齐,去了皇宫,随太监来到中和殿。太监命他等着候见,便关上殿门走了。曾国藩环顾大殿,见殿内金碧辉煌,气氛肃穆。他不

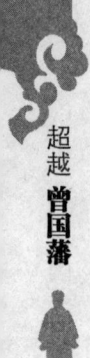

敢坐,挺直身子站着,竖起两只耳朵谛听门外动静。可是总不见太监前来召唤,他心里惶恐起来,不知道是凶是吉。后来,他站得腰也酸了,便在大殿上左走右踱,这才见到大殿四壁挂着大清历代先皇的圣训,由于心神不定,他也无心细看。之后太监终于来了,却对他说:"皇上今日没空,命你明日再来。"曾国藩怏怏不乐地走出皇宫,急忙到军机大臣府把情况禀告了恩师。穆彰阿听了,沉思良久后突然问:"你说大殿四壁挂着历代先皇的圣训,你记住了多少?"曾国藩摇摇头说:"当时我心慌意乱,只留意殿外动静,没心思理会和细看字幅。"穆彰阿说:"召而不见,定是皇帝为试你善于留神、过目不忘的才能而刻意安排的。皇上必定会马上再召你,这怎么办呢?"后来,穆彰阿请皇宫总管太监王公公将中和殿上所挂历代先皇的圣训抄好,于当晚送来由曾国藩背得滚瓜烂熟。

果然第二天咸丰皇帝在保和殿召见曾国藩时问道:"昨天在中和殿上,你一定看见了所挂的大清历代先皇的圣训,你可曾留意先皇的圣训都说了些什么?"曾国藩跪奏,将圣训背诵如流。咸丰皇帝又惊又喜:"果真是个善于留神、过目不忘的奇才也,此人理当重用。"几日后,曾国藩得以擢升为吏部侍郎。从此,曾国藩青云直上,飞黄腾达,终于成为朝廷中举足轻重的风云人物。而这重要的一步,与其攀附穆彰阿不无关系。

虽然曾国藩成功了,而且成功得也有理由,可他在思想、观念和行动上与其同时代或以前时代的某些人物相比,其实还是很有差距的。从辩证法的角度来看,优点往往潜藏和包含着缺点,光鲜同时隐藏着暗伤。曾国藩既非国宝亦非国贼,只不过是封建王朝行将寿终正寝时,一个不知不觉中挽狂澜于既倒的有才干的士大夫知识分子。曾国藩既有其成功的优点,但也有许多不足:他言谈上的慷慨,可能正是他行动失败后的一种渴求；其道德上的某种呼吁，可能正是对自身一种欠缺的不安。

因此，了解曾国藩不必神话，借鉴曾国藩不必盲从，楷模曾国藩不应只学些皮毛或者学"跑题"了，甚至专门盯着曾国藩的缺点为自己学坏找借口从而学错了方向。同时，看历史应用历史的眼光来看，不要以现在的标准去"套"，把不是曾国藩的东西强加在这位中国式标准官僚的身上。对曾国藩的评价要还历史本来面目。历史人物都有其历史的局限性，不能以偏概全，不能以哪位"名人"说了什么，就当做金科玉律跟在后面起哄。因为一些"名人"在某个年代说的话，大多有很浓厚的政治目的，是当不了真的。何况歪学曾国藩的人为什么不想想，当大家都在学曾国藩的时候，在人与人的智力水平都相差不多的情况下，死学、歪学者彼此最多只能打个平手。因此，做官做人做事要读曾国藩，但更应寻求超越他。春秋时曾子说："君子攻其恶，求其过，强其所不能，去私欲，从事于义，可谓学。"学习曾国藩，今人仍然需要学其精华并谋求在更高层次上超越其不足。

当然，本书并无对曾国藩任何的不敬。但本书始终执一个观点，那就是如果学曾国藩而不能超越，甚至唯恐哪里做得与曾国藩不同，从而诚惶诚恐，不也是学得太累了吗？这对于喜欢与众不同，喜欢轻松生活的现代人来说，可真是一种罪过。相反，如果本着超越曾国藩的态度来学习他，真可谓一种既轻松又大气的态度。

那么，曾国藩哪些地方需要超越，在历史上谁能超越曾国藩？接下来，本书将以与曾国藩同时代或处于其所生存时代之前的历史精英的故事为例来探讨这一问题。

第二章

权变圆融VS阻力执著，谁能超越曾国藩

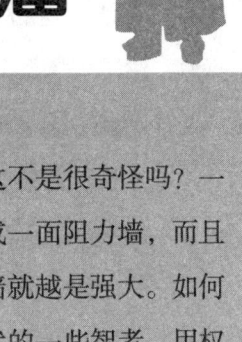

　　成功需要执著，有的人却执著于成功的阻力，这不是很奇怪吗？一个人创业之初，往往会因追求成功的急迫心情而形成一面阻力墙，而且越是急于成功，面对阻力越是执著己念，这面阻力墙就越是强大。如何砸碎、穿越这面阻力墙？与曾国藩同时代或其前时代的一些智者，用权变圆融的智慧给出了答案。

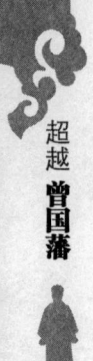

曾国藩的那面"阻力墙"

说到曾国藩,人们都说:"那小子很有手腕。"曾国藩所以被同时代"精英"与后人视为榜样,"做官要学曾国藩"一语所以流传,是因为他的成功代表了那个时代一个出身农家、在非汉族人统治的大清官场奋斗所能达到的巅峰:清廷皇帝和慈禧太后面前的汉族领班大臣,可谓享尽一生荣耀,混得相当不错。不可否认,这番成功得益于曾国藩的"七力"功夫。穿透力和志向力,给了曾国藩看透事物的眼光和奋斗的目标;执行力和自驱力,给了曾国藩心想事成的具体可能;分寸力、笼络力与攀附力,为曾国藩营造了相对宽松的人际环境。

但实际上,曾国藩在拥有过人手腕的同时,也遭受过非常人所能想象的阻力。其所谓的宽松人际环境,更多体现在曾国藩参与帮办团练组建湘军之前,即他做京官的时期,以及其后湘军称霸时他一呼百应之际。而在衔接这两个时间段最为关键的中间环节,也就是曾国藩开始创办湘军以及湘军由小而大的过程中,他的状况则完全应该用鱼失于水、四处碰壁来形容。值得注意的是,也只有在创办湘军时,曾国藩一生最大的事业才算是开始。不然,人们谈论曾国藩时,为什么更多谈到他是湘军统帅而不是早年的青年官宦?这种创业之初的人际环境困境,或许可以说是曾国藩的创业阻力墙。它最值得研究,也最需要借鉴,因为这种阻力墙是每个人都可能遇到的。

事实上,一个政治与军事人物创业时,最大最主要的阻力可能并非出于自身,因为这样的人既然想干一番事业,都会有很大的决心提

高自己，想尽办法解决事业本身带有的难题。但别忘了，中国社会是一个人情加利益的社会。所以往往创业之初最大的阻力会来自外部。原因是创业者可能一时并不了解所处的周边环境，或者处置不得法，尤其因为此时他的创业热情极高而易理想化地处理人际关系，结果很容易激起外界的反感。如果再加上有人担心创业者可能危及自己的既得利益而百般阻挠，隔岸观火，落井下石，那么一切就更加困难。这种非来自自身，主要来自外围的创业阻力，可以称为创业阻力墙。而它在曾国藩身上，体现得最为明显。曾国藩的处置，也最可以称为失败的典型。

回顾历史可以发现，曾国藩从帮办团练开始到登上汉族领班第一大臣的巅峰之路并不平坦，相反，由于他"工作思路"有问题，权变圆融的本领不强，面对最初的创业阻力墙，其经历简直可用四处碰壁、碰得头破血流来形容。事实上，曾国藩一度曾因这种创业阻力墙而几乎自杀。

清咸丰二年十二月十三日（1853年1月21日），尚因母亲病故在家丁忧的曾国藩，接到了朝廷传来的寄谕，命令其协同湖南巡抚办理团练，以镇压当地的太平军及其他农民起义武装。他的好友郭嵩焘和九弟曾国荃，也积极怂恿他出头。曾国藩于是便组织了一帮同乡、师生和亲友，搞起了地主武装湘军。从接到咸丰帝的命令开始，曾国藩走向"辉煌"的那段人生以最坎坷的形式拉开了序幕。

咸丰四年（1854年）一二月间，刚刚编

清代之刀

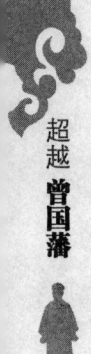

练成军的湘军首次正式与太平军交锋，即于长沙附近的岳州、靖港惨败于率太平军西征的石达开之手，不但丢失了岳州而且折兵千余人。尤其是在靖港之役中，湘军水陆军皆大败，使对湘军倚为长城寄予厚望的统帅曾国藩本人又羞又愤，企图跳水自杀，幸得幕僚陈士杰、李元度派人抢救才免得一死。对此，当时的湖南官绅无不议论纷纷，有人骂曾国藩无用，花了那么多钱办军队却一事无成；也有人乘机主张解散湘军，以解对曾国藩的愤恨。其中湖南布政使徐有壬，就带头找湖南巡抚骆秉章，要求参劾曾国藩，解散湘军。一时间满城风雨，不亦乐乎。曾国藩本人亦悲观到极点，在被救回到长沙后也不换投水时弄得全是泥巴的衣服，也不洗脸梳头，不饮不食，整个保持着一个乞丐般的"风采"，并写好遗嘱暗令其弟曾国葆买回棺木，准备次日自杀，以谢初战败北之罪。幸好次日黎明时分，忽然传来湘军在湘潭打败太平军的消息，犹如一阵大风吹散了曾国藩的满面愁云，也改变了长沙城内黑云压城的舆论形势，徐有壬、骆秉章等人才渐渐偃旗息鼓，放曾国藩一马。

虽然曾国藩在成败利钝瞬间的遭遇，有万事开头难的客观成分在其中，有当时官场存在根深蒂固的短视和缺乏宽容并对他落井下石的心态的因素，有国人那种满意就捧上天不满意就踩在地的劣根性的因素，因此在某种程度上应该得到理解。但曾国藩本人的所作所为，也充分暴露出其虽已届壮年但承受力却并不高，对世事仍然看不透，一旦失意即乞丐思想上心头，自暴自弃的弱点。

究其原因，最不容忽视之处在于曾国藩本人此前的不善于权变圆融，树敌过多，已经为其初败即遭人落井下石埋下了伏笔，自造了厚重的创业阻力墙。

想当初，曾国藩在接到咸丰皇帝命他出山帮助湖南地方兴办团练

以镇压太平军时，他在给朋友的信中，就当时官场的黑暗和社会混乱写道："今日不可救药之端，惟在人心陷溺，绝无廉耻。……窃尝以为，无兵不足深忧，无饷不足痛哭，独举目斯世求一攘利不先、赴义恐后，忠愤耿耿者不可急得，或仅得之而屈居卑下，往往抑郁不伸，以挫、以志、以死，而贪饕退缩者果骧首而上腾，而富贵，而名誉，而老健不死。此其可浩叹者也。"这封信充分反映出曾国藩对当时官场的看法，痛恨统治集团内部无视共同利益而导致的腐败无能，当权者又想维护自己的利益又不用良才的可恶，以及一般地主士绅的软弱散漫。这种看法，虽然符合当时官场的一定现实，但也透露出"曾国藩眼里没好人"的心态。这种心态，如果当一个议论时风的青年官宦倒没有什么，反而会赢得一定的清名。但如果一个现实做事的人抱着这种担心和反感，就难免会自造障碍，自讨苦吃了。因为这种官场腐败情况既然是现实，而曾国藩对其采取的又是反感而不是想办法改变或巧妙利用其达到正和善，那么这种现实绝对会反过来成为曾国藩的障碍。

当曾国藩踏上编练湘军之路后，果然因为成见在先，举目无好人，而与各方他需要借助资源编练湘军却又看不惯的官场人士矛盾不断，加上曾国藩身份是团练大臣，既非地方大吏，又非钦差大臣，角色尴尬，心态容易不平衡而易怒，更对这种被动的人际环境雪上加霜。如曾国藩初办团练时，一到长沙，就与当地的"三宪"彼此看不惯。曾国藩觉得这些人官气太重，而"三宪"也有些瞧不起他。这"三宪"是湖南巡抚潘铎、布政使徐有壬、按察使陶恩培。他们不但都不买曾国藩的账，有时甚至还有意刁难。而曾国藩也不是省油的灯，哪能咽下这口气，于是就针锋相对，你来我往。自然，双方一直矛盾不断，结怨甚深。不但如此，就是咸丰三年（1853年）三月潘铎

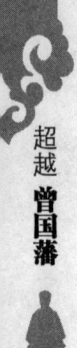

因病请假离职，其职位由前湖南巡抚官场老油条骆秉章兼任时，曾国藩虽未与其发生什么直接冲突，但关系却也相当淡漠。而且正是这些要人，不断刺激那些对曾国藩不满的湖南官吏乘机弄法，搞得曾国藩备感孤立，十分狼狈。最后当曾国藩初战败绩时，这些人便合伙对其嘲笑、打击甚至要让曾国藩"人言可畏"而死。平心而论，曾国藩本意是来救这些湖南官吏于太平军攻伐之中的，结果却因为关系没处理好而好心没好报。而且更可气的是，你要是搞不好对外关系，自己坚强点也行啊，却非要动不动就上演自杀。

其实，曾国藩类似的尴尬处境在此之前也不是没有。道光三十年十二月十日（1851年1月11日）太平天国起义爆发后不久，接过清廷烂摊子的咸丰皇帝为渡过难关，一方面罢黜穆彰阿、惩办耆英等迟滞镇压起义的人；一方面下令征言，命各大臣就用人、行政事宜各抒己见。当时，曾国藩就尝到了不善权变，不能用别人更容易接受的方式说话行事，最终激起别人反感，费力不讨好的苦头。当时在咸丰的"感召"下，曾国藩接连上疏，提出裁兵、节饷、加强训练三项措施，企图首先从军队着手，打开一个新局面。他说："天下之大患盖有两端，一曰国用不足，一曰兵武不精。"他在列举了清朝军队的腐朽状况之后指出："医者之治疮痛之甚者，必剜其腐肉而生其新肉。今日之劣弁羸卒，盖亦当量为简汰剜其腐者，痛加训练以生其新者，否则永远扭转不了废弛的状况。"

然而他不知道，咸丰皇帝下令征言虽不完全是故弄姿态，但在当时甚至以后都没有做好革除弊政的心理和思想准备，却也是事实。尤其是咸丰皇帝出于维护统治者的威严考虑，也不愿手下提出的问题太尖刻，即使手下人说的话尖刻，也要说得好听一点，别太直接，别让他下不来台。所以他虽然赞赏曾国藩的建言，却不能接受曾国藩的意见。而曾国藩书生之见，也没有摸透这个刚刚登基的皇帝是真的想孜孜求治还是只作秀，以及以什么样的方式才能让对方接受自己的意见，却仍然在见到皇帝未对自己的上疏作出反应后，又依老套路旧途径于咸丰元年（1851年）四月再上一疏。虽然他上疏的时机、方式了无创意，但这次上疏却因矛头直指咸丰本人而引起重视。后来曾国藩在家书中对弟弟们说："余又进一谏疏《敬陈圣德三端预防流弊》，其言颇过激切。"他上疏的目的是为了杜绝咸丰皇帝的"骄矜"之气和扭转廷臣的"唯阿之风"，"防琐碎之风，杜文饰之弊"，欲以此疏稍挽风气，希望朝堂上的人能担当起来，"皆趋于骨鲠"，且遇事不敢退缩。也就是大家都正直起来，别成天吹吹呼呼，你拍马，我捧人，你好我好大家好，唯有工作干不好。不过，曾国藩虽然忠心耿耿，所引起的重视却是：咸丰披览未毕，就把他的奏折扔在地上，准备命军机处收拾他。只是由于祁寯藻、季芝昌为他苦苦求情，才免于获罪。后来获知真相的曾国藩也是心惊胆寒，从此便打消了对清廷进行整顿的念头，而且锋芒顿减，再不敢在奏折中批评皇帝，或对其大政方针表示不满了，甚至上疏称："臣材本疏庸，识尤浅陋。"捱到咸丰二年六月获得江西乡举试差，并获准事罢回家探亲，他才如释重负，立刻登程南下。

平心而论，曾国藩作为清廷

清　咸丰帝朝服像

统治集团中的一员，上疏言事直谈咸丰个人执政缺陷也好，或在镇压太平天国过程中与那些腐败得多的官员作斗争也罢，都无可厚非，因为他是出于一片好心。问题是他在策略手段的选择和时机把握上，缺乏对受谏纳谏人及需要借助的人心理的正确揣摩，缺乏行事的灵活性，从而在进言上丧失了一次扭转当时行政弊端的机会，在维护统治集团利益时却为自己树立了许多来自高层或同事的私敌。这种适得其反的做法，是非常值得深思的。一言以蔽之，曾国藩不善于真正地承认现实，并在面对现实的基础上通过恰当的权变圆融手法达到原本很好的目的。尤其是因为他有一般读书人那种迂腐和极端，偏要执意而为之，结果就成了自己发展的阻力。而实际上，教条、迂腐，不应与读书人为伍，读书最应该得到的就是大气与灵活。

以曾国藩编练湘军维护长沙地方利益反而引起湖南官场反对而言，个中原因虽然有当时的官场习惯于窝里斗，对新人持怀疑态度，总认为新人干不好，以及扭直为曲、胡褒乱贬等大环境的原因，但也有曾国藩个人的一些不当。如曾国藩在编练湘军时开设的审案局随意抓人杀人，宁可错杀百人，不可使一人漏网，客观上激化了地方矛盾，引起那些虽然贪腐但也希望天下太平、好平安无事捞钱的官员的不满，这样做也是对由按察使陶恩培主政的湖南司法机关的公然蔑视。同时，曾国藩令绿营军官与湘勇一起会操，并弹劾德清、保荐塔齐布，更形成了对提督鲍起豹权力的藐视与侵犯。因为按照清朝常例，清朝各省的绿营直辖于总督，巡抚及其以下文官，除兼有提督衔者外，不得干预绿营兵的操练事务。而湖南的具体情况是：设有提督，绿营操练按规定自然当由提督负责，巡抚也无权过问。当时负责编练湘军的曾国藩，以在籍礼部侍郎帮办团练事务的身份，当然更无权干预绿营营务。然而曾国藩却通过塔齐布渐渐把手伸向了绿营军。

这位塔齐布属满洲镶黄旗人。他与曾国藩的结识，源于曾国藩刚到长沙时聘请了三位教师教练官勇武艺，塔齐布即为其中之一。当时塔齐布的身份是以督司署理抚标中营守备，因其骠悍骁健，无一般旗人和绿营官弁的腐败习气而深得曾国藩赏识。在曾国藩的保奏下，塔齐布很快由都司而游击，而参将。由于这番原因，塔齐布自然对曾国藩感恩戴德，唯命是从；曾国藩为取得清政府的信任，亦有意礼贤下士，倾身交纳这个旗人出身的绿营末弁。二人遂交往渐密，事事相依。

曾国藩练勇，除每日进行军事训练外，还规定进行政治训练，其具体办法是由曾国藩亲自对兵勇训话，大搞思想政治工作，重点是纪律教育和为人处世之道。这本是其份内之事，无可厚非。但从咸丰三年四月起，曾国藩却通过塔齐布传令绿营营兵也来会操，并与练勇一起听取政治训话，虽盛夏亦无一日之间断。可绿营兵作为清朝接替曾经骁勇而已颓废的八旗的兵将，自然也是将骄兵惰，一向藐视团练，轻视文官。所以无不将曾国藩以团练大臣身份令他们与练勇会操视为一种侮辱。更深层的原因是，他们早已步八旗子弟后尘，平日根本不进行认真训练，不过是把训练当演戏而已，更兼有烟酒嫖赌恶习，何能忍受"夏练三伏"之苦？因而他们对曾国藩此令大为不满，对其训话更是极为反感。其间的代表人物即长沙协副将德清。结果，曾国藩令出之后，唯塔齐布独领所部前往，其余驻长沙各营不仅拒绝会操，还指责塔齐布谄媚曾国藩，群起而攻之。曾国藩闻之，遂直来直去针锋相对，以平日惰于操练、战时临阵退缩逃避为由参劾德清。德清不服，前赴湖南提督鲍起豹处诉冤，并反控曾国藩六月操兵、虐待军士，塔齐布与练勇会操为破坏营制。鲍起豹遂扬言，盛夏操兵乃虐待军士，敢有违令操演者军棍从事！塔齐布闻之畏惧，从此亦不敢领营兵前去会操。湖南司、道官员等见此情景，心中暗喜，认为是对好事者应有的惩罚。在这种气氛下，绿营兵就更加气焰嚣张，肆无忌惮。不久，鲍起豹的提标兵与塔齐布统带的辰勇因赌博发生斗殴，提标兵鸣号列队，准备讨伐辰勇。曾国藩欲杀一儆百，稍抑绿营兵这种怯于战阵而勇于私斗的风气，就通知提督鲍起豹，指名道姓索捕肇事士卒。鲍起豹借着早先积下的怨气，故意大肆张扬此事，公然将肇事者捆送曾国藩公馆。而提标兵群在鼓动之下则气势汹汹，散满街市，先去围攻塔齐布，毁其居室，塔齐布躲藏于草中才幸免被伤；接着又于当晚冲进曾国藩的团练大臣公馆，枪伤其随身亲兵，几乎将曾国藩本人击中。曾国藩狼狈万状，只得向骆秉章求援。原来曾国藩的公馆就设在湖南巡抚衙门的射圃内，中间仅一墙之隔。但事情已经闹得不可开交，可近在咫尺的骆秉章却故意装聋作哑，坐观事态的发展，直待曾国藩前去打门，方才故作惊讶，出而解围。骆秉章一到，便给肇事者亲自松绑，并向其赔礼道歉，而对备受屈辱的曾国藩却无一语相慰。事过之后，骆秉章对永顺兵和鲍起豹亦无追究弹劾之词，提标兵事件遂不了了之。使曾国藩难堪的是，此后长沙城中浮言四起，物议沸腾，举凡湖南巡抚及司、道官员皆认为曾国藩不应干预绿营兵事，提标兵事件实属自取其辱。这样，曾国藩就再也无法在长沙待下去了，只好借口湖南形势不稳，须亲自坐镇，于咸丰三年八月离开长沙，移驻衡州躲避。

当时连骆秉章这个官场老油条，都看曾国藩不顺眼，曾国藩的创业阻力可想而知有多大？

这个骆秉章，清乾隆五十八年（1793年）出生于广东省花县炭步镇华岭村——与洪秀全是老乡。骆秉章家有兄弟三人，他排行最小。全家历来以经营传统手工扎作和代写挥春（春联）为生。下层的出身和早年的清贫对骆秉章的发展颇有裨益，至少骆秉章勤学肯干，又善于与官场周旋。作为湖南军事首脑，骆秉章还是比较识大体、顾大局的。清道光三十年（1850年），由于得到清道光皇帝信任，57岁的骆秉章放外官任湖北、云南藩司，擢升湖南巡抚。第二年，太平天国金田起义，势如破竹，清廷各路官兵一败再败。清政府命湖广总督程矞采前往湖南督办防务，堵截太平军，骆秉章与湖南提督余万清充

骆秉章像

当程的副职。当时，大学士赛尚阿领兵驰赴广西镇压太平军，带文武随员百人道经湖南，到达广东后却以沿途州县未能满足供应为由，参了一本说湖南抚藩废弛，骆秉章因而被罢官。不久，朝廷要求他"回京另候简用"，但同时又要求他等待新任湖南巡抚张亮基到长沙后才能交接进京。由于当时长沙城多坍塌，城门早已不能关闭，城垛更是全无。骆秉章估计太平军随时会入湘，届时情势将危急不堪，便率先带头捐修城款三百两，随后省城司道官员也纷纷捐款。加上他奏请借官家库款两万两，启动修城，长沙城墙得以很快修复。农历七月中旬长沙城门修好，城垛已备，太平军将领萧朝贵也带领一彪军队杀到，奋力攻打长沙城。当时清军各路援军、正帅、副帅皆未到，城内"只有兵勇八千"，且没有一员有作战经验的将领。因此在长沙得以守驻时，守城的将士纷纷感慨：骆秉章修城的决策和调度方略是何等正确

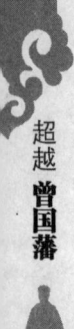

和及时,说重了便是挽救了危亡残喘的清军和长沙城。虽然如此识大局的骆秉章,与曾国藩的工作关系却很有些矛盾。曾国藩停舟在长沙城外,骆秉章前往邻舟拜客,却对曾国藩"跬步不前"。

同样,在左宗棠因女婿捐军饷之事与曾国藩闹翻后,骆秉章也站在左宗棠一边。曾国藩于咸丰三年从长沙首次出兵对抗西征的太平军时,曾聘请左宗棠参与军幕,欲携之同行,结果却遭到左宗棠毫不客气地拒绝。这位左宗棠,字季高,湖南湘阴人。青少年时期家境不太富裕,上学主要靠公费,自入赘老丈人周家之后,生活才开始有所依靠。左宗棠在道光十二年(1834年)考取举人,三试礼部而不中,遂于道光十八年会试落榜后决意退出仕途角逐,一边教书一边研究学问,天文地理,历代典章,无不考究。但随着学问日增,左宗棠也开始常常以诸葛亮自比,自称"今亮"。他既不愿轻出以任微不足道的官吏,又为自己的怀才不遇而愤懑。咸丰二年太平军围攻长沙时,左宗棠曾步行几十里赶往太平军大营拜会洪秀全和杨秀清,建议洪、杨放弃拜上帝教,改尊孔孟,遭到拒绝。其后不久,左宗棠便应邀参加了新任湖南巡抚张亮基的军事幕府,为其谋划守城之策,对抗太平军。咸丰二年底张亮基署理湖广总督,左宗棠随行湖北,同年九月张亮基调抚山东,左宗棠辞归。骆秉章再抚湖南,几次派人邀左宗棠入幕,均未获应允。但同样,左宗棠也没给曾国藩面子。原因一是左宗棠当时很有点瞧不起曾国藩,二是曾国藩曾向左宗棠的亲戚陶家勒捐并结下私怨,因而左宗棠不愿充任曾国藩的幕僚,令曾国藩深感孤立无援。

虽然当时官场之人与事固有其令人心痛之疾,可如果曾国藩能讲究点工作方法,注意化解的艺术,而不是一味直来直去,以绝对真实的面目蛮干,直接惹恼骆秉章、徐有壬、陶恩培等人,间接惹恼左宗棠,那么他可能就不会在面子上如此难堪,在创业时阻力如此之大。到此可以感叹的是,即使像曾国藩那么牛,堪比"绩优股"的人,在创业时也会遇到强大的阻力墙。因为即使你曾国藩再牛,可你也牛不过皇上,所以别人根本不会无条件完全接受你,别人更不会因你而完全改变自己——对皇上他们都可能欺上瞒下。所以当你改变不了现实时,就要注意改变自己,通过寻找与外界的平衡点,进而实现自己的目的。

化解钥匙在谁手中

胡林翼像

之所以借助以上事例说明曾国藩不善于突破创业阻力墙,是因为与曾国藩并肩镇压太平军的胡林翼其实已用权变圆融给曾国藩上了一堂生动的"创业方法"课,所以他不但游刃有余,而且也没有曾国藩那么多的烦恼。

胡林翼作为"绩优股"担任湖北巡抚后,有一个时期也曾经非常困难,在外经常被太平

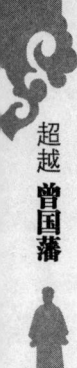

军赶得东奔西走,站不住脚,有一次甚至被打得几乎全军覆没,几欲骑马冲入敌阵自杀。在内则因为别人腐败无所事事而看不顺眼,从而与其他地方官员多有矛盾,做事不顺。然而在处处不如意不顺心不开心的时候,胡林翼痛定思痛后采取了两方面的措施,一是设厘局抽收厘金,填补军用,有了钱,自然就可以广为招兵买马,训练部队,有本钱打战,并能逐渐培训出善于打硬仗的部队。这招可以说是求"内实"。二是调整了与湖广总督官文的关系,给自己创造一个宽松的官场工作环境。这招可以叫求"外松"。

而这后一着棋,可说是胡林翼最高明的一招。咸丰五年(1855年)四月,原湖广总督杨霈被革职,荆州将军官文接任湖广总督。官文字秀峰,满洲正白旗人。此人官僚习气很重,生活挥霍无度,而又不理政务,诸事皆委托幕友、家丁处理。胡林翼初任湖北巡抚时对此甚为恼火,欲将官文一举弹劾而去之。但有人劝告胡林翼说,武汉位居天下之中,战略地位极其重要,一向驻有重兵,清廷不会把这个地方完全交给汉族官员。若将官文劾去,必另派新人,后来者未必就比官文更好些,那时又将如何?如果不能除掉官文,不如反其道而行之,去接近官文。可以利用官文不理政事的特点,拿钱让他挥霍,供其享乐,每年不过耗银百万两,所获得的却是诸事可得自主,不致掣肘。这叫做舍金钱小利,而换取创业无阻的大利。为了最高目标,可以最大限度地运用灵活性。

果然,胡林翼因此便转而笼络官文,甚至通过极力讨取其宠妾的欢心来接近官文。据称,有一天官文的这个宠妾过生日,最初湖南官场上有头有脸的人无一问津,都不屑为一个小妾过生日,着实令官文不知如何是好。而就在他觉得颜面尽失时,胡林翼却第一个率领正妻而非妾吹吹打打前来祝寿,进而带动湖南官场要员前来参加。在祝寿宴会上，胡林翼更是认官文之妾为义妹，使官文感激不已。也正是此次事件以后，官文对胡林翼几乎是言听计从，不仅使其对湖北诸事全权在握，展布自如，而且遇有向清廷奏请某些难办之事时都由官文出面，遂至事事依奏，极为顺利。胡林翼由此逐渐确定了作为湘军重要统帅的地位，打开了对抗太平军的局面。官文亦由此得以坐享其成，不费一点气力而优先加官晋爵，先后获得协办大学士、太子少保以及一等伯士爵等。真可谓彼此搭台，双方上台；彼此拆台，双双下台。

与曾国藩相比，胡林翼的聪明之处显然在于权变，其要领是正确判断自己的状况和身边的环境，了解所要接触的上司、同事的真实面目。首先明确自己要干什么，并承认现实，然后才是想法改变现实，改变不了就变通利用现实，最终实现自己的目的。而改变现实无外乎三条，要么改变别人，要么改变自己，要么大家一起改变。既然不能改变别人与既成事实完成某事，甚至可能促使别人变成自己的创业阻力墙，不如在一定程度上改变自己，反其道而利用"不利"，通过别的路径以达到成功，进而再促进对方的改变。有一则《西邻五子》的寓言，说的是"西邻"有五个儿子：一个聪明伶俐，一个质朴老实，一个双目失明，一个驼背，一个跛子。按说，五个孩子有三个残疾，"西邻"的生活该够艰难了。但是因为他安排得好，让五个孩子各展所长：聪明伶俐的去经商，质朴老实的去务农，双目失明的去算卦，驼背的去搓麻绳，跛足的去纺织。结果是各得其所，生活越过越红火。可见，人的长与短只是一个辩证的概念，关键是从哪个角度去看，去发掘。总而言之，既然大环境不依人的意志而改变，就要想办法让环境为我所用，转换思维成大事。与此类似的是所谓"间接"路线，以迂为直，不要只是一味地认准"正"法，而应"奇正相生"。这样的话，在一定条件下曲折反而会变成坦途。

叔孙通像

就官场上以权变突破创业阻力墙而言,除了向同时代的胡林翼借鉴外,在历史上值得曾国藩学习的还有秦末汉初的叔孙通。

叔孙通是在喊出"王侯将相宁有种乎"的陈胜、吴广揭竿而起搅乱期求万世却刚刚步入二世就走向没落的大秦王朝崩落时节崛起的一个据称才比范蠡的人物。但与范蠡既从过军,又善于武术技击和经过商不同,叔孙通从里到外自始至终都不过是一个文人。最初甚至可以说是穷酸文人,他手下只有一些听他讲儒家典籍的穷学生,所组成的团队根本无法与陈胜、吴广的武力求生存相提并论,更无比于力拔山兮气盖世的项羽和用兵之术"多多益善"的韩信。

然而叔孙通之所以作为儒者却在需要英雄和武夫的乱世生存下来甚至取得很大成功,全在于其善于在认清事实的基础上加以权变,变不利为有利,而不是把理想当现实一味脱离实际固守教条。对叔孙通而言,太阳底下没有新鲜事,现在发生的过去已经发生过,而且未来还会发生,官场生存之道古往今来差不多,需要的只是具体地适应现实的圆融变化。

叔孙通最早的权变突破阻力之功,是当秦始皇制造臭名昭著的"焚书坑儒"事件时,叔孙通作为儒者不但没有被坑掉,反而被秦始皇任命为博士候补,混了个可以简单比喻为今天博士候选人的职位。

而当秦始皇死,陈胜、吴广揭竿而起之时,他不但仍然得到秦二世胡亥的青睐,还由博士候补"转正"为博士。据《史记》揭秘说,叔孙通得到二世青睐的生涯设计代表作,是当二世就"陈吴之乱"询问群臣如何看待天下大势时,叔孙通与别人实事求是的发言大相径庭——虽然他也承认乱子的客观存在,却故意淡化了这场乱子的规模及现实和潜在的危险。当时,叔孙通以令人信服的证据强调:这些小民之乱即使不会自生自灭,也会在朝廷的打击下灰飞烟灭。从而颇令二世既感受到虚荣的安全,也重新获得了对未来的希望。而实际上,叔孙通心里清楚,实施暴政的大秦江山已经没法再维持下去了,陈胜吴广这些"刁民"也不想再这么过下去了,在这种情况下最好的办法不是维护秦二世那个对大多数人都无益的危局,而是让天下乱中生治,产生新的领导和生存模式。

一个人应变能力的高低,首先看他对变化是否敏感,即把握好形势与时机。从这一点上看,叔孙通比胡林翼还高明。因为如果说胡林翼还有些被动权变的话,叔孙通则是洞悉先机,主动顺应时势。这一点在他忽悠完秦二世就逃跑、追随刘邦打天下之后同样得到验证。叔孙通最初参加刘邦队伍时,刘邦利益集团刚刚掀起过一场"非儒"浪潮,可以说对叔孙通极为不利。据史家考证,这件事的起因是有一天,刘邦见了一位口若悬河的斯文儒者。那人见到刘邦后便谈起圣贤之道。起初刘邦虽然对对方口中的"之乎者也"不甚了了,但还是作谦虚好学状不断颔首。只是等了半天,才发现这个人讲的还只是一个拐弯抹角要升官发财的引子,哪有什么经邦治军的真才实学,便不免使出高阳酒徒的性子来,劈面摘下对方的儒冠,解开腰带就往里小便,并得意扬扬说这是"朕送你的黄金"。俗话说上行下效,刘邦此举立刻在走向新兴的汉王朝集团中掀起了一股"非儒"运动,举

凡贩夫走卒皆可在儒冠之人面前自命不凡、趾高气扬。而聪明的叔孙通一见这阵势，虽然怪那个穷酸的儒者一个臭鱼腥了一锅汤，以及刘邦只见树木不见森林，以偏概全，却也认定天下终是刘邦的，因此很识时务地立刻扯下儒服改穿干练的短衣服，并在言谈上颇重简约，只捡重要的说，深得刘邦欢心，自谓"知我者，叔孙通也"。而这叔孙通也不客气，仗着刘邦的赏识不断向皇上推荐些能征惯战的地痞无赖，以应刘邦荡平群雄、稳定汉代基业所需。他同时对一些因未受推荐而表示不解的学生解释说："我不是不照顾你们，而是时机还没成熟。高祖现在用的是打天下而不是治天下的人，到需要治天下而不是打天下的时候，就轮到你们登场了。你们自着儒服，手持儒书，难道不知道《论语》中的感叹'时也，时也'的含义吗？那就是时机的意味。"

果然，在刘邦一统天下之后，任命善于顺应时势的叔孙通为礼官，叔孙通还真把他的学生都推荐起来，并再次得到刘邦的赞赏。只是这一次他不是脱衣服，而是穿衣服，重新披起儒服。究其原因，是刘邦发觉与他共同打天下的那些将军清一色都是好勇斗狠的官场流氓，跟他在一起习惯于拍拍打打、呼兄道弟，总让他生出一种享不到独尊的惆怅。颇令刘邦感觉皇帝也不过就是一个大字当头的头领而已，很是缺少当领导的快感。于是叔孙通毛遂自荐，为刘邦的朝廷规划了一套复杂的所谓正式礼仪，并于公元前200年在汉王朝长乐宫中开始实施。

那一年一个天气晴朗得不能再晴朗的早晨，经过叔孙通及其弟子私下讲解、示范"教化"多次的刘邦手下的文武官员们，开始了汉代历史上的第一次朝贺。先是文官在东、武官在西，依照职位高低两厢降序排列，静静等待皇帝而不再是皇帝等待他们的到来。典礼开始

后，群臣们逐个被带到刘邦的御座前宣读贺词，始终保持向刘邦低头的姿态；由此也形成了中国官场对上低头的义务式传统。总之，一切都按照叔孙通以皇帝名义制定的规矩来，时间不得提前也不得拖后，动作不能敷衍也不能夸大。就连典礼之后的宴席也早已由礼仪官安排好规矩，让你喝你就喝，让你吃你就吃，否则九巡一过，礼仪官就会下令罢酒，届时谁没有放下酒杯就要被罚扫地出门，管你什么面子不面子。如此一来，在那个场合也就只有刘邦是"老子天下第一"了。所以难怪刘邦退朝后毫不掩饰地感慨系之："今天才知道，当皇帝原来是这么过瘾啊。"

虽然叔孙通的权变后遗症在于因此制造了中国古代官场上下级的绝对鸿沟等弊端，尤其是编造了不利于"民主政治"的礼仪，这是后学者应该注意的。但从权变的角度来看，却不能否认叔孙通的权变成功的实质是搞清了现实，透视了现实甚至历史趋势，并据此而选择达到目的的路径。当环境不能接受某一主张与行动时，想点办法顺应环境，提供其所需要的合理主张而不是硬把自己的主张塞给环境，不能像孔子那样，明知不可为而为之，不但白费工夫还解决不了问题，而应该想办法通过变通，实现自己真正的主张。为此，叔孙通之道是：除了如此"密切联系环境"，必要时还要"密切联系领导"，投其所好，在与领导的交往中影响和校正领导，从而贯彻自己合理同时也多少应该是有利大局的政治主张。一句话，主张既要坚定，手段也要灵活。显然，这是较为高明的。与其相比，曾国藩就有些"看不惯，忍不过"，"想得到，做不来或不愿做"，不善于合理地适应改变不了或一时无法改变的现实去实现自己的主张。对于学习曾国藩者来说，增加权变之道无疑是提高学习层次的重要一环。

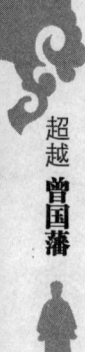

唯一不变是权变

权变之"权"本是指一种树木，叫"黄华木"，又指"秤砣、秤锤"，权变之"权"即从后一种意义演化而来，既有权衡轻重之意，又有不断改变之意。因权衡轻重，不断改变权重的大小，或左右移动，使之平衡。由此可见，"权"在古代度量衡中居于十分重要的地位，大到治理国家，中到闯荡社会，小到维护改善关系，权变都是必备手段。这种权变手段主要包括经权和机变。

经权思维即通权达变式的思维，在特殊情形下，违反"经"，打破常规而做出变动的思维方式；机变思维即随机应变式的思维，跟着情况的变化，掌握时机，随时采取灵活应对的思维方式。其中经权思维以儒家为代表，机变思维以兵家为代表。如《论语》讲"时也时也"，感叹的是时机的重要性。《孙子兵法》则体现了"为将之道，重在权变"的思想，比较详细地论述了"五事"、"七计"和以"道"为首的权变基础，"敌变我变"、因势而变、因事制宜的权变规律和"知己知彼"、"悬权而动"、"料敌制胜"、"践墨随敌"的权变方法等。西汉史学家司马迁在《史记》中首次提出了"权变"一词，并评述了古代纵横家、商家的权变思想与行为。此外还有诸如"善争者争于未争之际，能断者断于两可之间"，"知变才能应变，适变方可制变"。叔孙通儒家的经权、孙武兵家的权谋，以及司马迁笔下用权变治国理民，克敌制胜，外交游说和经商兴企的人物，都说明自古以来中华民族就是富有"变"的智慧的民族。曾国藩创业之初不对此加以

考察运用，就难免会碰壁。事实上，呆板木讷，缺乏变通并不一定绝对代表忠诚；稍事变通，也未必不是忠诚的所在。实际上，"变"是人类世界唯一的不变，人岂能违背它？

人的主张所遇到的非物质性障碍，不是人就是观念和组织，而观念和组织实际上也是某个或某几个人的问题，因此权变最主要的就是因人因势而变。因为每个人都是有其特定的性格、情感和思维方式，有时并不能接受另外一个人一相情愿假定的沟通方式与合理主张。只有像流水一样顺应潮流，寻找缝隙，寻找一些合理的路线，甚至以曲折求捷径，走以迂为直的间接路线，思想和主张才能畅通前行。当然，要把握好这种权变的分寸与时机并不容易。在这方面，也许另一个故事也能给我们以启示。俄国十月革命胜利后，起义的赤卫军占领沙皇的老巢冬宫，看见墙上挂的沙皇、皇后和大公们的油画就要烧掉，群情激奋。这时列宁恰好在场，见状便说："你们说得对，这些油画该烧。这些人过去吃你们的肉，喝你们的血，自己却想把自己的形象传给后代，用这些油画为自己树碑立传。你们想把这些油画烧掉是完全有理由的。"赤卫军看到列宁站在他们这一边，很高兴，就要动手。这时，列宁制止他们说："我们现在不忙烧，反正这些东西已经在我们手里了，什么时候烧掉它都可以，也许开了大会当众烧，比现在烧更有意义。"赤卫军一听更高兴了，不再动手。列宁看大家都平静了下来，又向他们提出问题："这些油画你们看画得好不好？""这些画你们知道是谁画的吗？"有人就说出俄国许多大画家的名字。列宁又问："我们可不可以把这些画连同冬宫保存下来，作为这些吸血鬼一方面压迫人民，一方面过奢侈生活和想为自己树碑立传的证据？"大家都异口同声说好。就这样，列宁一步一步地说服了赤卫军。虽然这个例子发生在曾国藩活动历史时期之后，但启发意义

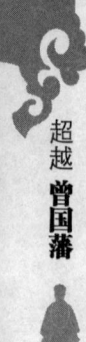

却是古今相通的。

不过，我们说曾国藩不善于权变并不是苛求古人，认为曾国藩在权变问题上一无是处。有一个故事说，曾国藩小时候认过一位干爹，中举出仕后就一直没有再联系过。一日，这个干爹忽然找到他。原来干爹的农田被乡里的一个恶霸占去了一块，干爹气愤万分，与恶霸打官司，却受到了县官的一番欺负奚落。无奈之下，干爹从湖南来到两江总督府，找到时任两江总督的曾国藩，请求他写一个条子给那个县官。干爹的这个请求一时让曾国藩很是为难。一方面，曾国藩明显感到地方官员在欺压百姓，干爹明显是占理的；另一方面，曾国藩一向标榜清廉，从不写条子给下面的官员判案，况且湖南不属曾国藩的管辖范围。此番如果写条子，不是硬把不利于己的证据往政敌手里塞吗？该怎么做呢？曾国藩想了许多天，决定请干爹出席一个晚宴，说好第二天就让他回去。席间，曾国藩请干爹上座，并拿出一把扇子，在上面签好名，然后请每个与会的两江总督府的大员也都签上名，并郑重地送给干爹，以表孝意。干爹收了扇子，心中仍有不满，因为这毕竟不是条子。但曾国藩夫人欧阳氏提醒他说，上堂时你就拿出这把扇子，一定会管用的。干爹上堂那一天，果然拿出扇子来自扇。县官见后愤然大怒说："大胆刁民，竟敢在大堂上冒犯本官，立将扇子收缴上来。"曾国藩的干爹不慌不忙地说："这是我干儿子送给我的。"县官收上扇子后，本想一撕解气，却发现上面签的尽是朝廷命官的名字，顿时目瞪口呆，宣布休堂。然后恭敬地将老人家接入后堂了解情况，最后不得不公正地解决了问题。

某种程度上说，权变的缺乏或许也可以说是中国古代文人的一个通病：读书多了，反而成了教条主义的奴隶，行事完全按一定套路和既定程序。就像诸葛亮北伐中原，六出祁山专走平坦大道，不敢险路奇袭一样，不习惯变通、用奇。其实在生活中我们也常看到一些奉行思维定式的人，如果第一次选择坐了某路公交车，以后再安排出行线路时，90％都会以该线公交为基点，从而束缚了自己出行的灵活性。而比这更可怕的是思想的自我束缚。当然，这并不是说"读书无用"，而是说读书时要保持一点警惕，"自拔于书"。不然"尽信书"则成了教条主义，还不如不去读书。同时，还要"自拔于流俗"，即不要限于身边人的见识，使自己的见识永远不敢超过身边的人。事实上，曾国藩所以乘着镇压太平军成功的余威去镇压捻军而未成功，就是因为捻军飘忽不定，与据城而守的太平军不是一路打法。曾国藩打败太平天国，很大程度上是靠步步为营和太平军自己的失败。但在对付捻军时，这套旧打法旧经验就有些应付不了。

　　一个人的缺点往往贯穿于其全部的行动之中，人们看到曾国藩所写的家书，所总结的从政经验，大多都是在重复古人的言论，很少有自己的创见。显然，像曾国藩这样"官念"特别重的人，在进入官场后思想上便逐渐形成了一套固定的模式而很少再有活力和创新。他们"真的以为人生就这样了"，思想从成年到走进坟墓一般都很少再有改变。即使有时要变化，也要为想出一个权变的主意费心伤神不已，除非思考私利时才会思如泉涌。在湘军攻陷天京后，曾国藩出于种种目的做了几件欺骗清政府的大事，如把病死的洪秀全说成是"官军猛攻时，服毒而死"。后来被李秀成在"自述"中揭露为病死，他为了进一步隐瞒事实很快将李秀成杀掉灭口。面对曾国藩这种"权变智慧"，有人评论说，曾国藩以一支部队而成就天下第一功，将太平天国镇压下去靠的就是一个"伪"字，靠的是当演员善于表演。他打着保卫家乡的旗号，招募湘勇作战，最后又将他们解散；他明明借助武力镇压太平军却硬说是天意；他常常自我标榜以"诚"，却是要求别

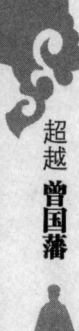

人对他诚而不是他对别人一视同仁。这种权变，已经失去了原则而不能让人佩服。而实际上，真正意义上的权变并不是"变而无经"，即上有政策下有对策，阳奉阴违另搞一套；灵活有余，守信不足，好变无原则；待敌以诈，对友也诈；过于圆滑，过于世故，过于变通，有越来越多的"例外原则"，有越来越多的"擦边球"。真正的权变，追求的是通过灵活变化达到贯彻执行合理主张的目的，其追求的是正而不是邪，是善而不是恶，是快乐而不是痛苦。

总之，在权变圆融以求突破创业阻力墙、解决难题实现成功上，需要借助胡林翼、叔孙通超越曾国藩。

第三章
洒脱进取VS郁闷发展，谁能超越曾国藩

　　生存的郁闷，就像一位追求权力的大众情人，一辈子与追求功成名就的曾国藩纠缠不清，给"曾国藩"三个字增添了无数的烦恼。郁闷，似乎总是与发展相伴。但现实其实并不需要这样，历史上那些洒脱进取的人已经给曾国藩提供了可供参考的绝好版本。

郁闷发展愁杀曾国藩

与曾国藩同时期的胡雪岩有句名言："立志在我，成事在人。"这句话与"谋事在人，成事在天"有本质的区别，因为它体现的是一种人生大自信，而不是一切听天由命。所谓"当今之世，舍我其谁"，所谓"天生我材必有用"，"人所具有的我都具有"，展示了一种豪迈的胸襟。胡雪岩还曾说："我是一双空手起来的，到头来仍旧一双空手，不输啥，不仅不输，吃过、用过、阔过，都是赚头。只要我不死，我照样一双空手再翻过来。"这些话，又从另一个侧面展示了其不拘泥于以往成败的豁达胸襟。

那么，曾国藩的豁达与胡雪岩相比如何？

放眼古今中外，无数与从政、经商发生些瓜葛或有千丝万缕联系的文人墨客所咏叹的主题，除了他们说多了既没人听也未必有人信的壮志、不厌其烦吹嘘幻想的爱情与跟自己没有多大联系的大好河山外，就是现实的得失、进退、浮沉等关键词了。如果调侃一点说，正是这些得以流传下来的人与人、人与事彼此之间的不愉快的音符弹奏沉郁情调，数不尽的文字，在不断地勾起后人惆怅的种子，并与官场上现实的郁闷一起，给后世的政治、经商、治学蒙上了一层难以洗去的忧郁。在曾国藩的一生中，这种郁闷的色调就非常明显，而且他不仅是前代政治忧郁的承受者，当世政治忧郁的受害者，也在把这种政治忧郁通过各种方式传递给后人。事实上，曾国藩在豁达洒脱上远不如胡雪岩，甚至可以说他无法摆脱郁闷式发展。

在曾国藩的仕途与军旅生涯中,忧郁无处不在。这里只想着重谈谈他曾有几次经受生与死的最高层次的考验,正是这些考验,让后人慨叹曾国藩活了一辈子虽然受人景仰,却活得没有多少乐趣,活得太累,太郁闷。真所谓"郁闷啊郁闷,不在郁闷中崛起,就在郁闷中消亡"。换言之,曾国藩的豁达与洒脱,并没有达到中国古人的上乘。

这种不洒脱,首先表现在1854年4月曾国藩的湘军与太平军的靖港之战前后。当年4月4日,太平军在岳州被击败后,湘军王鑫部乘胜直逼长沙,占领岳州、靖港。4月25日,湘军攻下被太平军占领的湘潭。但4月28日湘军的有利态势则不复存在,湘军在靖港被太平军打得落花流水,尤其是曾国藩亲自督导的湘军水师更是大乱,纷纷弃船而逃,以致船上无一水手,战船40只均被歼灭。陆师团丁亦被太平军击溃,纷纷争渡浮桥逃跑,溺死者甚多。面对此种混乱危急局面,曾经誓师出征壮志满怀的曾国藩既羞且恼无地自容,遂于靖港对岸铜官渚投水

曾国藩大规模仿制并构成湘军主要战船广东仿制的西洋战船图。

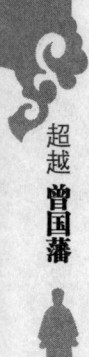

自尽,但先后两次均被部下救起。在随后受湖南官绅嘲笑、百姓鄙夷过程中,曾国藩又十分难堪而决定自杀,结果自杀不成又遭人耻笑。

曾国藩"不怕死",为何反遭人耻笑?这除了清朝人习惯于嘲笑任事而遭遇挫败之人和当时官场盛行落井下石之风外,恐怕也是因为历史上的败将无数,但即使寻死仍从容有风度者不可胜数,饱读诗书的曾国藩却没有做到这一点。得意时可以慷慨激昂、挥斥方遒,一旦失意或稍有挫折就无地自容心灰意冷,甚至想用死亡来逃避。虽然从历史发展的眼光看,并不能完全苛求于曾国藩,因为任何人都不可能生而为智者、贤者、勇者,为英雄,为豁达于人生的人。但就曾国藩而言,他已经在当时的官场中纵横几十载,可谓久经考验,却仍然不能豁达于心胸。他之选择死亡,并不是慷慨的深思熟虑而是碍于面子有损的羞愧难当。

也许是本性难移,在此后多次同类考验中曾国藩的作为与靖港之败的表现并没有多少不同,没有在考验中因豁达了而选择死,仍是因虚荣而求终,很是缺乏长进。1855年1月15日,湘军水陆两师进攻太平军把守的九江城,太平军在该城下重创湘军陆师后,于1月29日利用湘军水师急于求胜的心理,把一百二十多艘湘军轻型快船诱入鄱阳湖,然后沉大船于鄱阳湖口,使之不得逃出,从而将湘军水师分成外江与内湖两部分,外江为缺少快艇防护的大船,内湖为没有大船可依托的小艇。2月11日夜,太平军对湘军水师发动袭击,并俘获曾国藩的坐船,连清廷赏给曾国藩的白玉四喜板指、翎管等也都成了太平军的战利品。这令曾国藩再次感到羞愤不已,并投水自杀。在被救起之后,他念及自己惨淡经营的湘军水师遭此惨败,又欲效仿春秋时晋国大将先轸策马赴敌而死,只是经罗泽南等部下苦劝才作罢。事后,1859年曾国藩回忆这段往事时为自己开脱说：" 吉凶同域，忧喜并时，殊不可解。"意思是这一切都是因为当时心乱情迷所致。

但此后1856年曾国藩再次面临生死考验时，也仍然没有多大长进。当年，太平天国在湖北的军事形势较为稳定。太平天国的重要将领石达开就留韦俊据守武昌，自己率军回击江西，导致曾国藩困守南昌和南康两府的狭小地区，文报不通，联系中断，连送家书都不得不用隐语蜡丸，化装潜行。后来研究湘军同时也是当时那段历史见证人之一的王闿运在写《湘军志》时，连夜阅读当时的文件，朦胧之中好似见到曾国藩的窘迫。他在当天的日记中写道："夜览涤公（曾国藩）奏，其在江西实悲苦，令人泣下。'闻春风之怒号，则寸心欲碎；见贼船之上驶，则绕屋彷徨'。出师表无此沉痛。"此后1861年11月，曾国藩被太平军三路包围于祁门，一度断绝对外的音信，曾国藩急得晚上睡不着觉，不住地求神问卦。在被张运兰、刘松山救援而转危为安之前，因无面目见人而自杀之心再起。尴尬的是，此次坐困祁门几乎可以说完全是曾国藩咎由自取。祁门地势本来就是兵家所谓"死地"，李鸿章等人事前也曾劝曾国藩尽快把指挥部移到别处，但曾国藩出于统帅的面子，将错就错，就是没同意，结果其死要面子的收获是又一次上演了最丢面子的拟自杀丑剧。

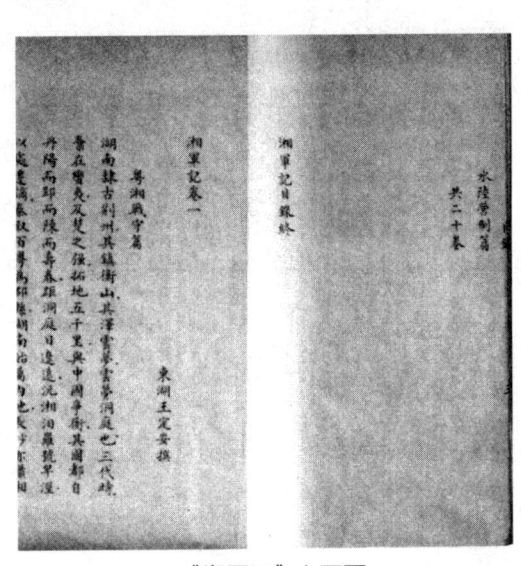

《湘军记》之两页

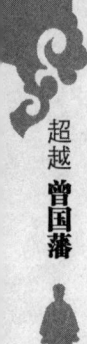

对于曾国藩的自杀之举,唐浩明先生在其三卷本长篇小说《曾国藩》中曾描述说,左宗棠在得知曾国藩靖港之役后选择自杀时大骂曾国藩"不忠不孝不仁不义的曾涤生,你大丈夫不做,却要效法愚夫村妇",指责他只会做匹夫匹妇那种动辄喜怒、寻死觅活的事,并质问曾国藩说:"你二十八岁入翰苑,三十七岁授礼部侍郎衔,官居二品,诰封三代,皇上对你的恩情,天高地厚,河长海深。洪杨作乱,朝廷有难,皇上委派你帮办团练,指望你保境安民、平乱兴邦,你却刚刚出师,便以受挫而自杀,置皇上殷殷期望于不顾,视国家安危为身外之事,你忠在哪里?""令祖星冈公多次说过,懦弱无刚乃男儿奇耻大辱。你将祖训书之于绅,发愤自励,并以此教诫诸弟。京中桑梓,谁不知道你曾涤生这些年来自强不息,是曾氏克家兴业的孝子贤孙。现在一受挫折,便想一死了之。这不是懦弱无刚是什么?上让老父为之伤心,下使子弟为之失望。你死之后,何能在九泉下见令祖星冈公?令尊大人在你出山前夕,庭训移孝作忠,实望你为国家作出一番轰轰烈烈的事业,万古流芳,使曾氏门第世代有光。你今日自杀,使父、祖心愿化为泡影,请问孝在何处?"小说描述说:左宗棠的一番貌为谴责实为信任的话,使得浑身僵冷的曾国藩渐有活气。曾国藩感到,这个自诩为"今亮"的怪杰,是充分相信自己能够建功立业、万古流芳的啊!他从心里感激左宗棠的好心,但嘴上却有气无力地说:"国藩自尽,实因兵败,不得已而为之呀!"显然,还是明知己不对,仍在暗为自己的面子开脱。

人在刀丛火海的一条钢丝绳上

其实人固有一死,在人的一生中所需面临和处理的关系中,生与死的考验最能检验一个人的气概与境界,但非自然的死也不是曾国藩这种死法。"千古艰难惟一死,伤心岂独息夫人",说的是忍辱偷生,而有所待。"四万人儿齐解甲,宁无一个是男儿",骂的又是面对死亡考验的懦弱。"杀了我一个,还有后来人",则是说为了某种志向而视死如归;"世人皆欲杀,我意独怜才",说的是你让他死我偏要他好好活,活给你看,气死你。虽然世有所谓"士可杀而不可辱",但曾国藩所追求的自杀则完全不是视死如归,也不是为了某种志向,更不是正常情况下经过思考作出的选择,而是面对困难局面时精神上表现出的一种懦弱,为了一种抽象的面子而进行的逃避,是奋斗信心的丧失。曾国藩曾经说:"困心恒虑,正是磨炼英雄,玉汝于成。李申夫尝谓余忾气从不说出,一味忍耐,徐图自强。"这句话虽然体现了曾国藩的官场奋斗哲学,但前述"追求自杀"的事例却恰恰证明他奋斗得不怎么洒脱,真是尝尽了生存和发展的郁闷。而如果反观曾国藩说得好听,做起来却难,也不难发现这反衬出缺什么吆喝什么,在曾国藩的书中无处不流露的对勇气和豁达的渴望,正说明他缺乏勇气和达观。显然,这是一种曾国藩式的生存郁闷。而因为曾国藩在中国的政治、文化人物中又非常典型,曾国藩的这种生存郁闷也就非常具有典型意义。

耐人寻味的是,当曾国藩真正遇到死神时,他却又死得很"痛苦"。1870年,曾国藩乘着率军镇压太平天国的余威,前往天津处理

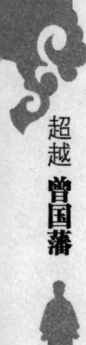

"天津教案"。面对这一"中外纠纷",曾国藩未经调查就在到达天津之初首先发表《谕天津士民》的告示,对天津人民的爱国行动多方指责,称其为寻衅滋事,从而引起天津民众强烈不满。随后曾国藩释放犯法的教民和涉案拐犯,并在奏折中千方百计为洋人开脱、辩护,最后反而从重处罚涉案的爱国人士,从而引起舆论大哗。后来曾国藩本人都不得不承认:"物论沸腾,致使人不忍闻。"天津教案办结后,曾国藩的京师同乡都把他视为大耻,将其名籍削去。曾国藩闻之,"引为大恨"。更为难堪的是,虽然曾国藩办天津教案符合清政府慈禧的利益,但那拉氏也指责曾国藩"文武全才,惜不能办教案",并随后任命李鸿章接任曾国藩继续查办天津教案,等于公开否定了曾国藩。曾国藩此时的政治处境,可谓下有人民的唾骂,中有士绅的责难,上有皇帝的不满。而想当年,曾国藩把轰轰烈烈的太平天国镇压下去,受到的是地主阶级的热烈欢迎,曾被捧为盖世英雄。如今则声望一落千丈,成为举国欲杀的罪人,曾国藩虽然"以苦心不能谕诸人人",只好重振"好汉打脱牙和血吞"之精神,但最终却在返回江宁两江总督府后不到一年多的时间里,即于1872年3月12日匆匆死于两江总督任上,终年61岁,可谓"英年早逝"。研究曾国藩的学者指出,曾国藩的死因正如古人所云:"千夫所指,无病自亡。"曾国藩剿捻挫败,病躯已经积瘁,重以办理天津教案挫败受到舆论谴责,神经上之隐痛太深,郁闷已经成为压倒他生命之树的最后一根稻草。

应该说,曾国藩始终是一位心思很重的人。从他的日记、书信中可以看出,他一生都处在郁闷难展甚至惊恐万状之中,活得太累。他为自己在刀丛火海之上支了一条钢丝绳,"寸心兢兢,且愧且慎"地踩在上面,"不敢片刻疏懈",感言"余忧患之余,每闻危险之事，寸心如沸汤浇灼"。有人说，曾国藩这种痛苦源于他时而君子，时而屠夫，在频繁的角色冲突和转换中难免痛苦地挣扎在官民之间、文武之间、生死之间、君子与小人之间、佛道与鬼魅之间、坦荡与诡道之间、痛快与痛苦之间，谨言慎行，惧蹈危机。但无论什么原因，有一点是肯定的，那就是曾国藩活得不是很洒脱，晚年更没有早年的豪情。

放眼历史，自古以来能达到曾国藩这种地位和事功的人大多豪气冲天，胸怀天下，拿得起放得下，为何曾国藩却有些逊色，因为沉重的精神包袱而早早离开人世？曾国藩写于同治十年（1871年）的一篇日记，似乎可以为此提供一点线索。在这篇日记中曾国藩写道："近年焦虑过多，无一日游于坦荡之天，总由于名心太切，俗见太重二端。名心切，故于学问无成，德行未立，不胜其愧馁。俗见重，故于家人之疾病、子孙及兄弟子孙之有无强弱贤否，不胜其萦绕，用是忧惭，局促如蚕自缚。"这是曾国藩在临死前不久写的一篇日记，可谓其一生心态的一个缩略，同时也道出了曾国藩之不能豁达，功名心太重是其早亡的重要原因之一。而实际上，曾国藩这种自白差不多同时是对古代中国所有文人的一个总结：就是以立德立言立功为荣，以无所用心为天下大耻，这虽然是追求有所作为的好事，但同时也会导致功名心太急切，过于关注成功、成人、成家、成熟、成材、成绩、成名、成就、成仁、成礼、成全、成事等，大多有一种争高低不能比别人差之心，有事事周全样样圆满件件顺遂的完美之心，结果得到了还想有，陷入了名利之圈难以自拔，日日为其辛劳而不可得人生之乐。但如果名利心太重，就容易失望比满足多，也自然容易被统治者或其他人所引诱与驱使，把整个一生都交给了别人所给予的评价及其他精神和物质的东西上，逐渐丧失自己对自己的准确定位，某种意义上架空了自己的人生，选择了一味扮演别人需要的角色的状态。得人赏识则喜，无人赏识则自悲自怜。这种由名利欲望和由别人嘴中论高低支撑的角色所扮演的游戏是戴着枷锁的舞蹈，郁闷还在其次，有时甚至需要付出更大代价来支撑。

曾国藩的这种功名心，追本溯源也许应该从苏秦说起。苏秦，是中国春秋战国那个人才辈出时代的骄子，其故事的关键是追求功名利禄的戏剧性，这一戏剧性最突出的表现之一是苏秦与自家人之间的冷暖炎凉。最初，一介书生苏秦刚刚步入战国那个动荡的国际大舞台，选择劝说秦惠王听从自己的谋划，但连续十次均告失败。这种功不成名不就的状态让苏秦狼狈得不能再狼狈："黑貂之裘弊，黄金百斤尽，资用乏绝。"苏秦只能穿着"兜里没有一分钱"的破旧裘皮大衣，自己背着那些准备赖以谋生的典籍黯然离秦返家。但迎接他的并不是家的温暖，而是出乎意料的"冷遇"：妻子装作没看见他回来，嫂子不做饭给他吃，父母不同他说话。惹得苏秦恨恨地说："是皆秦之罪也。"当然，苏秦所以成为苏秦是因为这种场面后来发生了戏剧性变化。当苏秦腰挂六国相印经过家门时，父母赶紧雇人打扫道路卫生，鼓乐喧天迎出三十多里；"妻子侧目而视，倾耳而听"，不敢与自己丈夫平起平坐了；而他嫂子则跪在地上不敢站起，行走则以像蛇一样的爬行代替。面对嫂夫人这种前倨后恭的态度，当时志得意满虚荣心已不需要再

苏秦像

膨胀的苏秦得出千古一叹："一个人如果穷困落魄，连父母都不把他当儿子，然而一旦富贵显赫之后，亲戚朋友都感到畏惧。由此可见，'人生在世，势位富贵，盖可忽乎哉！'"这句话道出了人生在世不能忽视权位富贵，确立了中国古代政治史上不可动摇的读书人的功名心态。

虽然苏秦的感慨很值得商榷，因为他其实应该感谢父母、妻子和嫂子当初的冷淡才对，因为正是这些家人当初的"无情"，才使苏秦知耻而后勇发愤读书的。如果换了一种温情脉脉的同情和劝慰，恐怕就不会有后来的苏秦了。即便有重新崛起的他，业绩恐怕也不会"来得那么快，来得那么直接"，"期年"就完成了由失败到成功的转变。正是在怨恨秦国影响了自己在家庭中地位的这一"期年"中，苏秦演绎了"头悬梁，锥刺骨"的故事，发愤把从几十个书箱中找出的传说是姜太公著的《太公阴符》等书翻来覆去地揣摩，最后抛开秦国而去劝说秦之外的战国六雄，合纵抗秦。这恐怕也印证了鲁迅所说的，年轻人只有脱离家庭的牵扯才能无包袱地去做事，也似现代人之所以追求单身以求自由的原因。

但细思苏秦这"千古一叹"却不难发现，苏秦在造就无数知识分子的功名心时，也把沉重的心理负担加在了知识分子的身上。一幅以苏秦为代表的古代读书人的画像是：他们的成就动机很强，心里长期处于亢奋期，甚至晚上睡觉的时候脑袋也"开天窗"，眼睛闭着，脑袋仍旧在不停地运转，让身心得不到安宁的休息。所谓"苏秦不务农，宁越不务工商，惟以读书为专业，以揣摩为手腕，取尊荣为目的"。一切为了成就一番事业，甚至会为此不择手段，明明知道错还要去做，而一旦暂时得不到或者失败就会因为内心的空虚或良心的不安而选择自责、自贬、自残或自杀。殊不知，功名

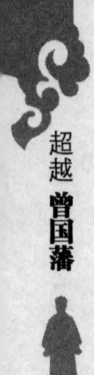

不过过眼云烟。而其实，今人所推崇的曾国藩的日记、家书，就处处显示出曾国藩的习惯性自责和灰心。在日记中，曾国藩几乎无时不在自我检讨，总是说自己不行。然而谦虚和反省虽然是必要的，可如果做过头了，一切就会走向反面，成为固执的郁闷。生活就会缺少快乐，而拥有太多的滞胀。如果再过于以人际关系为念——日记和家书透露出的曾国藩的苦恼，绝大多数都是与别人关系不协调——那么就会永远使自己不快活。

张无忌凭什么超过曾国藩

不过话又说回来了，人的一生不可能什么烦恼都没有？正如佛经中所说，人无不有生存受到威胁的烦恼，有欲望无法得到满足的烦恼，有善恶之分但是无能为力的烦恼，有自己不愿意做的事一定要去做的烦恼，有自己的思想和情感得不到理解的烦恼，有为事业前途而担忧的烦恼，有身体羸弱的烦恼，有无所事事的烦恼，有外界繁华无法参与、占有和享受的烦恼，有陷入棋局和江湖无法解脱的烦恼，有思维混乱胡思乱想的烦恼。烦恼似乎充斥着生活，有时甚至任何的理性解释和劝慰都失去了意义。总之，人生不可能一切都如愿，问题是如何面对？在哪里参透了，才能提纲挈领、豁然开朗，把一切郁闷都一扫而光呢？

在这方面，细细品味金庸金大侠的小说《倚天屠龙记》，似乎颇能获得一些启迪。《倚天屠龙记》的主人公张无忌按照金大侠的安排，自然而然成为当时天下武功第一人，一身不但怀有蝴蝶谷药仙和毒仙夫妇的医学药道，能识百草包治百病，而且兼具稀世的武功乾坤大挪移、九阳真经、武当原创太极拳，甚至因为拥有了"圣火令"上的武功而中西合璧。不但如此，张无忌还因为能侠义地使用其盖世无敌的武功被推举为"明教教主"：其实也就是当时主政中国的元朝的反对派势力的头子。但在小说的结尾，元朝的江山却让张无忌的手下朱元璋夺去了。虽然这种结局调侃出金大侠小说写得再好，也不能不服从历史真实。但就小说本身而言，能耐最大、品德最高的张无忌之所以不是"为了目的不择手段"的朱元璋的对手，也说明才能的高下和成功与否其实是两回事，才能需要为了目的去驾驭，智商需要情商互相配合。因为公平地讲，张无忌所以拥有明教行政第一领导位置而不得建立明朝，大部分是因为其个人的原因。最主要的是他只挂念着"义父"谢逊一人的安危，同时还拿不定主意地周旋于殷离、小昭、周芷若和赵敏四个美女之间，基本上没有时间去思考自己身为明教教主为天下应该干什么和怎么干，在实际上完全脱离了教主的领导岗位。可稍具讽刺意味的是，最后他的"义父"谢逊皈依佛门，自己解脱了自己，四位美女也有三位奔向他方，张无忌看来真好像是白忙了一场。无论如何，从个人的角度来看，张无忌很够朋友够意思，可以天下苍生为念的明教客观上却也因他的这种小格局而浪费了不少的精力和生命于个人或团体间的恩怨，让本来要为天下造福的明教反而给老百姓惹了不少麻烦。

不过张无忌的事业格局虽然较小，但其人生经历和人生的感悟却显然非常人可比拟。张无忌在没有正式具备盖世武功之前，只不过是

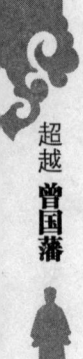

学了一些医术,并曾在蝴蝶谷为崆峒派的简捷、华山派的薛公远等人疗伤救命,结果当张无忌携杨不悔离开蝴蝶谷后遇见这两位时,得到的却不是感谢。崆峒派和华山派的这两位大人竟然因为兵燹灾荒肚子饿,要煮了张杨两个小孩吃,幸亏徐达经金大侠安排从旁出手相救,才使得两个小孩脱险。不过事情到此还没有结束,当张无忌救了昆仑派铁琴先生何太冲的小妾之后,何先生以一代掌门回报张无忌的仍然是以怨报德,恩将仇报。惹得金庸老先生都不得不在旁边感慨:当道时见中山狼。

其实,遍观金大侠的小说,这种虽属名门正派却做出卑鄙勾当的事真是层出不穷。在整个一部《倚天屠龙记》中,少林派、峨嵋派、昆仑派等"武功派别"与被他们称为"魔教"的明教比起来,形象实在是不怎么样。不是有点私仇就难以忘怀,多少年的事了也要翻出来算算账;就是实际上干些偷鸡摸狗,甚至不仁不义的事来。如为了得到屠龙刀或想知道屠龙刀的下落,有的人可以利欲熏心遍设阴谋圈套,有的则违背良心最后弄得自己也不认识自己了。细细体味,不能不说这很符合社会的发展规律。名门正派最初发展壮大时,靠的是真本事和由此自然而然得来的名声,到后来由于享受这种名望及由此带来的风光、实惠等已成习惯而本事已开始不济,心性已变得不良,于是就会因为怕失去带来享受的名望而极力维护名望,并自觉不自觉逐渐地堕落到邪路上。而那些曾被普遍流传的偏见视为邪恶的派别如魔教,却也可以因为更换了领导人、准备洗心革面而实际上发挥着名门正派惠及天下苍生、引导道德风尚的作用。不但如此,还因其有行事果决等优点而比名门正派更容易成功。

正可以变成邪,邪也可以变成正,友可以成为敌,敌也可以换为友,其中的关键之一是如何对待利益。这就是《倚天屠龙记》的辩证法之一,也是社会现实的一大规律。一把屠龙刀、一柄倚天剑既是小说的线索,更是反映小说中各类人物真实面目的"照妖刀"、"印魂剑"。而且也正因为高明的武功是决定武林中人生存层次高低的根本,所以历来的武侠小说中凡是记载高明武功的那几页纸,便都是纷争的根源。

借着这种纷争,《倚天屠龙记》赋予了张无忌最大的可取之处,即其对生死的参悟。当张无忌父母因为别人逼问握有屠龙刀的谢逊下落而不愿说并自刎之后,张无忌所经历的一切考验最高级别无非就是生死。其中的点睛之笔是当别人逼急了而又身负重伤无可奈何之时,张无忌往往会想:"就此死去,对于名争利斗无可留恋的尘世来说,倒可以是一种解脱。"因为他虽然无心于屠龙刀,但那些有心于屠龙刀的人却无法理解他,所以虽然张无忌不想争,但别人却又让他不得不争。张无忌想宁静、自由、充实有作为地生活而不能得,不如就在重伤之下让生命顺其自然。死,此时对于张无忌来说比生更能得到安慰和休息。死也是另一种活。只不过这种生死的思考并不是出于面子的需要,而是一种理性超脱的心态。

虽然金大侠在小说中习惯于安排张无忌在运用"九阳真经"时才会"心地空明,周身舒泰",以"他强由他强,清风拂山冈。他横任他横,明月照大江"的理念运用自己的绝世武功,但实际上张无忌只有在参透生死时才更像一个真正倚天的英雄。因为有了这种"生死观",张无忌自然心中就无所羁绊。这种参悟是一种比什么名利、兵刃都强的人生最大武功,至少它不至于让自己受伤,不会郁闷无尽。从而真正活得超脱而从容,少了更多凡人的苦恼,一心去干自己想干的事。

在《倚天屠龙记》中,张无忌这种生死感悟也并非偶然,因为

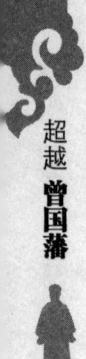

在整部《倚天屠龙记》中所有智者身上都渗透着这种生死观。如美丽的小昭就曾经唱过："世情推物理，人生贵适意，想人间造物搬兴废。吉藏凶，凶藏吉。富贵哪能长富贵？日盈昃，月满亏蚀。地下东南，天高西北，天地尚无完体。展放愁眉，休争闲气。今日容颜，老于昨日。古往今来，尽须如此，管他贤的愚的，贫的和富的。到头这一身，难逃那一日。受用了一朝，一朝便宜。百岁光阴，七十者稀。急急流年，滔滔逝水。"饱经忧患、看破了世情的谢逊也曾经感慨，人生"如流水兮逝如风，不知何处来兮何所终"。只不过遗憾的是，虽然"生亦何忧，死亦何苦"渗透了《倚天屠龙记》始终，却并不能解决"倚天剑"、"屠龙刀"所引起的纷争。但即便如此，我们仍然无法否定张无忌对生死的思考是平静心态下得出的结论。相反，曾国藩所谓自杀的"慷慨选择"却多是郁闷压抑、虚荣过激心理下的不良反应。虽然曾国藩在战场上初次败绩面临生死的考验一时失措似乎情有可原，但不可否认，此后他接连上演自杀的"节目"，就从根本上反映出曾国藩可能没有对豁达的最高境界"生与死、公与私、利与命"有深入的思考和选择，所以他的心理与情感劫难也就在所难免。据资料显示，曾国藩早年在京城时，身体羸弱，又怕平生志向不得伸展，所以常常忧思过度，一天竟吐血数口。平心而论，忧国忧民——有人说是忧名忧利——是可以的，但如果忧到个人的得失竟然到了如此下血本的地步，是不是有些过分呢？如果健康与生命都不复存在，那点功名又算得了什么？

试想，如果包括曾国藩在内的任何一个人都能像张无忌那样参透生存最大的郁闷"生与死"，那么生活中其他的郁闷，如名与利之惑、人际不和谐之愁、得失进退之忧，又算得了什么？佛家说，人的生命是有限的，要活在当下。当下是人最大的财富，当下所拥有的才是真正拥有的，不必忧于过去未来的名利、得失和进退。即使有所追求，也要没有烦恼地去追求。永远以一种佛家的觉悟之心来生活，无论追求什么都可以，但是绝不能烦恼。这样，人生才会多一种洒脱，而不是始终携带着郁闷。而曾国藩之所以一生郁闷，总是在追求中有看不到尽头的烦恼，就是因为他没有参透生死，在生死之间纯粹以面子得失来进行选择。参不透生死，当然也就不好处置其他的名利、得失和进退了。

张无忌能参透生死，而曾国藩的豁达之不能让人苟同，大概是因为曾国藩身上还有一种封建社会士大夫那种固有的对待人生与社会的矛盾心态。在中国封建社会特定的忠君教育之下，他们对来自上司尤其是皇帝的命令一点也不能怀疑，行动上更是不能违背。而往往是，现实又与皇帝和上司的命令有出入，于是这就造成了他的许多困惑与悲剧。尤其是那种所谓"君叫臣死，臣不得不死"时也死而不怨，怨而不怒，怒而不争，争而不反，还要莫名其妙地"谢主龙恩"含笑而去的受难心态，就更加耐人寻味。诸如此类中国古代历史上那些各种让人看不懂的悲剧所包含的必然不是豁达，而是一种奴性与依附。事实上，正是这种奴性、依附心理尤其是受难心态，成为曾国藩等人郁闷的根源之一。

这种受难心态，往往是士大夫们在理想破灭、现实斗争失败、内心渴求得不到满足的情况下，所体现的一种精神痛苦。但由于他们所受的那种已经框定了自家思想的教育又使其难以想得透，跳出来，即使想得多也做得少，不但容易把未谋求解决而想象出的困难当现实，而且习惯于自比历史上那些受难名人。常常以一种病态的心理，沉迷于自己的精神和现实苦难，仿佛只有如此这般痛苦一番才与众不同。

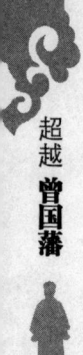

似乎只有在苦难中才能实现价值的升华，得到某种心灵的满足与解脱，所以他们高唱"我不下地狱谁下地狱"。为此，他们甚至带着一种欣赏的态度，有意构致和夸张所受的痛苦，并极易把幻想当现实，用孤独寂寞、知音难觅来延伸自虐。而实际上，他们这种"自我感觉"良好的痛苦根本一文不值，没有什么实质性的意义。然而正是这种矛盾心态，导致了士大夫们难以忍受内心的痛苦，并导致中国文学史上咏叹郁闷、悲哀的诗句也特别多。某种意义上说，他们的作为正应了那句"文学是苦闷的象征"的话。

枭雄的洒脱竟那么透彻

无论仕途还是战场，成败均有其必然的因由及偶然。从宇宙历史的放大视角来看，人的生活不过是社会国家甚至人类一种貌似严肃的自我调侃，实在可笑。如果把心放宽，把目光放远，把生死参透，把洒脱运用起来，又有什么不可以承受并加以改变的？尤其是曾国藩混的那个官场中那些自以为聪明的人办的自以为聪明的鸟事，所追求的面子和维护个人利益不问民生疾苦的事业，难道值得郁闷甚至用性命换取吗？值得深思的是，三国枭雄曹操在这方面可以说就来得相当的透彻和洒脱。这集中体现在曹操的《龟虽寿》和《短歌行》两首诗中。《龟虽寿》写道："神龟虽寿，犹有竟时。螣蛇乘雾，终为土灰。老骥伏枥，志在千里；烈士暮年，壮心不已。盈缩之期，不但在天；养怡之福，可得永年。"《短歌行》则称："对酒当歌，人生几何？譬如朝露，去日苦多。慨当以慷，忧思难忘。何以解忧？唯有杜康。青青子衿，悠悠我心。但为君故，沉吟至今。呦呦鹿鸣，食野之

曹操像

苹。我有嘉宾，鼓瑟吹笙。明明如月，何时可掇？忧从中来，不可断绝。越陌度阡，枉用相存。契阔谈䜩，心念旧恩。月明星稀，乌鹊南飞，绕树三匝，何枝可依？山不厌高，海不厌深。周公吐哺，天下归心。"曹操的壮阔胸怀，在上述两诗的字里行间呼之欲出，他的忧是人才的短缺和天下人心归于何地，并不是个人的得失。曹操之思，是那种吞吐天地的英雄豪情。正因为曹操有这种气魄，所以在一部《三国演义》的征战史中，曹操无论如何挫败都没有想到自杀，而是逃命以求卷土重来，甚至在最艰难的时刻仍会放声大笑，指点江山。如此，何愁忧之伤身？而曾国藩，则每每在困苦时首先忧及自身利益、得失和进退的面子。他虽然平时也会作诗说慷慨，但事到临头又哪有曹操那种虽百战辛苦时的豁达大笑？

就豁达洒脱化解生存的郁闷而言，也有必要回忆北宋时的著名词人苏轼。这位大诗人同时也是彪炳千古的大词人，所以成为北宋时诗坛成就卓越的大家，并不是偶然的，而是因为他有非同一般的壮阔胸怀。

苏轼最初功名心很强，这从他早期的《留侯论》中就可以窥见

一二。在这篇论述汉初三杰之一张良的文章中,苏轼说:"古之所谓豪杰之士者,必有过人之节。人情有所不能忍者,匹夫见辱,拔剑而起,挺身而斗,此不足为勇也。天下有大勇者,卒然临之而不惊,无故加之而不怒。此其所挟持者甚大,而其志甚远也。夫子房受书于圯上之老人也,其事甚怪;然亦安知其非秦之世,有隐君子者出而试之。观其所以微见其意者,皆圣贤相与警戒之义;而世不察,以为鬼物,亦已过矣。且其意不在书。当韩之亡,秦之方盛也,以刀锯鼎镬待天下之士。其平居无罪夷灭者,不可胜数。虽有贲、育,无所复施。夫持法太急者,其锋不可犯,而其末可乘。子房不忍忿忿之心,以匹夫之力而逞于一击之间;当此之时,子房之不死者,其间不能容发,盖亦已危矣。千金之子,不死于盗贼,何者?其身之可爱,而盗贼之不足以死也。子房以盖世之材,不为伊尹、太公之谋,而特出于荆轲、聂政之计,以侥幸于不死,此圯上老人之所为深惜者也。是故倨傲鲜腆而深折之。彼其能有所忍也,然后可以就大事,故曰:孺子可教也。楚庄王伐郑,郑伯肉袒牵羊以逆;庄王曰:其君能下人,必能信用其民矣。遂舍之。勾践之困于会稽,而归臣妾于吴者,三年而不倦。且夫有报人之志,而不能下人者,是匹夫之刚也。夫老人者,以为子房才有余,而忧其度量之不足,故深折其少年刚锐之气,使之忍小忿而就大谋。何则?非有生平之素,卒然相遇于草野之间,而命以仆妾之役,油然而不怪者,此固秦皇之所不能惊,而项籍之所不能怒也。观夫高祖之所以胜,而项籍之所以败者,在能忍与不能忍之间而已矣。项籍唯不能忍,是以百战百胜而轻用其锋;高祖忍之,养其全锋而待其弊,此子房教之也。当淮阴破齐而欲自王,高祖发怒,见于词色。由此观之,犹有刚强不忍之气,非子房其谁全之?太史公疑子房以为魁梧奇伟,而其状貌乃如妇人女子,不称其志气。呜呼!此

其所以为子房软！"

从这篇文章中可以看出，苏轼也是想在政治上有一番作为的，因此还专门论述了政治场上"忍"的哲学。"忍"不是消极的，而是为了他年翻身的一种积极之忍，即"忍小忿而就大谋"。事实上，苏轼的一生中，曾经积极卷入北宋的政治改革旋涡，后来虽然没成功，但毕竟是"翻着跟头过来的"。在苏轼春风得意的年代，他先是反对王安石比较急进的改革措施，后又不同意司马光尽废新法的改革，因而成为一个永远的不满现状者，在新旧两党间均受排斥，仕途生涯转为坎坷。随后被借口讥讽朝政而遭一贬再贬，直贬到海南。宋徽宗登基大赦天下，苏轼才得以北返。但不久他即在常州逝世，年66岁。

可虽然苏轼一生坎坷，但他却借助那些让人在喜闻乐见中深思的诗词，给后人留下了一个豁达的身姿。北宋神宗元丰三年（1080年），苏轼因《王复秀才所居双桧》诗中的一句"根到九泉无曲处，世间惟有蛰龙知"就被因为自己夺了别人的江山从而也病态地怕他人来夺自己江山的赵匡胤的子孙，怀疑成苏轼要当真龙天子，夺赵家的权，而被贬到黄州当团练副使，从此不再是上司的红人。但虽然黄州的生活极为艰苦，苏东坡却以他的豁达笑对拮据，在朋友为他置办的数十亩荒地上开垦，从而留下了著名的"东坡"，并自号"东坡居士"。也就是在这种不甚轻松的"田园生活"中，他亲自下厨研制了所谓"东坡肉"的美食。苏轼还曾写过《薄薄酒》诗两首：胶西先生赵明叔，家贫，好饮，不择酒而醉。常云：薄薄酒，胜茶汤，丑丑妇，胜空房。其言虽俚，而近乎达，故推而广之以补东州之乐府；既又以为未也，复自和一篇，聊以发览者之一噱云耳。其一：薄薄酒，胜茶汤；粗粗布，胜无裳；丑妻恶妾胜空房。五更待漏靴满霜，不如三伏日高睡足北窗凉。珠襦玉柙万人相送归北邙，不如悬鹑百结独坐负朝阳。生前富贵，死后文章，百年瞬息万世忙。夷齐盗跖俱亡羊，不如眼前一醉是非忧乐都两忘。其二：薄薄酒，饮两钟；粗粗布，著两重；美恶虽异醉暖同，丑妻恶妾寿乃公。隐居求志义之从，本不计较东华尘土北窗风。百年虽长要有终，富死未必输生穷。但恐珠玉留君容，千载不朽遭樊崇。文章自足欺盲聋，谁使一朝富贵面发红。达人自达酒何功，世间是非忧乐本来空。

其豁达之气贯穿千古。当然，那些陪伴苏轼的妻妾们可都是漂亮的美人。而且有史料说，由于苏东坡姬妾众多，风流韵事层出不穷，因此当苏东坡贬官之时，他身边的姬妾也不得不相继挥别送人。这其中据说有两妾已经怀有身孕，但他也无暇过问。同是在此期间，苏轼出游沙湖，途中遇雨，遂有了"莫听穿林打叶声，何妨吟啸且徐行。竹杖芒鞋轻胜马。谁怕？一蓑烟雨任平生。料峭春风吹酒醒，微冷，山头斜照却相迎。回首向来萧瑟处，归去，也无风雨也无晴"。他游赤壁，遂有了"大江东去，浪淘尽，千古风流人物。故垒西边，人道是，三国周郎赤壁。乱石崩云，惊涛裂岸，卷起千堆雪；江山如画，一时多少豪杰。遥想公瑾当年，小乔初嫁了，雄姿英发，羽扇纶巾，谈笑间，强虏灰飞烟灭。故国神游，多情应笑我，早生华发。人生如梦，一尊还酹江月"。其笑看苦难的豁然之气，流传千古。《留侯论》中隐约透露出的那种小看天下，不要抱怨和乐观奋进的思想，似乎与苏轼终生相伴。

然而"好景不长"，苏轼又于绍圣元年（1094年）辗转被贬到了惠州——：一个比黄州还偏远的地方。但苏轼仍然不减其豁达，在此期间写下了"罗浮山下四时春，卢橘黄梅次第新。日啖荔枝三百颗，不辞长作岭南人"。同时，虽然与平民酒徒相推搡而不为人识，他仍然组织当地人修建桥梁、埋葬无主骸骨，不只是为个人面子和安危考虑而是做了许多利民之事。即使是以后他被贬到更远的儋州即现在的海南岛，苏轼也仍然豁达。当他登上当时还有原始意味的海南岛后，反而被那里美丽的景色所陶醉，留下了"九死南荒吾不悔，兹游奇绝冠平生"的诗句。在随后的三年儋州生活中，苏轼以年老之躯开设学堂，传播文化知识。甚至在去世前，他还以调侃的口吻写下自己的辛酸"问汝一生功业，黄州、惠州、儋州"，透露出他对给他设置人生苦难者的蔑视。而尤其应该记得的是苏轼写道："治生不求富，读书不求官。譬如饮不醉，陶然有余欢。"苏轼的思想出入儒道，杂染佛禅，既能关注朝政民生，保持独立的见解，又能随缘自适，达观处世。

"恶搞"看破天下事

在豁达与洒脱问题上，汉代的东方朔也要比为了面子而经受不住发展带来的郁闷，甚至到"被迫"自杀地步的曾国藩稍强一些。东方朔，在正统历史上的地位，不过是汉武帝身边的一个小丑，他用吹牛的方法宣传自己，一副满不在乎的模样。据史载，有一个三伏天，汉武帝给朝臣赏赐肉食，大家等得直流口水，可负责分肉的官员却"小人得志"没有来——也算是一种渎职。与大家一起站在等候之列的东方朔实在等得不耐烦了，也不想再为那个分肉的小人

汉代铜车马

浪费时间,就向同伴说:"按照我朝先例,三伏天上朝可以早退,所以不好意思了,我先拿我该拿的那份肉走了。"说罢举剑切下一大块肉扬长而去。御膳房管分肉的人于是觉得很没面子,所以明明是自己来晚了不对,却仍然仗着自己是宫里人而要讨回自己那点可怜的权威,立刻向皇上告状,巧言令色把东方朔对自己的不满说成是东方朔无视皇帝。而汉武帝这个从来就有点自大而且脑袋已经被权欲搞得愚蠢简单的人,就把东方朔叫来大发雷霆。孰料东方朔不声不响,取下帽子做洗耳恭听状。这下反而引起了汉武帝的注意,便说:"你要是真心改悔,就当着大家骂自己一顿。"东方朔谢主龙恩后,就大喊起来:"东方朔你太不像话,没等陛下分赏,就擅自拿走赐品,真是无礼至极;但拿是拿了,又只取一小块也算是廉洁官员。肉拿回家自己一口没吃,全部带给老婆孩子,更是亲情的表率。"这番话惹得汉武帝大笑不止,其他臣属也都附和着笑。于是汉武帝反而又赏赐给东方朔更多的肉和酒。这事如果换作因给咸丰帝上疏而遭遇反感的曾国藩，不知又该如何诚惶诚恐了，哪还有"谈笑间，世事不过如此"的智慧和气概？

依当时官场的所谓游戏规则来看，东方朔不可谓不懂规矩。但他如此"恶搞"居然还能在官场上混出名堂。然而在东方朔眼中，汉代官场那种庸官俗吏虽然表情都是一本正经，言语均是冠冕堂皇，但有多少不是为了名与利而来，"千里求官只为财"。在东方朔眼中，偌大一个朝廷再怎么严肃，也不过是搜刮百姓的利益集团。大家也许不过都是为了一点钱，一碗饭或者说是面子，又何必都正襟危坐、道貌岸然；明明干着鱼肉百姓甚至男盗女娼的事，却偏要装出正经来。何必把为了混饭吃，为了面子的那点破事说得那么神圣？何必把与社会国家百姓幸福不相干甚至有害的自私自利做得那么正经八百装模作样？反倒不如东方朔嬉笑怒骂，真的视功名如粪土知道一切官职荣耀都是统治者的鱼饵来得痛快直接。而真有这种心态的人，即使在表面上不必像东方朔那样滑稽，"大隐隐于朝"，但实际上在面对各种名利诱惑时也必然有一种淡然，面对面子与生死，也必然是张无忌想通时的豁达。

豁达，其实就是一点看破的功夫。它不是消极地"看开了"，也不是回避问题地自欺欺人，而是"世事洞明皆学问，人情练达即文章"的悟。以今日之标准衡量，古来许多大圣大贤皆是无事业可言者。孔子终其一生，居官不过鲁国司寇，且三月去职，何等郁闷？孟子周游列国郁郁不得志，退而与其徒著书传世，又不得今所谓教授院士头衔，何其"孟白劳"？老子为周之守藏吏，出关远游之时"财产"不过青牛一头，何其清贫？庄子为漆园小吏，老婆都养不起要到河间侯处借粟，何其没面子？但几千年中国之伟人首推孔孟老庄。显然，人之重孔孟老庄，非为其金钱名位，乃重其智慧与人格。其余如范蠡、张良、李泌，皆官至宰相有大功于国家，然功成身退，归隐市井、山林，弃名利有如敝屣。正因为他们看得透名利，没有什么郁闷萦怀，所以也才得成就真正的千古事业。为天地立心，为生民立命，为往圣继绝学，为万世开太平。除此之外，另一种悟是能够转变思维的角度，可从人以为的苦中发现乐，从人以为的悲中发现喜，从人以为的追求中发现零价值，如此等等。

用时髦的话来讲，人生其实是一次复杂性的探索，在拥有幸福、欢乐、成就的同时，也难免有身心的困厄、痛苦、失败、疾病困扰。正如古人所谓"不如意事常八九，可与人言无二三"。但掐指算来，人生不过几十年，我们又有什么义务为哪个人哪件事低头、弯腰，弄得自己身心不舒服不自在甚至要自杀？所谓素贫贱行乎贫贱，再怎么困苦也不能驱走人欢乐的心。豁达的人面对困境长吁短叹只是暂时的甚至根本就是零，反而会"病来翻喜此心闲，心在浮云去往间"、"沉舟侧畔千帆过，病树前头万木春"，享受一种零忧愁意识和豁达开朗。在逆境中安心、顺心或生出雄心而不是任人与环境宰割消极待命，因为忍耐乃是为了更好的机会，更深沉的努力，是积极的愈挫愈勇。"故天将降大任于斯人也，必先苦其心志，劳其筋骨，饿其体肤，空乏其身，行拂乱其所为，所以动心忍性，增益其所不能。"然后"天行健，君子以自强不息；地势坤，君子以厚德载物"。活得轻松，活得有成就。

这种豁达颇类似于赤子心态。有赤子心态的人选择的是一条与那种思想僵化、动辄郁闷、感情麻木和年华老去相反的道路。有赤子心态的人不否认自己的年华老去，却不肯被年龄所限制，他们虽然成熟、世事洞明，但在进取情感上却并不消极，而是仍然殷切期待下一次冒险，准备跃向另一个未知。对于赤子心态，有人解释说："在四到五岁的时候，人们都是浪漫主义者，内心都孕育着美好的理想，都坦然无惧、开放、热情及美丽。"那时婴儿的眼睛特别大，能够毫无畏惧地直视成年人的眼睛，并在对方回应时报以微笑，这种睁大眼睛的热情，

白玉苦瓜

一方面激发出对方照顾弱者的心理，从而使对方帮助你，进而引申为有助于实现领袖的领导。另一方面更重要的是，这种赤子心态说明其无畏无忧和创造天性的强烈，保持这种赤子心态，就有了一种进化的动力来源。一般而言，随着时间流逝、失去朋友和亲人，尤其是信奉所谓传统的官场文化，容易使人逐渐失去自己的本来面目。虽然达官显贵，却最终没有活出自己的真面目来，甚至抑郁终生。而那些心态与创造精力永远保持年轻的人，则不会花时间去忧伤失去什么，不会仅做名利的奴隶，他们永远活在当下。他们不会花很多的时间自怨自艾，他们在忙着做积极的事。如那些因为恋错了薄情者的天才们，就会让自己放下那些不值得爱的人，埋头自己该做的事，或者写本好书，或者想办法挣些钱。赤子心态的人把保持头脑活跃和情感丰富作为功课来做，但他们不会只是对官场感兴趣，不会因为有了官场就没有了正常人生。

一般而言，人奇怪的愚蠢之处是物质生活很丰富，但心态不够好。做生意挣了大钱，就想当官，不然就感到低人一等；当了官就想摆架子，就不好好与普通人说话；上了名牌大学，就一定得是精

英，毕业就得进大城市大机关。凡此种种都是烦恼的根源。克服此类烦恼最重要的就是保持一颗平常心。不论事业多么顺利富有，都能知道自己的半斤八两与常人无异，一如既往地过常人生活。反之，不论遇到什么挫折，仕途多么艰难，工作有多少不如意，绝不自卑，绝不郁闷，绝不失去自信。作为一名普通人，不论自己如何平凡，都不卑不亢，始终自尊自重自强。这种平常心，其实是心存简单。"天下本无事，庸人自扰之"，生活中太多的烦恼有时是自己找的，是自己想的，是自己把原本简单的事情复杂化了，把自己轻松的心情搞沉重了。没有的希望拥有，拥有的害怕失去，人会变得思想沉重。简单是一种潇洒自如的生活状态，小事不放在心上，不去恭维什么，不去唯唯诺诺，更不去刻意掩饰什么戒备什么。有些恩恩怨怨该忘掉就忘掉，不然包袱越背越重，就会活得很累。

佛家人说："成熟的人不问过去，聪明的人不问现在，豁达的人不问未来。"心胸开阔的人，把握当下，心里没有半点障碍，人生任何处境，都能从容平静处之。正如一位大师所言："往事如梦，一笑可也，何必伤神。""生活就是一场梦，人年老了死了，梦也就醒了。"事情过后，不要自寻烦恼地记在心上，要培养乐观的人生态度，提高心理上的抗逆境、抗郁闷的能力，把万千往事视为过眼烟云，以求心安。看山是山，看水是水；就会生死无忧，顺其自然，进退从容，得失如一，永无烦恼。"人有悲欢离合，月有阴晴圆缺，此事古难全"。看破后的一种宁静，才是人生的大气和超脱。因此能随遇而安，随缘生活，随喜而作，随心欢喜。当然，"乌鸦的声音不改，飞到哪里都不受欢迎"。要想豁达洒脱，更多的要从追求者自身的改变入手。一个人如果心念不正，看什么都是歪的，那么他眼中歪倒的世界总会让其烦恼。因此如果不想被命运束缚，就要改变自己的心念，从人的自私、嫉妒、瞋恚、邪恶、懦弱的心治起。

如果说权变是一种智慧，那么豁达其实是一种突破自身和世俗惯常习气的勇气和心胸，是一种本色。汉初功臣樊哙为人较为粗鲁，不能与文绉绉的张良、萧何等其他人相提并论，淮阴侯韩信羞与之为伍。但当刘邦初入咸阳，见了秦宫室帷帐，狗马重宝，妇女千数，就想留在那里享用时，却见樊哙出面制止他说，这些奢丽之物乃秦之所以亡，愿急还霸上，无留宫中。后来刘邦当上汉高祖后，一次生病就不想见群臣，又是樊哙独闯其门，质问刘邦昔日何其勇敢，今日又何其疲惫，且引赵高之事以为鉴。这两件事在一般人看来，是不敢做不敢为的，只有不营私利，豁达从容，真正有大气魄的人才能做出的。而有了这种气魄自然也就有与生俱来的洒脱，无所谓，才能有所谓。这种阳刚之气提醒世人，狭隘是男人的天敌，无论是在眼光、心胸还是格局上都是如此。不豁达的根本，无非怕死，无非有所不能舍得，得到了一点点的小利小名就守着沾沾自喜，甘当井底之蛙，夜郎自大，不知道人外有人天外有天，而真正的高人其实并不会轻易与普通人争名夺利的。

当然，豁达并不是那种不主持正道，只求明哲保身的伪豁达。那其实是抵制个性发展和顺从既定的不良社会规范，抹杀了人生真实的价值，否定一切人生追求，无所谓是非原则，无所谓美丑界线，一切都稀里糊涂处之，把中庸、不偏不倚视为最高处世境界，做不敢革新，不敢负责而自保的"自为汉"，而不是对社会有益、有责任之辈。

在以洒脱的进取化解求生存打拼所遭受的郁闷时，应与曹操、苏轼、东方朔携手超越曾国藩。

第四章

格局广大VS奴性忘本，谁能超越曾国藩

一个人的心能装下什么，决定了其生存格局的大小。然而在官场上，当许多人只知道向上司向名利低下高贵的头颅时，他们心中已经装不下别的东西了，即使获得高官厚禄也已经不值一提。因为当奴性俘虏了他们时，不要说他们没有格局，就是本分、本色也都将不复存在。所幸我们发现，历史上有很多人能超越患上奴性忘本症的曾国藩。

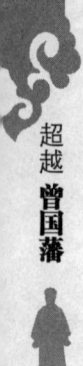

古今流行的奴性忘本症

曾国藩一生行事，不可谓不狠——他狠狠地要求自己要勤奋读书，勤于事功，最终成为举世闻名的重臣，惹得许多男人想取而代之，许多女人说嫁人就嫁曾国藩。同时，他杀太平军也简直狠到天怒人怨的地步。虽然男人要对自己狠一点，狠中自有黄金屋，狠中自有颜如玉。狠意味着奋斗和成就。但曾国藩之狠，却多少会给人一种怪怪的感觉。

曾国藩之狠，至少表面上看是以忠于清王朝为前提的。自然，忠于上司无可厚非。但曾国藩对清王朝之忠，有时又似乎让人感觉不到。更为可怕的是，曾国藩这种忠还逐渐发展到忘本的地步，成为一种奴性，患上了实足的"奴性忘本症"。结果，曾国藩失掉了作为儒家人物的"民本"，失去了作为中国人的"民族之本"，也失去了作为一个健全人的"人格之本"。

为曾国藩开脱的人说，曾国藩这些"不足"产生于清王朝特定的愚昧、软弱。但那些与曾国藩同时代的人，则有许多人保持了人格之本、民族之本，这又是怎么回事呢？这是不是因为人生格局的不同导致的呢？

曾国藩曾说："丈夫当死中求生，祸中求福；古人有困而修德，穷而著书。"这句颇具曾氏特色的话概括起来，意思是说无论如何都要奋斗到底，越是困难时越要坚持，不要松懈一步。曾国藩是说得有气魄，做得也有板有眼。曾国藩自1852年开始组建湘军，到1864年太平天国失败的十多年间，伴随着湘军这支地方武装团练成为一支独立

军队,横冲直撞到他省迎战。曾国藩也在不断处理与地方各省官吏将领的关系,处理与中央的关系,处理与外国侵略势力的关系,处理与太平军的关系,应付四面八方可谓绞尽脑汁,费尽心机。就是在这一过程中,曾国藩表现出了他"奋斗到底"的气概——一方面对中央、对地方委曲求全,以求得满族贵族对他的信任;一方面对外国侵略者忍辱退让,甚至卖国求荣;另一方面也残酷镇压太平军,对老百姓施以严刑峻罚。这种鲜明的对比,不能不说是对曾国藩人生格局的一种折射。

带枷的犯人

历史上,也曾传唱湘军爱民的歌谣,但这些爱民歌谣也仅是由曾国藩自己编写,然后由下级例行公事传唱,根本不是指导和约束湘军言行的硬性规定。相反,历史资料显示,编写了爱民歌谣,学唱了爱民歌谣的湘军,实际上正是杀人如麻的主。历史上曾国藩之所以有"曾剃头"之称,就是因为他对待民众手段酷毒,滥杀无辜。平心而论,曾国藩不是一个坏人,没有哪个史料记载曾国藩一出生就有喜欢杀人的迹象。虽然曾国藩翰林出身,平生不会骑马,不会舞刀,但

押赴刑场

砍头

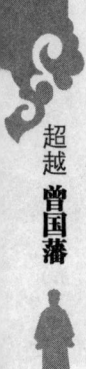

他却通过理论上的思考变成了一个杀人如麻的人。曾国藩的政治出发点，基本是以取得朝廷的信任为根本的。他既然要做维护顺从朝廷的典型、楷模，要讨好希望镇压太平天国维护稳定的清政府，那么其他的什么正义、什么百姓，完全都可以不顾了。何况，当时清政府要对付民众的心也相当狠。再加上曾国藩本质上代表地方乡绅势力和中小地主阶级利益，换句时髦的话，代表中产阶层以上的利益而不是代表广大人民的利益。所以在面对百姓的问题上，他采用的是一面利用湘乡农民组军镇压太平军，坚壁清野困死太平军，一面又想尽办法对用不着的他省群众大开杀戒。

在筹建湘军初期，曾国藩就指示审案局，对于所谓"危害社会"的不良分子，一律处以重刑。至于与太平军作战有牵连的百姓，他更是鼓励手下要心狠手辣，斩尽杀绝。在曾国藩倡导和支持下的湖南等地的审案局，由此成为在清王朝地方司法部门之外可以随意捕人、审讯、杀人的机构。其用刑相当苛酷，凡被抓入审案局的人，很少能够生还。据称，曾国藩制下的审案局为收到制造白色恐怖和杀一儆百的效果，特意制作了十个木笼，取名"站笼"。这种"站笼"约一人高，犯人头卡在顶部的木枷中，四肢捆绑，白天游街，晚上则放在露天，不给吃不给喝也别想睡觉，有的身长不足与"站笼"相抵的犯人脚根本难以沾地。在这种酷刑折磨下，即使最壮实的人，不出三四天也会死掉。同时，曾国藩还鼓励实施"就地正法"的办法对付个别群众和小股会党的反抗活动，其具体办法是令各地团练头子直接捕杀和捆送形迹可疑、眉眼不顺的人，甚至可以就地处决。后世史家指出，在时局混乱的情况下曾国藩出此命令，其实根本不会达到平息社会骚乱的目的，相反只会造成冤假错案，进一步激化矛盾。因为可以想见的是，许多奉命执法者要借机公报私仇、谋取私利。曾国藩所雇用的执事者和团练头子，平时就多是横行乡里的土豪劣绅，曾国藩所给予他们的政治和军事地位，等于为这些统治势力杀人夺命、劫财劫色大开了方便之门。

实际上对于这一点曾国藩自己也并不讳言，相反还认为是自己的"政绩"。据史载，曾国藩曾亲自奏称：截止到咸丰三年六月，仅仅4个月，审案局就直接杀人137名，其中"立予正法"者就达104名，"立毙杖下"者2名，"监毙狱中"者31名。曾国藩甚至对获得"曾剃头"的称号感到颇有面子。在湘军初起时期的奏章中，曾国藩曾对咸丰帝说："臣身虽得残忍严酷之名，所不敢辞。"标榜他这样做是为了忠于朝廷。在这种忠于朝廷的一以贯之的思想之下，此后在攻打天京时，曾国藩实行坚壁清野的政策，更是造成平民的重大伤亡。几乎是清军驻哪儿哪儿遭殃，如豫胜营李世忠部驻防安徽全椒，"专为坚壁清野计"，糟蹋得"数十里无人烟，耕种者百人内三四人而已"。而当太平天国为缓解都城天京的食物、饮水压力而放一些妇幼逃出城时，曾国藩又命令其九弟曾国荃，要把城内放出的妇女儿童强行遣送回去，以造成敌方内乱加剧，务求斩草除根，这些不义之举一直遭到时人和后人诟病。从曾国藩身上，人们最能感受到中国的农民等底层从来都是最受欺凌的阶层，无论朝代如何更替，权势之人总是骑在农民的头上作威作福。同样令人难以接受的是，曾国藩不仅自己直接主持"杀人大局"，他的父亲和四弟也在湘乡老家从事同样的"买卖"，以至于该县县官熊某担心民间冤屈太甚对自己不利，没有几天就要偷哭一次。有人问他何故，他说："曾四爷又欲假我手杀人矣。"正是在曾国藩的白色恐怖政策高压之下，湖南地方的地主豪绅势力极度膨胀，使湖南不仅没有成为太平天国革命的策源地，反而成为曾国藩集团镇压太平天国牢固的后方基地。

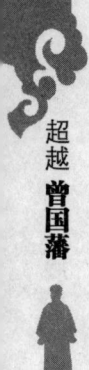

与此同时，作为大清朝所谓的"中兴名臣"，曾国藩为豢养湘军这支虎狼之师到处筹饷，既有厘金、盐务、劝捐，又有协饷、关税，几乎遍及清王朝国计民生的各个方面。虽然曾国藩在湘军初创时期曾压榨一些富豪出钱出力，但后来则主要把这种负担转移到各地商、民身上，遍设关卡加以横征暴敛。当然抢劫也是湘军的生存之术，如在攻破天京之后，曾国荃的吉字营就大肆抢劫财物，并屠城和纵火掩盖罪恶勾当。在曾氏兄弟的默许甚至鼓励下，上至湘军将领，下至士兵甚至曾国荃大营中的厮役都加入了抢劫大军。正因为湘军抢得沟满壕平，所以竟然出现了"全军不问发饷事"的怪现象。由此也可以推断，这类抢劫至少在当时成就了许多湘地富人。

考察曾国藩对民众的态度，也许可以推测他的头脑中不时会想起《论语》中的"民可使由之不可使知之"，意思是说对待普通百姓就要采取愚民政策，如驱群羊，驱而往驱而来。不过这句话却被理学家曾国藩理解错了，正确的意思应该是："民可使，由之；不可使，知之。"实际是在说，"如果老百姓能正确行使自己权力，就让其自由发展；如果老百姓不能正确行使自己权力，则教育他们，使他们'知道'如何行使自己应有的权力。"曾国藩自诩为一个儒学大家甚至是一个理学家，一个"爱民"的人，但他的"爱民"却如叶公好龙。儒家的传统文化精髓就是爱民："民为贵，社稷次之，君为轻。"在儒家眼里，老百姓才是最重要的，与人民和国家比起来，君主是最微不足道的，一个儒者只有把人民摆在第一位，才有被称为儒家的资格。忠于人民那才叫忠，忠于统治者而对付人民那只能叫奴性。就此而言，叔孙通那样的儒生才能称得上是真儒生。秦二世掩耳盗铃，虐待天下万民，叔孙通便投靠人民武装项梁的军队。项羽残暴不仁，他便转而投靠刘邦的军队。刘邦要更换太子，他害怕再现秦二世的局面，人民又要生灵涂炭，他表示宁可"撞柱而亡"。表面上，叔孙通换了三个主子，但是从实质上看，他忠于的对象只有一个，即天下的万民，这才是真正的儒生。而曾国藩一旦需要顺从起上司的意旨来，"爱民"两字就丢到九霄云外去了。从这一意义上说，曾国藩只能是伪儒，他在为自己的官位而忠于清廷残杀民众时，就已经忘了求学而为儒者的根本了。而有意思的是，现在给曾国藩平反的人，大多都是拿曾国藩的奴性给曾国藩平反，欣赏其对统治者的"服从艺术"。

道是"忠君"却欺君

可虽然曾国藩残害民众，打的却是忠君的旗号。就是这样一个非常忠君的人，也曾欺骗过皇上。在英法联军挑起第二次鸦片战争时，咸丰帝于逃往热河途中，命令曾国藩速派湘军将领鲍超率军北援。这个命令是1856年8月11日发出的，8月26日到达曾国藩手中。当时曾国藩正孤守被太平军重重包围的祁门，自身吉凶未卜，因此并无心思发兵北援救驾"勤王"。但皇帝命令他又不便公开违背，于是曾国藩一面冠冕堂皇地向皇帝表示："鲍超人地生疏，断不能至，请于胡（林翼）、曾（国藩）二人酌派一人进京护卫根本。"一面在实际行动上采取拖延战术。结果当年10月曾国藩便接到"和议"已成、毋庸北援的廷寄。

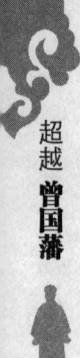

救助正在遭受外国军队打击的皇上，要用两个月的时间来商量由谁带队？这岂不是天大的笑话？所谓"将在外君命有所不授"，自古出征大将即有机动专断之权，曾国藩若要真心北援，根本无须如此反复费尽周折。同时如果曾国藩真的出手相援，最后局势发展也未必是清政府与侵略者订立城下之盟。因为如果曾国藩带头勤王，那么各地的都督、巡抚也加入的话，虽然当时中国处于积弱状态，但以湘军的战斗力和清政府仍有的号召力，以民不畏死、兵皆死战为根本，第二次鸦片战争所产生的丧权辱国的《北京条约》也许就不会签订，至少也会减少一些损失。虽然当时中国的国力与英法相差较大，但实际上英法的本事也并非大到无法抗争，何况以劣势武器战胜优势敌人的例子在历史上也并不鲜见。

从这一角度来说，曾国藩有助不平等条约签订之嫌。总而言之，这件事可以看出，皇帝的事远在天涯海角，不如曾国藩眼前的利益重要，曾国藩的利益大于关涉民族的不平等条约。同样不难看出，残害民众与否，曾国藩是以忠不忠君作为取舍条件的，但在忠君与否的问题上，他又是以个人利益作为取舍条件的。所以有人指出，读曾国藩的日记家书虽令人感到佩服，但对照他现实中的所为，也会觉得他言行不一。日记家书里的曾国藩是一个经过事后"装修"的曾国藩，而现实中的曾国藩实际上容易给人一种没有原则、唯利是图的印象。曾国藩是一个以"恶名"成功，却因自己善于伪饰最后以"善名"留世的人。为了名利而放大本来很小的胆子，放弃大智慧而卖弄小聪明，即使曾国藩这样的厉害人物也不能免俗。

在忠于君主时，曾国藩忘了身为儒者的为民根本；在忠于自己的利益时，曾国藩又忘了忠于君主的原则。那么，在对付外国侵略势力时曾国藩又有什么表现呢？

曾国藩与外国侵略者打交道，集中体现在处置天津教案问题上。

同治七年（1868年），曾国藩调任直隶总督。就在他任直隶总督期间，同治九年（1870年）天津发生了一场著名的教案。这场著名的天津教案的背景是第二次鸦片战争后，西方传教士利用不平等条约中规定的特权蜂拥而入中国。由于他们背靠西方政府，在中国享有特殊的法律和社会地位，如享有治外法权。如果教会本身或其所延揽的中国教民与中国民众发生冲突，清政府一般会选择对外屈辱退让，对内打压迫害，使本国的民众在本国无处申诉正义。正应了那句"百姓怕官，官怕洋人，洋人怕百姓"。在这种情况下，教会与各地民众的矛盾不断高涨，"怨毒积中，几有'与尔偕亡'之愤"。从19世纪60年代开始，中国民众多次掀起反对教会势力的所谓教案。

天津作为当时清朝京师门户，在第二次鸦片战争后开放成为对外通商口岸和西方列强的侵略基地，教会势力一贯较为强大。在这种情

"会审公廨"
19世纪中后期外国领事与中国官员一道审理民教纠纷，时称"会审公廨"

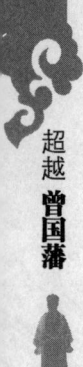

况下，同治九年五月天津法国天主教育婴堂出现了所收养的婴儿不明不白死亡者达三四十人的情况。当时，当地百姓的孩子也经常失踪，因此百姓中便流行说是天主堂的神甫和修女经常派人用蒙汗药拐了孩子去挖眼剖心。而天主堂坟地的婴儿尸体又有不少暴露在野外，被野狗刨出吃了，"胸腹皆烂，腑肠外露"。这多种"巧合"，让百姓群情汹汹。同年5月21日，一个名叫武兰珍的拐骗小孩分子被群众当场抓住，并扭送天津县衙。经审讯，武兰珍供出系受教民、天主堂华人司事王三指使，迷药也是王三所授，先前曾迷拐一人，得洋银五元。由于教民王三是一个开药铺的商人，平时就依仗教会势力欺压良善，早已引起公愤。为平息事态，三口通商大臣崇厚和天津道周家勋便拜会法国领事丰大业，要求调查天主堂和提讯教民王三与武兰珍对质。

丰大业先是答应了这一要求，将王三交出与武兰珍对质，结果证明教堂并无挖眼剖心之事。但当王三被衙役送回教堂时，却遭到百姓辱骂和砖石掷击。王三回去后便向神甫哭诉，神甫又转告了丰大业。丰大业于是两次派人要崇厚派兵镇压。后见崇厚不肯应命捕人，丰大业便怒不可遏，不仅鞭打来弁，而且还倒拖其发辫，赶往三口通商大臣衙门找崇厚算账。他脚踹仪门，打砸家具，接连两次向崇厚开枪，幸未伤人。但枪声传出后街市哄传中法开战，鸣锣聚众，拥往通商大臣衙门"帮打"。崇厚怕出事，劝丰大业等民众散去后再回领事馆。丰不听劝告，狂吼不怕中国百姓，气势汹汹冲出门外。人们见丰出来，自动让道。不料丰大业遇到天津知县刘杰，便不分青红皂白向刘开枪。虽没有打中刘，却打伤了刘的跟丁。于是愤怒的百姓一拥而上，将丰大业打死，随后民众乘势烧毁望海楼教堂，杀死神甫两名，还到仁慈堂杀死修女10名，又去了法国领事馆，杀死2人。同一天还杀死法国商人2名和俄国人3名，信教的中国人三四十名，焚毁英国和美国教堂6座。这次事件中先后计打死外国人20人，史称天津教案。

天津教案发生后，法、英、美等国一面向清政府提出抗议，一面调集军队进行威胁。清政府一时间惊慌失措，一面要各地严格保护教堂，弹压群众，避免类似事情再次发生，一面派直隶总督曾国藩前往天津查办。在曾国藩到天津以前，当地官绅对他寄予了厚望，他们根据曾国藩曾经发布的讨伐信奉拜上帝教的太平天国的《讨粤匪檄》，认为他是反洋教的代表人物。何况在天津民众眼里，天津反洋教完全是忍无可忍的爆发，理在华人这一边。同时，清廷内部也有人认为民心可用，民心不可失，天津地方官不可更动，以此维系民心，借机图强，否则无以制夷人。

但曾国藩到天津后，却立即发布名为《谕天津士民》的告示，对天津人民的行动多方指责，诫其勿再挑起事端，引起天津绅民的不满。随后曾国藩又下令释放犯法教民和涉案拐犯，并在奏折中为洋人在中国的行为进行辩护和洗刷。该折传出后，全国舆论大哗，"自京师及各省皆斥为谬论，坚不肯信，议讥纷起"。曾国藩自己也承认："物论沸

天主教堂

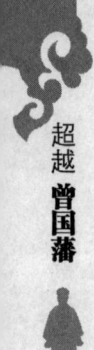

腾,至使人不忍闻。"尽管如此,曾国藩仍坚持已见按照法国人的要求"缉拿凶手"。由于天津民众都把反洋教者当成英雄,因此曾国藩虽然抓了八十多人,但其中供认不讳的所谓"真凶"只有七八人,其余都不肯吐供,也不愿指证。在此情况下,曾国藩认为只杀几个人数目太少,难以使洋人满意。于是一面对被捕群众严刑拷打,一面加紧搜捕,一定要凑够20人,为丰大业等20个洋人抵命。曾国藩处理天津教案的结果是:判死刑20人,流放25人,天津知府、知县革职并流放黑龙江"效力赎罪",支付洋人抚恤费和赔偿财产损失银49万两,派崇厚作为中国特使到法国赔礼道歉。

天津教案办结之后,舆论对曾国藩的谴责更甚,"诟詈之声大作,卖国贼之徽号竟加于国藩"。京师湖南同乡尤引为乡人之大耻,会馆中所悬曾国藩"官爵匾额,悉被击毁",并将名籍削去,即不再承认他是湖南籍人,曾国藩闻之引为大恨。因为湖南老乡都自认湖南人非常符合《隋书》所称的"劲悍决烈",以及一些湖南地方志中所描述的"劲直任气"、"人性劲悍"、"人性悍直"、"其俗剽悍"、"其俗好勇"、"好武尚文"、"凡事认定一个目标,勇往直前,不计成败,不计利害,不屑更改;是一种'不信邪'的'骡子脾气'"等湖湘性格,非常不认可曾国藩对外的屈辱作为。这样,曾国藩这位"中兴名将"、"旷代功臣",转瞬之间变成"谤讥纷纷,举国欲杀"的汉奸、卖国贼,"积年清望几于扫地以尽矣"。虽然客观地讲,曾国藩很大程度上是在秉承清王朝最高统治者的意志行事,天津教案再次体现了曾国藩对清政府的一片"赤诚之心"。但即使是清廷那拉氏为了推卸责任,竟然也责其"文武全才,惜不能办教案",并派李鸿章复查"天津教案"。这等于公开宣布,"天津教案"完全是曾国藩个人办坏的,由于他的软弱无能，才使清政府不得不中途换人。

当然，在这一事件中慈禧也够虚伪的，因为她基本是认同曾国藩所作所为的。所以从当时的历史现实来看，错不完全在曾国藩，他对侵略者采取弱势是符合当时清廷的意图和国家实力的。问题是在涉及民族利益问题上，他完全没有想到运用策略，尽可能地维护一下本民族的利益，身为国家重要的政治门户人物，却忘了民族的根本。

对曾国藩采取的一些本可以不采取的危害民众、不利于民族利益的举动，虽可以国家当时贫弱需要积累自强的理由来开脱，说他患上了奴性习惯症，习惯了任由外国侵略势力，任由强势力量宰割那样一种奴才心态，但在同样的时代条件下，与曾国藩同时期的一些人在维护民族利益问题上，做出了知其不可为却力挽狂澜的非凡表现，涌现出在清政府"强势"媚外、国家外交处于弱势下仍保持健全政治人格，进而维护民族和国家利益的人，这不能不令人深思。

大将留在天山的那只蝴蝶

这些人中，首推左宗棠。左宗棠投身仕途后先后官居兵部郎中、闽浙总督、两江总督等职。左宗棠在其一生中，虽然参与了镇压太平军，围剿陕甘捻军的军事活动，但同时却严守御"外患"与除"内忧"并重的思想，积极探求"上慰宸辰，下安百姓，振

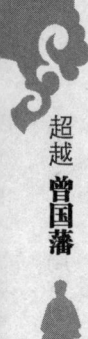

左宗堂

刷纲纪，济时匡世"的途径，指挥了收复新疆等一系列战役，并推动了洋务运动在中国的发展，在极弱的国势下维护了民族的利益。

据史家分析，左宗棠思想中始终有对抗外侮的成分，而且这种思想不像曾国藩的"攘外必先安内"那样，"安内"时雷厉风行，"攘外"则始终没有时间表，而是有强烈的紧迫感，并急于采取实实在在的行动。正因为有这种思想，与曾国藩一味奴性顺从清廷和侵略势力不同，左宗棠在事关民族利益的重大决策上，敢于维护自己的健全人格而向清政府据理力争。尤其值得赞扬的是左宗棠抵抗外侮的行动并非盲动而是既有远见卓识又善于执行，能够排除万难争取实现维护民族和国家统一的利益，而不是寻找种种所谓条件不具备的理由为自己的无能开脱。

左宗棠和曾国藩同为晚清重臣，同为镇压太平军的主要角色，但不同的是左宗棠在其一生中，虽然参与了镇压太平军，围剿陕甘捻军等军事活动，却又严守御"外患"与除"内忧"并重的思想，积极探求"上慰宸辰，下安百姓，振刷纲纪，济时匡世"的途径，指挥了收复新疆等一系列战役，并推动了洋务运动在中国的发展，在极弱的国势下维护了民族利益。

光绪元年（1875年）三月，左宗裳被诏命为督办新疆军务钦差大臣。第二年二月十六日，准备已久的左宗棠拔寨兰州。同年五月，从各地调拨的近一百营，约五六万人的队伍聚齐在兰州。左宗棠计划首先拿下乌鲁木齐，接着收复除伊犁以外的新疆北部，最后乘胜南下收复全新疆。按照这一部署，光绪二年（1876年）六月，左宗棠麾军进驻肃州，先后收复了乌鲁木齐、昌吉、呼图壁及玛纳斯等城。这时，英国以调停人身份称阿古柏愿与中国和解，可作为属国不必朝贡。左宗棠予以驳斥说，阿古柏"只请为属国，免除朝贡，只字不提归我故土"，心怀险恶用心。左宗棠坚称南疆"地不可弃，兵不可退"，并将南疆的收复之战提上了议事日程。光绪三年（1877年）三月，收复南疆的第二战役正式打响。仅仅几个月时间，左宗棠军便攻克除俄国占领的伊犁之外南疆的所有重镇，新疆重又回到祖国怀抱。以后的左宗棠又投入到武力收复伊犁的准备之中，只是由于各种原因，他征战伊犁的夙愿未能实现。但正是因为有了他早期的军事威慑，清政府与沙俄就伊犁问题的谈判最后才得以达成较为公正的协议。就此而言，如果说"看人只看后半截"，左宗棠在伊犁回归中国过程中基

清军作战图

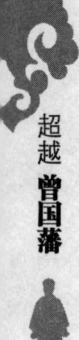

本完成了他一生的大业。后人曾作诗称赞说:"大将筹边尚未还,湖湘子弟满天山。"人们不禁感叹,同是湘乡子弟,曾国藩带领他们干的是屠杀百姓、卖国的勾当,左宗棠却带领他们完成了收复国家领土的大业。除了军功,左宗棠还建议清政府将南疆和北疆合并,建立行省以利于统辖,并主张汉回文并行,避免"言语不通,文字不晓",以促进民族融合。左宗棠用实实在在的行动证明:了只要努力,同样可以在国家积贫积弱的条件下争取民族利益。这是左宗棠留给后人最宝贵的财富,人们有理由希望,这种财富能够像庄周梦蝶那样,进入曾国藩的梦乡。

与曾国藩有卖国之嫌不同的是,他的儿子曾纪泽与左宗棠相为表里,也在当时中国的外交险境下为维护民族利益"艰难争取"作出了贡献。光绪四年至光绪十一年(1878—1885年),曾纪泽作为清政府的外交官员,奉命出使英、法、俄等国,恪守"替国家保全大局"的信条,极力维护国家的主权和尊严,不折不挠,与列强唇枪舌剑,在外交上取得很大成就。

同治十年,沙俄趁中国西北边疆动乱之机,以"代为收复"为名,出兵占领了新疆伊犁地区。光绪四年六月,清政府在左宗棠收复新疆初步告捷的形势下,重新推崇李鸿章的"求和论",派崇厚赴俄谈判索回失地。但昏庸无能的崇厚在沙俄的威胁愚弄下,竟于光绪五年(1879年)十二月二日(1880年1月13日)擅自与沙俄签订了丧权辱国的《里瓦几亚条约》,除割让伊犁之南、伊犁河的支流特克斯河两岸,割让陬尔毕斯河以西等大片富饶的领土外,还赔款500万卢布。伊犁名义上归还中国,实际上"已成弹丸孤注,控守弥难"的残破空城。在此情况下,清政府于光绪六年(1880年)六月委派驻英、法公使曾纪泽兼任驻俄公使,赴俄重开谈判,改订条约。在谈判过程中，面对沙俄代理外交大臣吉尔斯、驻华公使布策、外交官员热梅尼等外交老手，曾纪泽不亢不卑，据理力争。当时双方谈判的焦点集中在割地与否问题上，沙俄软硬兼施，百般刁难，拒绝改订原约。布策提出，如果中国索回特克斯河流域领土，则必须割让沿海地方补偿俄国的损失。曾纪泽回答说："我想从今以后，中国土地，断无再让之事。"热梅尼企图以战争威吓，公然要曾纪泽永远不索伊犁，曾纪泽针锋相对地指出："倘两国不幸有失和之事，中国以兵威索土地，则何地不可索，岂独伊犁？"说得热梅尼理屈词穷，无言以对。由于曾纪泽的力争，加以左宗棠在新疆用兵的鼎力相助，沙俄只得放弃《里瓦几亚条约》，同意改订原约。1881年2月24日，曾纪泽代表清政府在彼得堡同沙俄签订《中俄伊犁条约》，虽然这个条约仍是不平等条约，但毕竟收回了中国的一些权益。

然而具有讽刺意味的是，虽然曾纪泽在以失败和屈辱为主题的清后期外交时代为国家争回了一些利益，但他却受到曾国藩高徒李鸿章的打击。1884年李鸿章密函清总理衙门，要求撤掉曾纪泽驻法国公使职位，原因是曾纪泽对李鸿章采取的对法软弱外交颇有微词。随后1885年10月清政府任命曾纪泽为海军衙门帮办，但1886年曾纪泽回国时却被李鸿章派到总理衙门，随后又调管同

曾纪泽旧照

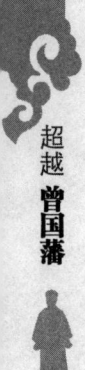

文馆事务。总之是不断调换衙门,越调越远离外交领域,职位也越次要,最后形同被打入冷宫。以至1890年曾纪泽以52岁英年早逝时,有人讽刺说整死曾纪泽的正是曾国藩的得意门生李鸿章。

面对曾国藩和李鸿章的退让与屈辱的外交,从当时开始以至今日,都有一种"弱国无外交"的论点在为其开脱,然而事情真的会如此无法挽救吗?左宗棠和曾纪泽的作为说明了"弱国并非全无外交"。实际上,当时的中国弱吗?皇宫大臣手中有多少财富?源源不断输往外国的赔偿金又有多少?其实弱的并不是国家,而是领袖的意志,尤其是斗志。当年干革命的毛泽东,在物质力量上不知要比清政府弱多少倍,但因为他有过人的坚强意志,坚忍奋斗,所以他想不成功都难。只要一个政治人物有健全的人格,他就会在力所能及的情况下,力争所作所为对得起民族、对得起政治良心,这其实是政治人物必须具备的一种政治正直。

政治,必须以正直和良心为根本,不然任何一个政治人物都不可能有健全的人格,而没有健全的人格,其所作所为也就没有什么原则性,更不会体现出什么智慧。

值得一提的是,曾国藩和李鸿章都号称当时中国最有权谋的人——即使今天也是如此,不然他们师徒二人也不会成为时尚人物。但通观他们的政治作为,除了为对付太平军,为欺骗皇上而绞尽脑汁外,还真是难以发现他们在外交上有什么大的谋略。

薛福成大谋略"大"在哪里

而李鸿章的一个幕僚薛福成,却曾经亲身用谋略为中国外交赢得了一点胜利。

1865年,曾国藩率军北上剿捻,沿途遍贴招纳贤才的榜文。薛福成以集中论述"养人才、广垦田、兴屯政、治捻寇、澄吏治、厚民生、筹海防、挽时变"八条对策的《上曾侯书》,受到曾国藩赏识,得以成为曾国藩幕僚。1874年年底,同治皇帝病故,4岁的光绪皇帝登基。按照规定,薛福成在次年春从苏州前往北京晋谒新皇帝,在路过山东济南时他顺便去看望在山东巡抚丁宝桢处当幕僚的弟弟薛福保,并偶然从邸钞上读到了垂帘听政的东西两宫皇太后以两宫名义颁布的"懿旨"。"懿旨"决定广开言路,谕令朝廷内外大小官员向朝廷建言,以便供朝廷采纳实施。薛福成遂应诏陈言,将自己为补救时弊、变通旧法的对策,概括成《治平六策》和《海防密议十条》,然后将这洋洋洒洒的万言书请丁宝桢转呈。

薛福成的陈言疏,字字意新而确,笔达而圆,事事从浅处、显处着笔,易晓易行,深得清廷赞赏。两宫太后面谕军机大臣将陈言疏发给各衙门商议,全国各地力求变革之士也争相传抄,薛福成遂一夜知名。洋务派领袖、直隶总督李鸿章立即延请他加入幕府,薛福成从此成为李鸿章的智囊人物,给李鸿章出谋划策。在这段长达十年的北洋李幕生涯中,薛福成帮助李鸿章处理了不少棘手的外交事务,最值得一提的是处理总海防司一职之争。

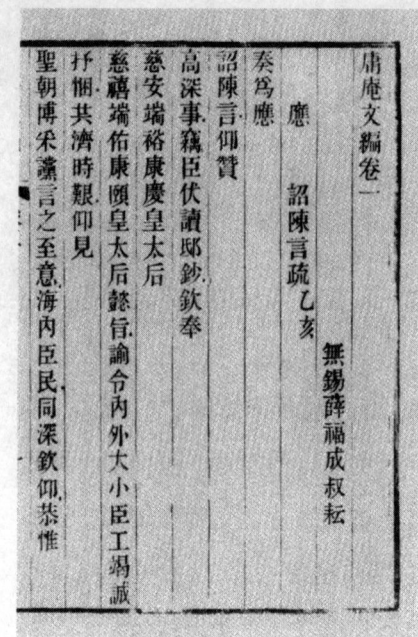

薛福成著 《庸庵文编》之一页

第二次鸦片战争结束后，英国为了保证获得中方赔款，强迫中方答应由英国人担任总税务司来管理海关，控制关税。1879年，担任海关总税务司的英国人赫德一再给清廷上有关筹建海军的条陈，其目的是要控制中国的海军。当时对外交知识极为缺乏而又智识一般的慈禧认为如能用英国人掌管海军，或许会杜绝日本等国的欺负，而且利用英国的力量，也能将海军迅速筹建起来。因此决定让赫德兼任总海防司，负责添购舰艇、选用洋将，总管中国的海防。但颇有见识的薛福成认为，赫德这个人阴鸷专横，倘若兵权财权由他一人包揽，则如同助纣为虐，后患无穷。但是朝廷已有正式任命，如何才能设法挽回呢？薛福成考虑后，便对李鸿章分析不能任命赫德担任总海防司的理由，并提出了一个计谋。薛福成认为，只要清朝总理各国事务衙门正式行文通知赫德，表明总海防司这一军事要职十分重要，要赫德亲赴海滨专司练兵，赫德就会因为怕苦贪财而自动放弃此职。因为如果赫德专司练兵，那么赫德的总税务司这一肥缺就不能不让给别人担任。薛福成料定，贪财成性的赫德在这种选择中决计不肯舍弃总税务司这一职务而去就任实地操练海军的总海防司的苦差使。这样，朝廷任命赫德为总海防司一事就成了一纸空文。李鸿章听了连连点头，便叫薛福成起草给清廷的奏折，陈述由赫德兼任总海防司的危险，提出补救之策。朝廷依计行事。果然，赫德在接到要他亲赴海滨训练海军公文后，为了不丢掉海关大权，而忍痛表示放弃总海防司的要职。

薛福成何以能如此有智慧？原因在于他拥有独立人格，不因身为李鸿章幕僚，就丧失人格与思考。原因在于他拥有健全的人格，不因身为李鸿章幕僚，就丧失了自己独立的人格与思考。薛福成出身于一个书香门第家庭，早年对鸦片战争后的时移世易毫无知悉，心中的梦想就是中秀才、成举人、中进士、点翰林，在科举道路上不断拼搏。但1851年太平天国起义，1856年第二次鸦片战争爆发，咸丰皇帝仓皇出逃，清政府与列强签订丧权辱国的不平等条约等，都给薛福成的家庭和思想造成了很大影响。在此期间，他的父亲不幸去世，母亲为躲避战乱又不得不从无锡出发带着家人离乡逃难，薛福成真正感受到了社会动荡流离之苦。这在思想上使他决心不再斤斤计较于科举的成败得失，而是潜心研究中国两千年来成败兴废的原因，研究兵法、战阵、天文、阴阳、地理形势，以便他年为国出力。一个不以科举为念的人，当然是一个不太看重私利的人，所以他才会以一种超脱私利所激发的智慧，为国家谋利。

薛福成的作为同时也说明，单纯强调"弱国无外交"只是从实力角度来讲的，而外交同时还有智力的较量，不能一概以实力作为外交无能和选择退让的理由。退一万步说，曾国藩作为讲究谋略的中国官场上成功的典范，可以说其一生外交也应该有许多"谋略"可用。然而遗憾的是，曾国藩在对付国内反抗者与外国侵略者问题上，所用"谋略"却有天壤之别。对于国内的对手，他会想方设法百般欺骗，拼死镇压，对于外国侵略者却"以诚相待，软弱退让"。马克思这位太平军的同时代人曾经指出，太平天国"除了改朝换代以外，他们没有给自己提出任何任务"。换句话说，清政府和太平天国不过都在争一个权力，双方或其各自内部的一些派别完全有联合的可能，然后结成联盟共同对抗外国侵略者。同时，对于侵略者也可以采取分化瓦解、合纵连横之策，而这正是中国古代外交领域最常用的思维。

在中国历史上各种势力的混战之中，弱者要谋求安全生存最典型的方法一是联合，二是利用矛盾。战国后期，当秦国逐渐强大，其他六国即齐、燕、韩、魏、赵、楚都害怕秦国的侵略。于是这六国团结起来，与强大的秦国对抗，此即合纵政策。纵即纵

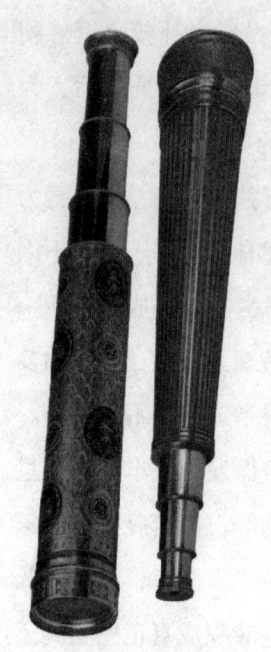

清代望远镜

向，就是说为对付西边的秦国，六国南北纵向地联合起来。与此相对，由于同秦国联盟而保住安全的，就是连横政策。无论合纵还是连横，实质都是拉拢多数的工作，通过共同行动来谋求自己的安全。同时，尽量分裂敌对阵营，使之不能发挥统一的力量。

其中，尤以利用列强的矛盾更为高明。公元前630年秦晋结盟，合兵攻郑。秦军驻扎在郑的都城以东，晋军扎营郑的都城以西。郑国国君郑文公为分化瓦解敌人，便派能言善辩的烛之武去说服秦国退兵。烛之武借夜暗直奔秦军大营，在营门前放声大哭。秦穆公闻讯，令人把烛之武捉来审问："你为何大哭？"答："我哭郑国快要死亡了。""你哭郑，为何跑到我的大营门前哭？"烛之武回答说："老臣哭郑，也哭秦啊。郑国灭亡在所难免，可惜的是秦国呀！"秦穆公听罢，叫烛之武说说是何道理。烛之武分析说：秦晋合兵攻郑就是胜

利了，对于秦国来说也是有害无益。因为，秦国与郑国相隔千里，中间隔着晋国，郑国灭亡了，泰国也不可能从晋国跳过去占领郑国的土地。胜利后的领土利益全叫晋国占去，秦国攻郑有什么好处呢？本来秦晋的力量差不多，可是晋国如果得到郑国的地盘，力量就会大大超过泰国。你们知道晋国历来不讲信用，年年扩军备战，天天想兼并他国。今天，他们为在东面扩展领土而灭郑，明天就会为在西面扩张而伐秦。

这番分析中肯透彻，秦穆公听了如梦初醒。这时，烛之武又提出，秦国如退兵，郑国就脱离楚国而结好秦国。今后秦国在东面若有政事和兵事，郑国可以成为秦国前进的立足点。秦穆公接受这个条件，马上倒戈，背晋而结盟于郑，主力悄悄回朝了。晋军孤掌难鸣，也只好撤兵。这一谋略通过外交手段而取胜，与伐兵、固守等相比，实为上策。

当然，郑国也因为此番烛之武外交留下了后患。因为郑国为了生存，允许秦国派三个将军带两千人马替郑国守卫北门。而秦国退兵后，郑国又和晋国订了盟约，才使晋军撤走。听到这个消息后，留在郑国的秦国将军就派人向秦穆公做了报告，并建议再次征讨郑国。但秦穆公不愿因此影响与晋文公的关系，就暂时忍耐下来。过了两年，晋文公病死，他儿子襄公即位。秦穆公决定趁晋国有丧事的机会，与驻在郑国的三个将军里应外合偷袭郑国。但郑国离秦国很远，到了第二年二月，秦国的军队才进入到接近郑国的滑国地界。当时郑国有个贩牛的商人名叫弦高，正赶着牛去河南洛阳做生意，碰上了秦军，他看出了秦军的企图，一方面派人赶快回郑国送信，一方面想出了对付秦军的办法。他自称是郑国使臣，赶着十二头肥牛来到秦军驻地，要求见秦国主将孟明视。孟明视接见了他，弦高说道："我们的国君知

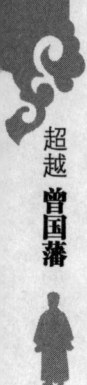

道将军要到郑国来，特地派我送上十二头肥牛，慰劳全军将士，以表示我们的一点心意。"孟明视听了大吃一惊，心想郑国使臣远路赶来慰劳军队，说明郑国已有了准备，我们的偷袭很难成功了。他连忙解释说："我们不是到贵国去的，你们何必这么费心，请你回去吧。"但收下了送来的十二头牛。弦高走后，孟明视与手下的人说："郑国已有了准备，偷袭成功没有希望了，还是回国吧。"秦军顺路灭掉了滑国退兵。

这时郑国国君也接到了弦高的信，急忙派人到北门观察秦军的动静，果然发现他们已做好打仗的准备，于是毫不客气地向秦国的三个将军下了逐客令。秦国的三个将军知道机密已泄露，便连夜将兵马从郑国撤走。弦高利用自己的智慧，保卫了国家，为百姓们免除了一场战争灾难，既被传为佳话也说明只有为了国家和大多数人的弦高，才称得上是"大我"。因为无论统治者怎么变换，国家永远在，人总是要爱国的。在爱国问题上，即使弱者能够表明民心可用而且方法得当，同样也可以威慑强国。而如果身负国家使命办外交却只考虑自己的虚荣心和面子，只想着多拍几张照片，做几首歪诗，或作为一方官员而只考虑自己和家族的利益与风光，则"小我"二字都称不上，只能用渺小来形容。

这种"大我"与"小我"其实就是一种格局之分。格局，就是你的心能真正装得下多大的世界。拥有"小我"的人，会使一切国家民族利益都服从一己私利；如果一个商人，讲"小我"还有情可原，只要他不黑心往奶粉里掺能让孩子得结石的三聚氰胺；但一个政治人物，只讲"小我"就会显得没有政治操守。尤其是像曾国藩这样的大人物，更应该追求"大我"，不为官位迷惑双眼在任何情况下都本着良知与理性，本着健全的人格来从政，从而不负政治之名，能维护国家民族和民众的利益。否则，其为害就不会是一两个人了。孙中山说，政治就是众人之事。有格局的人考虑百姓、民族甚至世界的利益，那么他自然能够成功。古往今来，为人们所怀念的政治家都是这类人，而且他们也能把事业做大。相反，为人们所小瞧的政客，都是以百姓、民族利益为幌子的人，而且他们的阴谋也往往难以得逞。曾国藩在占领太平天国的都城天京后，曾经下大力恢复天下士子所看重的科举考试，令天下读书人有如看见冬天里的一把火；他也曾下大力恢复代表繁华与娱乐的秦淮河，令天下人再一次短暂地领略盛世意味。就此而言，曾国藩所以被后人记住是有原因的，因为他当时的确做了诸如兴复科学这类实事。而他所以又陷入争议，也是因为他在涉及国家民族的大是大非上没有作为。

德国哲学家韦伯认为，对于一个政治人物来说，"权力本能"属于他的正常本质。但是这种追求权力的行为，一旦不再有客观性，不是忘我地效力于"事业"，而变为纯属个人的自我陶醉和征敛，他便开始对自己的职业崇高精神犯下了罪过。而在政治领域，致命的罪过说到底只有缺乏客观性和无责任心，以为"仕途"和"乌纱帽"是比人民群众的生命财产安全更重要的东西。"教导"曾国藩"学而优则仕"的孔子曾经说过："为政以德，其如北辰，居其所，而众星共之。""为政以德"是说"内心有道"，表现在外的行为就会无懈可击。有"为民"的中心思想，把持良心的中心作风，有言行一致的道德感化，只要发号施令，下面的人就像满天无数的星座围绕北极星一样，"居其所而众星共之"。否则，除了离心运动不会有什么好结果。

站在百姓、民族甚至世界共同利益上的人，不但其格局广大，事业也大，而且其成功也不以付出奴性为代价。其实，也只有有格局

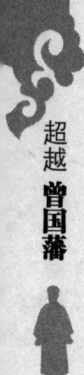

的人在仕途发展上才会舒展从容，因为他没有私心的羁绊，也就没有那么多顾虑和猥琐。当今世界许多全球级的公益人物，成功莫不在于此。在选择"大我"还是"小我"，以"大我"的人生格局碾平政治奴性，维护政治人物的良心和健全人格上，应该与左宗棠、弦高、曾纪泽等携手，超越曾国藩。

第五章

永葆活性VS个性萎缩，谁能超越曾国藩

晚年曾国藩为何与年轻时的曾国藩判若两人？晚年曾国藩为何没有早年意气风发的创造力和闯劲？这是因为他在官场中混得太圆熟，与众人太相近了，然而代价却是那些保证其创造力和闯劲的个性也相应萎缩了。结果，患有个性萎缩症的曾国藩已不复是曾国藩，泯然众人矣，其发展轨迹是明显的倒"V"字形。只有那些避免个性萎缩症的人，才真正把生活新意保持始终。

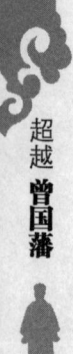

个性萎缩症害了多少人

曾国藩，其实只能算是一个成功过的人，而不是始终如一的成功者。因为他虽然曾经成功，却没有把自己的成功保持到最终。就像一个"绩优股"高涨时受到众星捧月与各方热烈关注，下跌时惨遭无情抛弃一样，曾国藩奋斗的轨迹就像一个倒"V"字。他从一个无名的农家子弟起步，功成名就，不可一世，最后却又跌回受人轻视甚至厌恶的地步。通常来说，"V"字代表着胜利，曾国藩倒"V"式的人生轨迹，或许可以说是对他失败的某种昭示。

有人说，造成曾国藩这种倒"V"字形发展轨迹的原因，不过是他后期在影响其声望地位的两件事上处理不当，犯了一定错误，没有什么大不了的。这两件影响曾国藩声望和地位的事，一是剿灭太平天国之后的起义军捻军以失败告终；二是处理天津教案不当，惹起众怒。在剿捻时，曾国藩固守对付太平军的老套路，而没有发现捻军流动性更大的特点，结果碰壁。在处理天津教案时，曾国藩过分顺从清廷意志，固守只要讨好统治者和外国人就万事大吉的思维，而没有注意到经过多年的巨变跌宕，中国人的民智已比从前有更多进步，再也难以糊弄了，结果当然失败。

这两件看似导致曾国藩从高峰跌到谷底的失败事件的背后，其实还有一个更深层次的原因，那就是曾国藩患上了个性萎缩症，丧失了原本真实活跃的个性。

个性萎缩症的表现什么样？就是曾国藩与其他清朝的绝大部分官员一样，几乎戴着同样的面具，要么满脸不苟言笑，要么就是标准式的微笑。人们在官场见惯了此类表情，所以有时也并不以为然，认为这样的表情无伤大雅，或者代表着成熟。但其实不然，这样的表情背后隐藏着一种近于僵死的思维，隐喻着暮气大于朝气，使人丧失了创造性。所以大家都说着同样或类似的话，想着同样或类似的事，再难见与众不同之处。

试问，年轻时的曾国藩是这样的吗？答案显然不是。早年的曾国藩，真是生龙活虎，意气风发，而且很有作为。

曾国藩于道光十八年进京，入翰林院。道光二十七年（1847年），升授内阁学士兼礼部侍郎衔。据他本人声称，从四品骤升二品，超越四级，37岁至二品者，在道光时代尚无一人。道光二十九年（1849年），曾国藩升授礼部侍郎。作为礼部堂官，曾国藩每日要到官署办事，隔八日要到圆明园上朝奏事。间或有急事，不待八日也要加班陈奏。作为一个年方37岁的二品大员，曾国藩的志向是至少要做郭子仪和李泌式的人物，曾作诗言志："犹当下同郭与李，手携两京还天子。"

在京十二年，曾国藩对官僚作风有了切身的体会和深刻的认识，并时常表现出对官场习气的厌恶。譬如道光二十九年六月十四日家书写道："南望家山，远怀堂上，真不知仕宦之略有何味也！"同年十月初四家书又说："吾近于宦场，颇厌其繁俗而无补于国计民生，惟势之所处，求退不能。"

所以1850年道光皇帝驾崩，咸丰帝即位下诏让臣子们上疏言事。曾国藩就以礼部侍郎身份上了一篇《应诏陈言疏》，论及大清朝自开国以来吏治的演变指出："我朝列圣为政，大抵因时俗之过而矫之使就于中。顺治之时，疮痍初复，民志未定，故圣祖继之以宽；康熙之末，久安而吏驰，刑措而民偷，故世祖救之以严；乾隆、嘉庆之际，

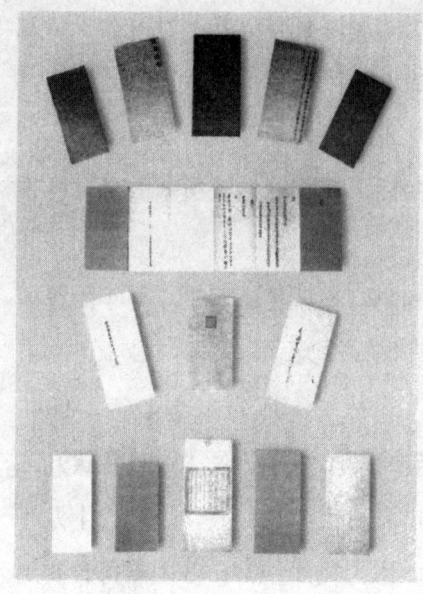

清代官员所写的各式各样的奏折

人尚才华，士骛高远，故大行皇帝敛之以镇静，以变其浮夸之习。一时人才循循规矩准绳之中，无有敢才智自雄、锋芒自逞者。然有守者多，而有猷有为者渐觉其少。大率以畏葸为慎，以柔靡为恭。以臣观之，京官之办事通病有二，曰退缩，曰琐屑。外官之办事通病有二，曰敷衍，曰颟顸。退缩者，同官互推，不肯任怨，动辄请旨，不肯任咎是也。琐屑者，利析锱铢，不顾大体，察及秋毫，不见舆薪是也。敷衍者，装头盖面，但计目前剜肉补疮，不问明日是也。颟顸者，外面完全，而中已溃烂，章奏粉饰，而语无归宿是也。"也就是说，早年的曾国藩也曾对当时的官场发表过很尖刻的批评，希望保持自己个性化生存。但随着咸丰帝对他的批评表示不满，曾国藩开始变得谨小慎微起来。后来当他借在家为其母丧守制开始创办湘军，再到因奔父丧而回到老家为止。曾国藩创办和领导湘军的第一阶段，因为他势头太猛，保持本性而不善于变通，所以多与地方要员关系龃龉。在此之后，曾国藩逐渐改变了自己的个性，几乎完全融入旧官场，做起了自己当年反对的事，同样伪饰、不讲原则、投机取巧、欺上瞒下，甚至退缩、琐屑等。

曾国藩认为，咸丰初年他在长沙办团练动辄指摘别人，尤其是与绿营的龃龉斗法，与湖南官场的凿枘不合，这一切都是采取儒家直接、法家强权的方式。虽在表面上获胜，却没想到锋芒毕露、刚烈太甚，伤害了这些官僚的上下左右，无形之中给自己设置了许多障碍，埋下了许多意想不到的隐患。所以咸丰七年（1857年）曾国藩在家守制时，经过一年深刻的反省，开始认识到自己办事常不顺手的原因："长傲、多言二弊，历观前世卿大夫兴衰及近日官场所以致祸之由，未尝不视此二者为枢机。""天下古今之才人，皆以一傲字致败；天下古今之庸人，皆以一惰字致败。"他总结了这些经验和教训之后，便苦心钻研老庄道家之经典，潜心攻读《老子》和《庄子》，悟出了为人处世的奥秘。曾国藩认为这些貌似出世之书，实则讲述了入世之道。只不过孔孟是直接的，老子则主张以迂回的方式去达到目的；申韩崇尚以强制强，老子则认为"柔胜刚，弱胜强"；"天下之至柔，驰骋天下之至坚"。尘世间许多棘手的事情，既然用直接的、以强对强的手法有时不能行得通，而迂回的、间接的、柔弱的方式却可以达到目的，且不至于留下隐患。但尘世间唯大智慧者可善下，唯善下者从不谄上欺下，从不自高自傲，始终虚怀若谷谦退自如，方可成大气候。看宽广的大江，滔滔东去，浩浩然直奔沧海，没有翻腾，没有咆哮，没有澎湃，坦然迂回在广阔平原上，其理智，其涵养，其深沉，其宽厚，都说明老子真是个将天下竞争之术揣摩得最为深透的大智慧者！

曾国藩自以为摸到了老子哲学的关键，却在行动中逐渐把这种智慧发展成为有其形无其神，过于追求让上下左右认可，反而丢失了个人根本，逐渐丧失了原来处事中那种强势与原则，甚至就是真正的糊涂。曾国藩曾在写给兄弟们的信中说："大抵世之乱也，必先由于是非不明，黑白不分，愿诸弟学为和平，学为糊涂。""迪安妙在全不识世态，一味浑含，永不发露。我兄弟则时时发露，终非载福之道。弟当以我为戒，一味浑厚，绝不发露。"这是曾国藩写给其弟的

信中语，充分表达了他的糊涂观。封建社会皇权的专制，必然导致政治腐败，政局动荡，官贪吏虐，民不聊生。因而做人难，为官亦难。郑板桥写"难得糊涂"，"聪明难，糊涂难，由聪明转入糊涂更难。放一着，退一步，当下心安，非图后来福报也"。在官场混迹多年的曾国藩已不是愤世嫉俗的青年，而已成为善于"揣摩风会"的油滑官僚了。他已把当年痛斥的"是非不明，黑白不分"看做正常现象，奉为处世准则，身体力行，并以精于混淆黑白、颠倒是非的贪官污吏为师，一味"学为糊涂"。这时的曾国藩，早已糊涂到家了。但与郑板桥相比，他并不是在假装糊涂，而是在真的糊涂。

在曾国藩个性逐渐完成从"强势"到"平和"，从"唯我清醒"到"难得糊涂"，从极讲原则到不讲原则的转变时，这种转变的危害也逐渐地显现出来。其最大的危害，当然就体现在对付捻军和处理天津教案失败上。这是因为没有个性，就会缺少大气、洒脱、开朗，也会缺少活跃的创造性，灵活的思维力。当年曾国藩保持了其真实的个性，所以才成为道光和咸丰皇帝面前的红人，才得以有气魄创立湘军，并打开了剿灭太平天国的局面。一旦曾国藩失去了真实的个性也就是一个人真实的天赋与才能，那么个性的自我萎缩所带来的压抑，也就使他由盛而衰，走上了下坡路，甚至下滑得比人们所想象的还要远，一只"绩优股""深跌"成了人人避之唯恐不及的"垃圾股"。可见，保持真实的个性对一个人的成功是多么重要。保持良好的个性，有时就是保持活跃的创造性，保持真善美的本色。

事实上，也正因为绝大多数清朝官员都采取曾国藩式的表情和思维以及同类的个性，所以大清朝想不亡都难，因为这个国家已经没有创造性了。而当时得以留名后世的少数几个人，如李鸿章、左宗棠所以成名成家，并把这种成功保留到最后，都是因为他们保持着出道时的个性，没有丧失自己的根本。曾国藩在早年博取功名的时候，是一副舍我其谁、积极进取的样子。到了创办湘军时，也仍然是如此，一心要干一番事业。然而当其面对剿捻任务时，已经暮气深重，只想保全不想冒险，所以他采取固守一些据点的办法想困死东突西走的捻军，甚至都不能像对付当年太平军那样围追堵截了。同时，曾国藩非常担心他手下的湘军以及从李鸿章那里借来的淮军会激发兵变，害怕自己军队可能比捻军制造更多的乱子，已经不能专心对付捻军。在这种情况下，他不失败简直就是不正常的。随后当其面对天津教案这个棘手事件时，首先想到的是委曲求全，保存自己的官位和利益，完全讨好外国侵略者与清廷，从根本上失去了不可一世的豪气与积极进取的英气，更没有想到"手提天津还天子"。相反，我们看到李鸿章出道时，即使在曾国藩面前也会显示出痞子气，到其晚年同各国打外交战时虽以卖国为主，虽然口口声声说是遵循老师曾国藩的"诚"官诀，但实际上他处处显示出他的痞气，至少让外国人感到中国人心里不服他们；而不像曾国藩的一味退让，让外国侵略者感到中国人不过如此，小瞧了中国人。

至于左宗棠，则更是将其一生的积极进取保持始终。当年他出山时就不甘人下，敢于大骂几番因战败而寻死觅活的曾国藩是一个窝囊废，敢于在骆秉章的手下独当大任，一手策划和指挥对付太平军的军事行动。其时，他不仅是积极进取，甚至有些自命不凡，但里里外外都免不了有一种气势。等到了他晚年出兵新疆抗击沙俄对中国西北的侵略，仍然保持了这种虎虎之气，最终没有像曾国藩那样在整个中国外交弱势的情况下一味委曲求全，而是在弱势之下捍卫了国家的尊严，也维护了个人的历史尊严。同时，也是因为左宗棠保持了正直的个性，所以无论在其攻克太平军过程中，还是死后，都没有曾国藩那种贪酷之名。

曾国藩则因为丧失了当年想当清官的本色,而在事实上纵容默许其弟及手下私占缴获的太平军财产,并借设立厘金局之机大肆搜刮民财,身后落得个贪污之名。同时,他还因天津教案,既没有维护自己的当世尊严,更谈不上维护国家的尊严。可见,一以贯之地保持真实的、良性的个性对于一个人的成败是多么的重要。

也许有人会问,曾国藩在改变个性最初那几年,不也是打败了太平天国吗?可是要知道,曾国藩之所以打败太平天国,除了曾国藩个性还没有完全由活跃归于死寂,由真实变成虚假并假装到自己都相信自己的假装外,还有两个重要的原因。其一是有太平天国内讧在先,其二是有湘军各种势力全力辅佐在后。

就天京内讧而言,曾国藩得以获得其人生难得的机遇。1856年,太平军继西征战场转败为胜后,又先后攻破了威逼天京数年之久的江北、江南大营,太平天国革命一度出现了非常有利的形势。可就在此间,太平天国领导集团内部危机日益加深,洪秀全与杨秀清之间,杨秀清与韦昌辉、石达开之间的矛盾越来越表面化,终于在当年秋天发生了可悲的天京内讧。这是太平天国战争史上最大的转折点。内讧的结果是太平天国金田起义的最高领导层天王洪秀全、东王杨秀清、南王冯云山、北王韦昌辉、西王萧朝贵、翼王石达开几个人之间产生矛

洪秀全像

盾，除1852年在战斗中牺牲的南王冯云山和西王萧朝贵外，杨秀清、韦昌辉均因天京内讧而死，石达开则负气出走，天京只剩下了天王洪秀全一人独撑危局了。太平天国势力遭到严重削弱，自毁半壁江山。所以曾国藩在很大程度上已经是不战而胜了。

在太平天国经历内讧和石达开出走元气大伤后，整个湘军与太平军的战争形势确实发生急剧逆转。在江苏战场，江南大营被击破及其主持者向荣之死，曾使清军遭到沉重打击。但由于天京内讧，清军反而获得了重整旗鼓的机会。1858年1月，清军恢复江南大营，再次围困天京。在湖北战场，由于石达开东返天京应付内讧时清军加紧围攻武昌。太平军守将韦志俊因困守已久，又不见援兵到来，加之其兄韦昌辉在天京被处决，丧失了坚守的决心，遂于1856年12月19日放弃武汉。武汉一失，鄂东各州县随之不守，太平军湖北根据地全部丧失。在江西战场，湘军于1857年10月26日攻陷湖口和梅家洲，被太平军分割两年多的湘军内湖与外江水师得以重新会合，这一带的长江水面又被湘军控制。1858年5月19日，九江城被新任浙江布政使李续宾所部湘军攻破，驻守该城近五年的太平军将领林启容率部进行了英勇巷战，17000名将士全部牺牲。

而且要注意到，大肆利用太平军上述由盛转衰之机的，是左宗棠、李鸿章、沈葆桢、王鑫等人率领的浙军、淮军、湘军部队，他们在曾国藩第二次出山统领湘军之前，已经完成了对太平军由战略劣势到战略优势的转变。在大势上，可以说太平军已经步入了下降和失败的通道。曾国藩最后所以成功进军天京，不过是因为他当时正好在那个位置上。而且他和他的九弟曾国荃，还极力防范其他镇压太平军的军阀参与进攻天京，以便独得攻占天京的果实和荣耀。不仅如此，在具体的攻城略地上曾国藩也很少直接出力，而是主要依靠曾国荃、彭

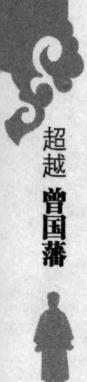

玉麟及其他谋士。据记载，每次在湘军与太平天国开战的时候，如曾国藩在场，湘军都会失败。所以后来他也学乖了，不再在战场出现，而是躲得远远的，让手下人放手去干。既减少了手下在战场要保护他安危的牵扯，也避免在战场上再次担惊受怕。毕竟曾国藩已经是一个重臣了，不能在战场上冒生命的危险。

职场有没有真性情的空间

也许有人会说，曾国藩在官场中难以保持个性也是迫不得已，因为官场中本来就要如此。但难道在职场中，真实的个性就不能一以贯之吗？当你向你的上司点头哈腰时，你会不会想到，多年以后当历史已经忘记你的上司是谁时，自己是否会为当年的低三下四而感到耻辱？尤其是你的上司除了会投机钻营，别无作为，甚至只是酒囊饭袋时，你会不会觉得在晚年回忆时会替自己当年向这样一个东西低头而羞愧，并因此为自己的碌碌无为而羞耻？事实上，你的上司中很多人不过是过眼烟云，是貌似强大的纸老虎。所以面对官员，变通可以，但也要变通得不卑不亢，从容不迫。即使见了英国女王、美国总统，也是自自然然，从从容容。难道他当了官就要高人一等吗？向上司点头哈腰，见了上司就手足无措，其实还是把自己当成了向皇帝三呼万岁的前清奴才，委实不值一提。虽然"不看无能领

导和上级脸色行事"，"不迁就卑鄙同事"需要大环境，但翻开历史人们仍能发现早在曾国藩之前，历史上就有一些个性人物自始至终在政治舞台上保持了自己的本色，并因此获得对理想、本色的坚守，保持着创造性的活跃。

宋大中祥符七年（1014年），迷信道教的宋真宗率领百官到亳州去朝拜太清宫。浩浩荡荡的车马路过南京（今河南商丘），人们争先恐后去一睹皇帝，唯独有一个正在学校读书的学生闭门不出，仍旧埋头读书。有个要好的同学特地跑来叫他："快去看，这是个千载难逢的机会，千万不要错过！"但这个学生只随口说了句"将来再见也不晚"，便头也不抬继续读书。果然，第二年他就得中进士，见到了皇帝。这位学生就是日后北宋伟大的改革家、思想家范仲淹。而他正是言行一致、高风亮节、有个性的官员。

端拱二年（989年）八月二日，范仲淹生于徐州，次年父亲不幸逝世，范家失去了生活来源，范仲淹之母谢氏贫而无依，只好带着尚在襁褓中的范仲淹改嫁山东淄州长山县一户姓朱的人家。从此，范仲淹改姓名叫朱说，在朱家长大成人。范仲淹从小读书就十分刻苦，朱家是长山的富户，但他为了励志，21岁去附近长白山上的醴泉寺读书，经常一个人伴灯苦读。那时他的生活极其清苦，每天只煮一锅稠粥，凉了以后划成四块，早晚各取两块，

范仲淹像

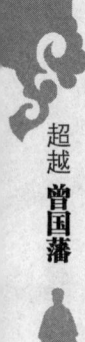

拌上一点儿韭菜末，再加点盐，就算是一顿饭，但他对这种清苦生活却毫不介意。范仲淹看不惯朱家兄弟奢侈浪费，无所事事，便多次规劝。不料朱家兄弟听得不耐烦，有次脱口说道："我们花的是朱家的钱，关你什么事？"范仲淹觉得话中有话，便追问为什么，有人告诉他："你乃姑苏范氏之子，是你母亲带你嫁到朱家。"这件事使范仲淹深受刺激和震动，于是他匆匆收拾了几样简单的衣物，佩上琴剑，不顾朱家和母亲的阻拦，毅然独自前往南京求学。

当时南京是人烟稠密的大都会，教育事业发达。南京的应天府书院是宋代著名的四大书院之一，聚集了许多志操才智俱佳的师生。到这样的学院读书，既有名师可以请教，又有许多同学互相切磋，还有大量的书籍可供阅览，况且学院免费就学，更是经济拮据的范仲淹求之不得。

范仲淹入学后，皇帝来了也不出去观看，昼夜不停地苦读，五年未解衣就枕，他的食物很不充裕，甚至不得不靠喝粥度日，有时甚至粥都吃不上，但对于这种一般人难以忍受的生活范仲淹却从不叫苦。这种情况被他的一个同学、南京留守的儿子看到了，回家告诉了父亲，于是留守就叫人给范仲淹送来许多饭菜。可是几天过去了，食物都放坏了，仍不见范仲淹尝一口。那同学问他为什么不吃？范仲淹说："我不是不感激你的厚意，只是我已习惯于粗茶淡饭了，如果现在就享受这种丰盛的饭菜，以后还能吃得下粥吗？"功夫不负有心人，五年寒窗苦读，范仲淹终于成为一个精通儒家经典，博学多才，又擅长诗文的人。他通过科举考试，在1015年考中进士，被任命为广德军的司理参军。这时，他把母亲接来赡养侍奉。1017年，他调任集庆军节度推官（从八品），恢复了原来的范姓，改名仲淹，字希文。

范仲淹入仕后，最初十余年一直担任地方官员。他每到一地总是做一些有利于国计民生的事，并且干得很有成绩，于是被调到中央担任秘阁校理。此后，范仲淹更关心朝政得失和民间利弊，时与朝廷中的腐朽势力展开斗争，犯颜直谏。他看到刘太后独揽大权，把宋仁宗当成傀儡，便批评这种不合理现象，奏请太后还政。有人劝他别这样锋芒毕露，他说："我的官职很小，俸禄不算多，但每年也有三百贯铜钱，相当于两千亩地一年的收成。如果我坐食禄米，不去为国为民立功，那和专门糟蹋粮食的螟虫又有什么两样？人都说犯颜直谏会给自己惹祸，不是明哲保身之计，其实说这种话的人才是最没眼光的，他们不懂得：只有朝廷内外的官员都敢于直言，君主才会不犯错误，百姓才能没有怨言。政治上清明，才能祸患不生，天下无忧。这不正是远离祸乱、保全自身的根本之计吗？"范仲淹这里所说的是超越常人的利害观。一般人认为犯颜直谏惹恼了上司会损失自己的利益，但范仲淹却超越这种个人私利，认为只有犯颜直谏才能维护集团的利益，最终维护每个人的利益。否则，只为个人利益而无人照顾集团利益，最终大家一起败北。虽然如此，不久后范仲淹仍因触怒太后，被贬往河中府。正是在此间，范仲淹说出了"宁鸣而死，不默而生"。有人认为这句话是争取言论自由的宣言书，它比亨利·柏得烈的"不自由，毋宁死"要早740年。既然要干事，就不要简单地强调明哲保身。

宋刘太后死后，范仲淹被召回朝廷任右司谏。有了谏官的身份，他上疏言事更无所畏惧了。明道二年（1033年），京东和江淮一带大旱，又闹蝗灾，为了安定民心，范仲淹奏请仁宗马上派人前去救灾，仁宗不予理会，在宫中仍然过着奢华的生活，范仲淹对此十分气愤，他冒着触犯虎威的危险质问道："如果宫中半天不吃会怎么样？现在许多地方老百姓没有饭吃，岂能置之不理？"说得仁宗无话可答，只

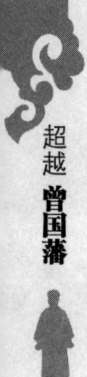

得派他去江淮一带安抚灾民，范仲淹每到一地就开仓赈济，并且免除了灾区的部分赋税。为了劝诫挥霍人民血汗的皇室，他还把饥民吃的野草带回来献给仁宗，并请他转给嫔妃贵戚们看看，让他们知道老百姓过的是什么日子，不要过分奢侈。

后来，范仲淹终因进谏被贬到地方，而且任所常动。但每到一地他都兴利除弊，注重发展教育。景祐元年（1034年），范仲淹调回故乡担任苏州知州。范仲淹在苏州南园买了一块地，准备盖一所住宅。一天，他请阴阳先生看风水，这位先生巡视一遭后向范仲淹贺喜道："这是块贵地，今后您家中定有公卿相继出世。"范仲淹听了笑道："我家独占贵地，倒不如让出建学，使士人都在此受教育，公卿将相不是更多吗？"不久，范仲淹就在这里建起郡学，亲自聘请学识渊博的人任教，使学堂越办越好，名冠东南。

由于范仲淹政绩斐然，又被召回京师，授天章阁待制，任吏部员外郎，权知开封府事。范仲淹在京城大力整顿官僚机构，剔除弊政，把工作安排得井井有条，仅仅几个月，号称"府事繁剧"的开封府就"肃然称治"。范仲淹看到宰相吕夷简等大官僚互相勾结，朋比为奸，将亲信、党羽安插到要职上，使官僚机构中充满了陈腐污浊的空气，便和朝中一批正直的士大夫经常向皇帝进言，结果导致三次被贬。由于他正道直行，百折不挠，勇往直前，以满腔热忱报效国家，越被贬名望却越高。

宋仁宗宝元元年（1038年）冬天，原本臣属大宋、居住在甘州和凉州的党项族首领元昊自称皇帝，建国号大夏，沿宋朝西北边境部署了十万人马。面对西夏的突然挑衅，宋朝措手不及，朝廷内主战派主和派吵成一团，宋仁宗也举棋不定。边境上就更狼狈了，由于三十多年无战事，宋朝边防设施很差。士卒未经战阵，平常又缺乏训练，导致步兵携带武器和口粮走几十里地就气喘吁吁，骑兵中有的不会披甲上马，射出的箭在马前一二十步就落了地。带兵的将帅也多是皇亲故旧，根本不懂军事，再加上将领更换频繁，军纪松弛，宋军对咄咄逼人的西夏军队深感心虚。

在严重的局势面前，宋仁宗想到了范仲淹，将他召入朝廷，派他出任陕西路永兴军的知军州事，后来宋仁宗任命夏竦为陕西经略安抚招讨使，全面统筹边防，任命范仲淹和韩琦并为陕西经略安抚招讨副使，分别负责延路和泾原路。这时的范仲淹已经52岁了，仕途上的艰辛蹉跎使他早已霜染鬓发，但他少年时的那样一股奋斗的劲头并没有消减。范仲淹风尘仆仆来到处境最险恶的延州时，呈现在眼前的是战争给边民带来的深重灾难，到处是断壁残垣，百姓死的死，逃的逃，少数留下的也是无衣无食，有家难回。范仲淹心情十分沉重，当即写下一首《渔家傲》："塞下秋来风景异，衡阳雁去无留意。四面边声连角起，千嶂里，长烟落日孤城闭。浊酒一杯家万里，燕然未勒归无计。羌笛悠悠霜满地，人不寐，将军白发征夫泪。"由于范仲淹采取了正确措施，很快便扭转了宋朝被动挨打的局面，使已经被破坏的边防重新又巩固起来。当时边境上流传着一首歌谣说："军中有一韩（琦），西'贼'闻之心胆寒，军中有一范（仲淹），西'贼'闻之惊破胆。"而西夏由于长期用兵，物资奇缺，物价飞涨，百姓怨声载道，无力战争。这样，双方从庆历三年（1043年）开始议和，到庆历四年（1044年）正式达成和议。宋夏重新恢复了和平，西北局势得以转危为安。

庆历三年四月，宋夏局势刚刚和缓，宋仁宗便将范仲淹调回东京升任参知政事（副宰相），与枢密副使富弼、韩琦等人一道主持朝政。当时，北宋的官僚机构越来越臃肿，而行政效率越来越低，军队

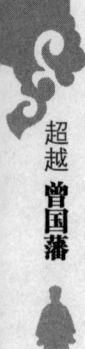

数量不断增加，内忧外患不时爆发，百姓负担十分沉重，国家财政却入不敷出。在严重的危机面前，宋仁宗三番五次召见范仲淹等人，赐给他亲笔写的诏书催促说："你们为国尽心，不必有什么顾虑，凡是急需改革的事，赶快提出来。"并且叫人打开宫中的天章阁，在条案上摆好纸笔，督促他们立即写出改革方案。于是范仲淹认真总结从政28年来酝酿已久的改革思想，很快呈上了著名的新政纲领《答手诏条陈十事》，提出了十项改革主张，它的主要内容是：明黜陟，即严明官吏升降制度。那时，升降官员不问劳逸如何，不看政绩好坏，只以资历为准。故官员不求有功，但求无过，因循苟且，无所作为。范仲淹提出，要考核政绩，破格提拔有大功劳和明显政绩的，撤换有罪和不称职的官员。他还提出要抑侥幸，即限制侥幸做官和升官的途径。当时，大官每年都要自荐其子弟充京官，一个学士以上的官员，经过20年，一家兄弟子孙出任京官的就有20人。这样一个接一个地进入朝廷，不仅增加了国家开支，而且这些纨绔子弟又不干正事，只知相互包庇，结党营私。为了国家政治的清明和减少财政开支考虑，应该限制大官的恩荫特权，防止他们的子弟充任要职。

庆历三年底，范仲淹选派了一批精明干练的按察使去各路检查官吏善恶。他坐镇中央，每当得到按察使的报告，就翻开各路官员的花名册把不称职者的名字勾掉。枢密副使富弼平时对范仲淹十分尊敬，这时见他毫不留情地罢免了一个又一个官员，不免有点担心，从旁劝止说："您一笔勾掉很容易，但这一笔之下可要使他一家人痛哭呀！"范仲淹听了，用笔点着贪官的名字愤慨地说："一家人哭总比一路人哭要好吧！"在范仲淹的严格考核下，一大批尸位素餐的寄生虫被除了名，一批干才能员被提拔到重要岗位，官府办事效能提高了，财政、漕运等有所改善，暮气沉沉的北宋政权开始有了起色。

朝廷上许多正直的官员纷纷赋诗，赞扬新政，人们围观着改革诏令，交口称赞。但是，这场改革直接触犯了封建腐朽势力，限制了大官僚的特权，他们对此恨之入骨，便诬蔑范仲淹、富弼、欧阳修等结交朋党，并串通宦官不断到宋仁宗面前散布范仲淹私树党羽的谗言。到庆历五年（1045年）初，曾经慷慨激昂、想励精图治的宋仁宗终于完全退缩，下诏废弃一切改革措施，解除了范仲淹参知政事的职务，将他贬至邓州（今河南邓县）。坚持了一年零四个月的庆历新政失败。

范仲淹贬到邓州后又辗转于杭州、青州，皇祐四年（1052年）他调往颍州（今安徽阜阳），走到出生地徐州，不幸病逝，终年64岁。当年范仲淹贬到邓州后，曾应昔日好友之邀为重新修竣的岳阳楼作了一篇记，此即著名的《岳阳楼记》。范仲淹用洗练优美的文字描述了洞庭湖波澜壮阔的景色，并且借景抒情劝勉失意志士不要因个人的不幸遭遇而忧伤，要"不以物喜，不以己悲"，摆脱个人得失，做到"先天下之忧而忧，后天下之乐而乐"。这几句话，概括了范仲淹一生所追求的为人准则，是他忧国忧民思想的高度概括。从青年时代开始，范仲淹就立志做一个有益于天下的人。为官数十载，保持个性的他，在朝廷犯颜直谏，在任何岗位上都奋斗不息，不怕因此获罪。范仲淹一生没有改变自己的本色，其行动和思想赢得其生前身后几代人的敬仰。

宋代和田青玉葫芦式执壶

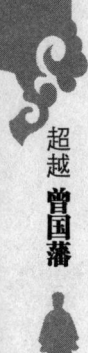

宋朝另一个性格鲜明且保持本色、敢作敢为、不假掩饰的严蕊，则用自己的个性辛辣讽刺了教人磨灭个性的理学家的阴暗面孔。

严蕊是南宋初年天台的营伎。周密《齐东野语》称她"善琴弈歌舞，丝竹书画，色艺冠一时。间作诗词，有新语，颇痛古今。善逢迎。四方闻其名，有不远千里而登门者"。严蕊本出身书香门第，12岁时父病母亡，一下失了依靠。其姑父贪财将其诱拐到风月人家，从此沦落。幸其身材窈窕，面目清秀，又加之文才出众，老鸨对她特别器重，衣食住行样样优待，并且认为严蕊嗓音甜，怕破身会败坏她的歌喉，因此任由人出高价都予以挡驾。渐渐，严蕊为众人熟知，芳名远播。

当时的太守唐仲友有一次会宴宾客，便召她侍宴歌舞。当晚严蕊连唱了三曲，众人仍未尽兴。其后唐仲友指着窗外盛开的桃花，以"红白桃花"为题命她题词一首。严蕊略加思索，挥笔填就一阕《如梦令》："道是梨花不是，道是杏花不是，白白与红红别，是东风情味，曾记？曾记？人在武陵微醉。"词填罢，众人拍手叫绝。唐当即赐其锦帛两匹，端砚一方并纹银二十两，以赞其才思敏捷。两人由此有了更多来往，诗词唱和。

时任提举两浙东路常平茶盐公事的理学大师朱熹不知如何知道了这个事，在行至台州时听别人说唐仲友的坏话后就开始调查。但朱大师的眼光只紧盯一条：唐仲友与官伎严蕊有私情。他派人把严蕊抓来，严刑拷打。也有野史说，朱熹这么做是因为与唐仲友争夺漂亮伎女严蕊失败，求欢不成老羞成怒。但无论如何，朱熹最后指使手下把一个弱女子打得体无完肤，可严蕊却仍未吐一句与唐有关的言辞。其后朱熹把她发配到绍兴，也不见她招供。在此期间，唐仲友碍于瓜李之嫌，加之朱熹在朝廷的势力，也并未营救严蕊，徒为古今负心情史增添了讽刺一笔。

严蕊被严刑拷打,九死一生,不攀折和诬陷于人,因而名声越来越大,得到了很多文人雅士的同情。舆论一大,此事传到宋代好色的皇上耳里,皇上也为之感叹。于是朱熹被调动职位,由岳商卿接任。岳商卿怜惜严蕊的遭遇,又受到舆论的压力,就命严蕊为自己申诉。这时的严蕊已经被折磨得奄奄一息,却仍不假思索地口占一阕《卜算子》:"不是爱风尘,似被前缘误。花落花开自有时,总赖东君主。去也终须去,住也如何住。若得山花插满头,莫问奴归处。"

岳商卿不禁赞叹:"好一个坚强的女子,真是天生的才气,惊人的骨气。"当即判她无罪释放从良,从伎籍上除名,并赐其纹银300两调养身体。两年没有哭过的严蕊,在宽释的那一刻哇的一声哭了出来,堂下人人为之心酸。后来严蕊被皇上接见,皇上见其体貌匀称,五官清秀,举止大方,气质脱俗,谈吐得礼,被迷得如痴如醉,但碍于天子名声,只能忍痛割爱,把她嫁给一位皇室宗亲,赐她一笔珠宝和银两,算是成就一时的佳话。至于朱熹,在被皇上批评了以后,落了个"大贤也会办错事"的讽词。

严蕊与朱熹的较量,说明理学家们不但自己不想有个性,而且不希望别人也有个性。在永远搞不清时代是什么现实的理学家眼里,个性似乎是大逆不道,会影响他们的统治稳定。所以在公共领域,中国人的聪明和智慧往往有严重的欠缺。有时甚至作践到不把自己当人的程度,即使是知识分子在个人与国家的关系中

朱熹像

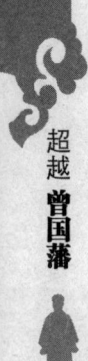

也更愿意把自己当做受他人所用的"才",而没想到把自己当做自己的主人,自己支配自己的命运。

正如一个寓言所说,有个老汉带着年轻的儿子赶着一头毛驴进城。为了让儿子轻松些,老汉牵着毛驴走在前头,让儿子骑在驴背上。走了一段路,有人对他们指指点点,说这个儿子只顾自己享受太不孝顺了,竟然让老父亲牵驴。听到别人的指责,老汉的儿子赶快下来让父亲骑驴。走了一段路,他们又听到有人指责这个老汉太不关心儿子了,竟然让儿子在颠簸的路上受罪,老子图痛快。听了别人的议论,老汉和儿子想别人说得很对,为了避免别人的议论和指责,他们商量干脆谁也不骑驴,走路算了。没走多久,又有人笑话这对父子太愚蠢了,竟然不懂得享受,让驴轻松,自己走路。他们一听,觉得别人说得有道理,于是决定干脆两人一起骑驴算了,免得别人再说闲话。可是没过多久,又有人骂他们太没良心了,驴那么瘦又那么辛苦,竟然还忍心让它受苦。最后为了避免别人再说三道四,父子俩决定用担架抬着驴走。经过一座桥时,担惊受怕的驴胡乱挣扎,最后连同父子二人同时掉进河里被大水淹死了。看来,完全顺从外界的指点,不坚持个性、主见和定见的结果真是很严重。

一位老农上山开荒,山上长满了茂密的杂草和荆棘。砍到一丛荆棘时,老农发现荆条上有一个箩筐大的蚂蚁窝。荆条倒,蚁窝破,无数蚂蚁蜂拥窜出。老农立刻将砍下的杂草和荆棘围成一圈,点燃了火。风吹火旺,蚂蚁四散逃命,但无论逃到哪里,都被火墙挡住。蚂蚁占据的空间在火焰的吞噬下越缩越小,灭顶之灾即将到来。可是,奇迹发生了。火墙中突然冒出一个黑球,先是拳头大,不断有蚂蚁粘上去,渐渐地变得篮球般大,地上的蚂蚁已全部抱成一团,向烈火滚去。外层的蚂蚁被烧得噼里啪啦,烧焦烧爆,但缩小后的蚁球毕竟越过火墙滚下山去，躲过了全体灰飞烟灭的灾难。老农捧起蚂蚁焦黑的尸体，久久不愿放下，他被深深地感动了。假如没有第一个有个性的蚂蚁决定抱成团，拯救整个蚂蚁团队，它们又怎么能得救，突出重围？同时，没有有个性的人敢闯敢干，社会又怎么能发展，生产力又怎么突破生产关系的束缚？不是提倡要敢字当头吗？

事实上，没有个性就难有超众的领导智慧，而且同时抹杀个性的管理与统治，只能让人心里不满甚至不服，而不满和不服的结果自然是表面上可能维护团结，实际上暗流涌动。因为长期的个性压抑，会对民众造成几大影响，一个是逆来顺受，毫无反抗之心，也无真正的团结之志。再一个是投机取巧，急功近利，明哲保身，也没有团结的原则。甚至是，受压抑太多而力图改变，彻底推翻那种压迫式的团结。所以有人说，中国人眉目间多有怨气，与西方人眉目舒展有鲜明区别。虽然有时这是朱老夫子这样的人分而治之的需要，但这种积累的结果正如鲁迅在《沙》一文中所指出的：中国人的一盘散沙，乃是统治者的"治绩"。其进一步的结果，则是官本位的继续走强。正如20世纪30年代林语堂在《吾土与吾民》中指出的，中国人只期待仁慈的领袖而不关心建立捍卫其权利与自由的制度，以至于有千千万万这样的事例："人民围着一位刚刚离任的、坐在轿子中的好官，跪在地上，眼里浸满了感激的泪水。这就是中国人感恩戴德最好的证明，是中国官吏所施恩惠的最好例子。人民只知道这是恩惠，不知道这是中国官吏们应该做的事。"他还发现中国人对政府与暴政的宽容与耐心就像中国的景泰蓝一样举世无双。不知道这种宽容与耐心是出自大度，还是出自无知。如果是出自大度，为什么一向斤斤计较的人在这方面却一反常态；如果是无知的话，又怎么能说中国人聪明？总之，抹杀个性与官本位由此进入恶劣的循环。

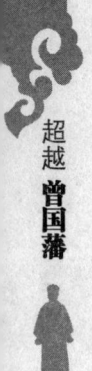

贾谊手中的双刃剑

诗人但丁有一句至理名言："走自己的路，让别人去说吧！"历史上所有伟大的创造者都是因为保持个性。当然，个性是一把双刃剑，用好了会助人一臂之力披荆斩棘抵达理想的彼岸，用不好也会伤害自己。

真正合理的个性，保持时并不是一定要受伤。西汉的贾谊就提供了这方面的教训。贾谊是西汉初期的政论家、文学家。年少即诗文闻于世人，后被人推荐给汉文帝。他力主改革，结果失败被贬，改任梁怀王太傅。梁怀王堕马而死，贾谊伤主伤己，总之是伤心不已，忧愤而死。宋代的苏轼认为，贾谊所以如此"英年早逝"，皆是因为不善于发挥个性中的长处，改变个性中的弱点而咎由自取。

苏轼在《贾谊论》中说："非才之难，所以自用者实难。惜乎，贾生王者之佐，而不能自用其才。夫君子之所取者远，则必有所待；所就者大，则必有所忍。古之贤人，皆负可致之才，而卒不能行其万一者，未必皆其时君之罪，或者其自取也。愚观贾生之论，如其所言，虽三代何以远过？得君如汉文，犹且以不用死，然则是天下无尧舜，终不可有所为耶？仲尼圣人，历试于天下，苟非大无道之国，皆欲勉强扶持，庶几一日得行其道。将之荆州，先之以冉有，申之以子夏。君子之欲得其君，如此之勤也。孟子去齐，三宿而后出昼，犹曰：'王其庶几召我。'君子之不忍弃其君，如此其厚也。公孙丑问曰：'夫子何为有豫？'孟子曰：'方今天下，舍我其谁哉？而吾何为不豫？'君子之爱其身，如此其至也。夫如此而不用，然后知天下果不足与有为，而可以无憾矣。若贾生者，非汉文之不能用生，生之不能用汉文也。夫绛侯亲握天子玺而授之文帝，灌婴连兵数十万，以决刘、吕之雌雄，又皆高帝之旧将，此其君臣相得之分，岂特父子骨肉手足哉？贾生，洛阳之少年，欲使其一朝之间，尽弃其旧而谋其新，亦已难矣。为贾生者，上得其君，下得其大臣，如绛、灌之属，优游浸渍而深交之，使天子不疑，大臣不忌，然后举天下而唯吾之所欲为，不过十年可以得志。安有立谈之间，而遽为人痛哭哉！观其过湘为赋以吊屈原，萦纡郁闷，卓然有远举之志。其后卒以自伤哭泣，至于夭绝，是亦不善处穷者也。夫谋之一不见用，则安知终不复用也？不知默默以待其变，而自残至此。呜呼！贾生志大而量小，才有余而识不足也。古之人，有高世之才，必有遗俗之累。是故非聪明睿智不惑之主，则不能全其用。古今称苻坚得王猛于草莽之中，一朝尽斥其旧臣而与之谋。彼其匹夫略有天下之半，其以此哉！愚深悲生之志，故备论之。亦使人君得如贾生之臣，则知其有狷介之操，一不见用，则忧伤病沮，不能复振。而为贾生者，亦谨其所发哉！"

在苏轼看来，如果贾谊以其敏感多才的个性特点，能够先取得朝中老臣的信任，然后再实施自己的抱负，不但自己不会忧伤早亡，而且将非常有益于国家、百姓、个人。由此可以推断说，个人的兴衰可谓兴也个性，亡也个性。贾谊因为忧郁的个性而好学，成为王佐之才，但同样因为忧郁的个性不能见用于汉皇并早亡。看来，讲个性也要注意扬长避短，也要为了目的而运用个性。说到这里，不妨谈一谈隋朝时期的大将杨素。

杨素是隋朝权臣、军事家、统帅。据史书记载，杨素"少落拓，有大志，不拘小节"。北周天和七年（572年）三月，北周武帝宇文

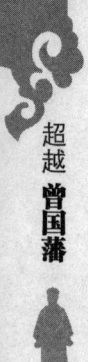

邕诛杀宇文护亲掌朝政，杨素因曾受到宇文护的重用，所以受到株连。此时，杨素以其父杨敷死于北齐但未受朝廷追封，便上表申诉。周武帝不理。杨素再三上表，周武帝大怒，下令杀杨素。杨素高声地说："臣事无道天子，也是该死啊。"周武帝闻后，对杨素刮目相看，赦其无罪，并追赠其父为大将军，拜杨素为车骑大将军、仪同三司，并逐渐对其有了好感。周武帝又令杨素起草诏书，素下笔成章，文辞华丽，周武帝赞扬道："善自勉之，勿忧不富贵。"而杨素却回答说"臣但恐富贵来逼臣，臣无心图富贵"，显示了其自信、大气的个性。

这种自信和大气的个性，随后帮助杨素取得了很大的成功。杨素先是率领其父的旧部，在齐王宇文宪的麾下与北齐军队多次作战，建立了不少功勋，帮助北周武帝平定了北齐。公元581年2月，杨坚代北周称帝，国号隋，改元开皇，是为隋文帝，他加封杨素为上柱国，后又授御史大夫。随后，杨素参加了灭陈之战，并屡立奇功，因战功卓著被晋爵郢国公。除了金银，隋文帝又赐给杨素陈后主的妹妹及女妓14人。后改封越国公，转内史令。

隋文帝在杨素的全力帮助下灭陈统一全国后，又派杨素剿灭了各地的反隋势力。在消灭各地势力的过程中，隋文帝考虑到隋军长时间征战，便诏令杨素入朝。同时加其子杨玄感为上开府，赐彩物三千段。而杨素则认为"余贼未殄，恐为后患"，便上书请求暂缓返京，继续剿匪。隋文帝对杨素此举非常赞赏。最后杨素全面平定了隋初各地的叛乱，真正意义上完成了隋的统一。

开皇十九年（599年）二月，突厥都兰可汗进攻隋大同城（在今内蒙古乌拉特前旗东北）。隋文帝命汉王杨谅为元帅，以杨素出灵州，尚书左仆射高颎出朔州（治善阳，今山西朔县），上柱国燕荣出幽州，三路进击突厥，取得大胜，再一次彰显了其杰出的军事才能。杨素以他的赫赫战功，被隋文帝拜为尚书右仆射，与尚书左仆射高颖共掌朝政。后人有《杨素论》称："战必胜、攻必取者，将之良能也。良将之所挟，亦曰智、勇而已。徒智而无勇，则遇勇而挫；徒勇而无智，则遇智而蹶。智足以役勇，勇足以济智，然后以战必胜，以攻必取，天下其孰能当之！昔者杨素之于隋，可谓一代之名将矣。"《隋书·杨素列传》认为杨素"多权略，乘机赴敌，应变无方，治军严整，其部如有违犯军令者，立斩不赦，而绝不宽容"。杨素每次作战前都会寻找士兵的过失，然后杀之。每次多者百余人，少也不下十几人。由于杀人过多，以致"流血盈前"，而杨素却言笑自若。两军对阵时，杨素先令一二百人前去迎敌，若取胜也就罢了，如不胜而败逃者，无论多少，全部斩首。然后再令二三百人迎敌，不胜则照杀不误。所以杨素的部下对他极其敬畏，作战时皆抱必死之心，所以他战无不胜，成为名将。杨素当时正受宠幸，隋文帝对他言听计从，杨素征战的将士，都微功必录。而其他的将领虽有大功，但都被文官推翻。所以杨素虽严厉凶狠，但由于他能够恩威并施，所以将士皆愿随其征战。

可以说，杨素从出道到成为一个权倾一时的大军事家，主要是凭着他胆大、有方略、敢决断的个性。凭着独特的个性，杨素虽然在帮助文帝固位的时候成为一位骁勇善战的将军，但也在建造仁寿宫尤其是事关隋朝第二代领导人接班的问题上犯了错误。

开皇十三年（593年）二月，隋文帝在岐州之北建仁寿宫，令杨素监造。杨素为巩固其政治利益，讨好隋文帝，遂"夷山堙谷以立宫殿，崇台累榭，宛转相属"。杨素又催促很急，致使许多役夫都累死了。而杨素则命令把这些累死的人，直接填入土坑。此前隋文帝先派

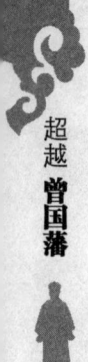

高颎前去视察，高颎据实回报，"颇伤绮丽，大损人丁"，隋文帝心中不悦。待隋文帝至仁寿宫，见宫殿如此奢华，大怒道："杨素殚民力为离宫，为吾结怨天下。"杨素惶恐无比，担心受责备，一时束手无策，便向封德彝请教。封德彝为人邪辟，多阴谋，便对杨素说："公勿忧，俟皇后至，必有恩诏。"杨素即于北门拜见独孤皇后说："帝王法有离宫别馆，今天下太平，造此一宫，何足损费！"次日，隋文帝果召杨素问之，独孤皇后则在旁为杨素辩解："公知吾夫妇老，无以自娱，盛饰此宫，岂非忠孝！"结果杨素不但没有获罪，反而被赐钱百万，锦绢三千段。从此，杨素更得隋文帝的信任。封德彝从此成为杨素的心腹，杨素常与其议论宰相事务，终日忘倦，还抚其床说："封郎必当据吾此座。"封德彝在杨素的推荐下，被隋文帝擢升为内史舍人。

如果说杨素在仁寿宫问题上犯的还只是急功近利的错误，那么在废太子问题上却成了让人唾骂的奸雄。隋文帝杨坚有五子，俱为独孤皇后所生。长子杨勇被立为太子，次子杨广被封为晋王，三子杨俊被封为奉王，四子杨参被封为蜀王，五子杨谅被封为汉王。太子杨勇好学博文，性宽仁厚，直率无饰，初时深得文帝喜欢，可杨勇喜好声色，好奢侈又不掩饰，而文帝却崇尚节约，看不惯杨勇的做法，杨勇渐渐失宠于文帝。加上杨勇不宠幸独孤皇后为他娶的元妃，其母后也对其不满。而晋王杨广却乖巧敏慧，虽好声色，生活奢侈，却很会处处掩饰，投父皇、母后所好，又立过战功，因此为父皇、母后宠爱。杨广早就觊觎太子之位，见太子失宠，便开始了他的谋划夺位活动。他用重金拉拢杨素弟杨约。杨约把杨广之意告诉了杨素，颇有谋略的杨素不顾江山社稷，首先在独孤皇后面前大讲杨勇坏话，激起了皇后废太子的决心。杨素随后在公元600年借文帝让他问近臣陈述东宫事状之机，大肆诬陷杨勇："太子说：'某日父皇代周，若事不成，我第一个被杀，而今他做了天子，竟待我如诸弟，事事限制，使我不得自由。'"文帝听罢，便断然做出了"此儿不堪嗣久矣"的结论。杨勇听到风声后，忧惧不已，可又不知如何是好。隋文帝也知勇不自安，便派杨素去东宫观察他的动静。杨勇得信，遂穿礼服等接待杨素，可杨素却故意不进门，以此激怒杨勇。杨勇知杨素侮辱他，怒形于色。杨素遂回报文帝："勇怨望，恐有他变，愿深防察！"隋文帝于是更加怀疑杨勇，便下令将太子杨勇及其诸子囚禁，收其党羽，命杨素审讯检察处理。杨素捏造事实，横加罪名。公元600年10月，文帝戎装阵队武德殿，召集百官，废太子杨勇为庶人，削其子女王、公主的封号，杨勇再拜说道："臣当伏尸都市，为将来鉴戒；幸蒙哀怜，得全性命！"言罢，泣下湿衫而出。睹此情景，文帝一阵心酸，在一旁察颜观色的杨素大声奏道，"废太子，实同去一蝮蛇，陛下不必在意"，一心要断绝文帝父子之情。11月，杨广在杨素阴险狠毒的支持下，被立为太子。历史已证明杨广是一个典型的淫暴之君，仅仅在位十几年，就断送了大隋江山，而帮助杨广立为太子的杨素，是加速隋灭亡的罪魁。

公元604年7月，杨广即位，史称隋炀帝，改元大业。杨广一登基就占有了他父亲的宠妃宣华夫人，杀死废太子即其兄杨勇。而杨广能做成这一切，全靠助纣为虐的杨素帮助，杨素与杨广狼狈为奸，其因拥立之功更是显贵无比，其权势也达到了顶峰。为了稳固自己的地位，杨素采取"顺我者昌，逆我者亡"的结党营私、排除异己的政策。杨素、韩擒虎、贺若弼、史万岁四人是隋统一中国时举世公认的名将。韩擒虎早亡，贺若弼、史万岁则先后被杨素除去。

纵观杨素的一生，可以说他成也胆大，败也胆大；成也权谋，

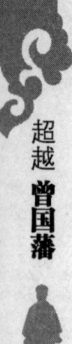

败也权谋。只可惜他最后把他的胆量与权谋，都用在害国害民的事上了。杨素同贾谊一样兴也个性，亡也个性，说明政治人物对于个人的个性应该仔细加以分析，对于有利于坚持道义和个人发展的个性要坚持，否则就要改正。同时，还要警惕良好的个性变成任性，与错误的选择相结合，如杨素之用优良的个性去玩阴谋诡计。如果有个性加上智慧的头脑，政治人物就会成功，反之丧失政治头脑任性而为就会失败。

同样，曾国藩初入官场时，保持自己的个性而有一股闯劲，因而得到皇上的赏识，并建立镇压太平天国的"政绩"。但后来他却在官场中磨光了自己的个性，所以在涉及民族问题的天津教案中落败。可以说，只有良好的个性与政治相结合，政治才能真正成为清明的政治。否则即使有良好的制度，没有执行制度的良好的人也是于事无补。

如果一个人觉得政治环境无法让自己保持良好的个性、本色，那么不妨选择退出。实际上这个世界对人束缚最多的，无非就是最能体现"名利"二字的官场、商场。如果一个人摆脱了官场或商场的生活，就可以做更个性的自己，从而有更加畅快的心情、有意义的生活和有价值的创造。晋代的陶渊明，足以为此方面的一个代表。陶渊明的一生通过泯去后天经过世俗熏染的"伪我"，追求一个"真我"，达到了一种个性化生存的高境界，因为他做了一个自由人。既然无法在政治上有所施展，不如做个保持思想、精神、人身和经济独立的自由人士。

在永葆真我、保持活跃的创造性等持有和发展良性个性问题上，最应与范仲淹、陶渊明和成功时的杨素携手，而以失败的杨素、贾谊为鉴，超越曾国藩。

第六章

善解干戈VS消灭政敌，谁能超越曾国藩

　　对那些惹你不满的人，是从肉体上消灭从而害人害己，还是选择一种更为高明的手法，谈笑间樯橹灰飞烟灭，化敌为友？曾国藩及其追随者用得更多的是前一种方法，虽然有一种快感，却有如打出去的"七伤拳"，伤人亦伤己。而另一些人却选择了种种妙法化敌为友，给人们打开了另一个对待政敌的思路。

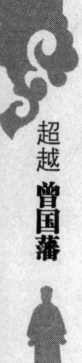

心魔举刀刺向谁

时下世间的流行色，有一种是拿出厚厚一沓钱，要求中间人干掉自己的政治仇家或生意场甚至情场对手。其主导或教唆者大多是有一定势力或心魔难解之人，他们刻意从肉体上消灭的，既有情妇、二奶、正妻等有"私人关系"的亲密者，也有同事、上司、下属等有工作关系者。其动机虽千差万别，但"情非得已"的因素似乎都不在少数：如二奶缠着要正娶，正妻发狠要讨个说法，上司挡道不能提拔，下属不服且手中握有威慑上司的把柄等。虽然这些因素没有一个直接威胁到有势力者或心魔难解者的生命安全，但他们因为担心其危及自己生命之外又被视为与生命相当的东西而杀心顿起。有势力者或心魔难解者所要捍卫的这些东西，用句时髦的话讲就是"政治生命"、"钱途命运"或"我的美女"。它们的重要性已经超过了他人的生命，以致一旦受到威胁，就要让他人付出沉重代价。

如果回溯历史也不难发现，曾国藩在其政治生涯中也很好"消灭政敌"这一口，当然，说曾国藩好这一口，并不是将前述怪现象之弊归之于曾国藩一人。不过了解曾国藩如何对待政敌及其欠缺，以及那些能够在这一点上超越曾国藩的人如何从烦忧和仇恨中解脱出来，未必不是一件好事。

放眼历史，一个有志向的人在其奋斗的征途中总会遇到竞争对手，在情场上这种人被称为情敌，在经济场上被称为对手，在政治上这种对手会被称为政敌。如何对待这些对手，考验了历史上无数的人物。解决乏术者，一辈子不得不与"敌人"为伍，心情始终如同有着乌云遮住太阳的天空难以开朗畅快。解决失败者，则三十六计走为上策，落荒而逃，"此处不留爷，自有留爷处"。情场上的私奔和官场背后的归隐，可以说是这种情况最好的阐述。但也有一种针锋相对的狠角，采取了常人普遍不敢采取的对策，那就是将对手从肉体上消灭。在这方面，曾国藩就给历史提供了一个生动的缩影。甚至可以说，这是曾国藩的一个悖论。在给其兄弟子侄的家书中，曾国藩不断强调仁义道德，但他在战场上尤其是官场上有时采取的却是心狠手辣的态度。不但对战场上的太平军和捻军杀无赦，而且对某些政治对手也杀人灭口。

在曾国藩的历史中，谈到从肉体上消灭对手——当然并非亲自动手而是充当指使者——并不是一个生疏的话题，其中杀李秀成就是一例。李秀成作为太平天国后期重要的军事将领，被封为忠王，曾经攻破清军江南大营，显现了杰出的军事才能。1864年7月19日，湘军攻破太平天国都城天京，李秀成于当夜率千余名将士，护卫幼天王洪天福贵从太平门缺口处突围，在冲到城外后与大队人马走散。天明时分，人困马乏的李秀成潜抵城郊方山一破庙中暂避，结果因随身所带财物而暴露身份，于23日被两个农民缚送清营。8月7日，李秀成被曾国藩处死，时年42岁。在临刑前，李秀成毫无戚容，谈笑自若，并写有十句绝命诗，"叙其尽忠之意"。李

李秀成像

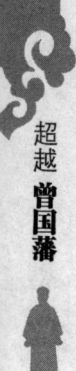

秀成从被俘到被杀，前后仅有19天。在此期间，他曾历时9天在囚笼中亲笔写下数万字的供词，明显流露出乞降求抚之意。在这部后来称为《李秀成自述》的文献中，李秀成对曾国藩和清王朝大加谀颂，谓"久悉中堂（指曾国藩）恩深量广，切救世人之心，玉驾出临瑶"，表示"我见老中堂大义恩深，实大鸿才，心悔莫及"，自叹"一身屈错，未遇明良"，并将太平天国京城沦陷喻作"我主无谋，清朝有福"。他还提出"收齐章程"，自愿以"罪将"之身，出面代为招降太平军余部，从而"尽义对大清皇上，以酬旧日有罪愚民"，"免大清心腹之患再生"。

李秀成之所以如此，是因为在被捕以后曾得到曾国藩的承诺：在他投降和写完供状后，可饶他不死。李秀成因此也表示："蒙九帅恩给饮食，中堂驾由皖来，当承讯问，我心悔已迟，是以将国中一切供呈。我为洪姓之将，外众将兵俱是我辖，我愿将两岸部下陆续收全投降，而酬高厚，以对大清皇上，以赎旧日之罪。若我主在邦，我为此事，是我不忠，今主死国亡，我兵数十万众在外，我不能卫天国，又听我失害民，皆我之罪也。若我有此本事，收降我之部将，再有反复变心，仍正国法，如办不成，亦正国法。若中堂不信我有此本事，仍镇在禁，容我写信劝去。我在皖省居中，好办两岸之事，请求中堂，意下如何？"曾国藩虽然也认为李秀成是个人杰，并有意收降李秀成，但最后还是杀之了事。究其原因，史家公论说是曾国藩害怕李秀成泄露曾氏兄弟在攻陷太平天国大本营天京前后纵兵奸淫劫掠的丑事。实质是他把已经投降的李秀成，当成了一个可能危及自己的政治对手而杀人灭口。

在这一点上，曾国藩的作为委实不能让人佩服。因为招降纳叛、化敌为友的例子，在曾国藩之前和同时代的历史上可谓俯拾皆是。仅以三国时期为例，东汉末年，曹操与袁绍战于官渡。曹操兵7万，袁绍军70万。曹操兵少将寡，处于劣势；袁绍兵多将广，粮草充足，但袁绍刚愎自用，对谋士、大将多疑。曹操则善于接纳招引袁绍的叛将，使袁绍的许多大将都叛袁投曹。曹操采纳袁绍谋士许攸计，火烧袁绍在乌巢的粮草，使袁军不战自乱。此后又接纳了袁绍的叛将张郃、高览。把张郃封为偏将军、都亭侯，高览封为偏将军、东莱侯。此后，曹操又用许攸计，以张郃、高览为先锋主动去劫袁绍的大营，袁军大败，死伤无数，袁绍只带八百余骑逃走。官渡之战曹操之所以以少胜多讨了便宜，与其接纳和宽待许攸、张郃、高览等叛将有重要干系。如此一来，曹操不但扩大了自己的军事力量，增强了自己的战斗力，而且从他们身上了解到了关系袁军生死存亡的第一手情报，因此能转败为胜，一举打败占据优势的袁绍。这正如《红楼梦》第四十二回所说："这个叫做以毒攻毒，以火攻火的法子。"

其实，不但号称枭雄的曹操可以为曾国藩之楷模，曹操的对手刘备以及孙权的哥哥孙策，在这方面也都有过人之处。史载，太史慈曾为刘繇效劳，与孙策大战，并在战斗中掣了孙策头上兜鍪，孙策抢了太史慈背上的短戟。这场战斗被称为"太史慈酣斗小霸王"。后来，太史慈被活捉，解投孙策大寨。孙策知解到太史慈，亲自出营喝散士卒，自释其缚，将自己锦袍给他披上，请入寨中，终于感动得太史慈，心里热乎乎地投降了。不仅如此，太史慈投降后还主动请求任务："刘君（指刘繇）新破，士卒离心，某欲自往收拾余众，以助明公，不知能相信否？"孙策立即同意，并表示感谢："此诚策所愿也。今与公约：明日日中，望公来还。"太史慈去后，孙策众将都怀疑太史慈，不会再回来。但到第二天日中，太史慈引一千余众到寨。其后，太史慈为孙吴屡立功勋。同样，黄忠、魏延原是韩玄部将。在

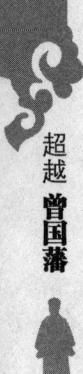

长沙战斗中黄忠与关羽恶斗过。后来，魏延主动投降刘备，黄忠起初不肯投降，刘备"亲往黄忠家相请"，黄忠也投降了刘备。此后，黄忠、魏延为刘备立下的功绩也是难以计数的。

历史上招降纳叛所以为成功者所看重，是因为降者、叛者中间有不少是能人，且在敌方营垒里都有一定影响。他们投降了，再任用他们策反，必能取得成功。而最主要的是，能够接纳降者、叛者的人，证明是有政治气量的，所招降纳叛的人众愈多，就越能提高自己的政治地位。相反，对降者、叛者不敢信任，不予重用，只信任、重用本集团内部的人，多成不了大气候，因为他的格局太小了。

赵云原是袁绍"辖下之人"，以后投奔了公孙瓒，为公孙瓒多立功勋。但公孙瓒并不信任、重用赵云。赵云后来投奔刘备。刘备对待他如对待关羽、张飞一样信任、重用，赵云更为刘备及蜀国立下殊勋。公孙瓒与刘备对赵云的不同态度，充分显示了刘备的优、公孙瓒的劣。刘备能够在后来创建蜀国，是和他善于招降纳叛分不开的。公孙瓒在赵云归顺刘备之际兵败身死，与其格局太小也不无关系。

自然，在接纳降者、叛者前不是不要加以区别，更不能对所有降臣、降将无原则地一概接受，如果某人劣迹太多，名声太坏，接纳他只会带来政治上的损失时，则不但不接纳，还要处以极刑。也许曾国藩亦是出于此种考虑才最终处死李秀成的。但李秀成作为太平军后期的重要将领、忠王，显然不应该被排在那些无能无名的投降者之列。所以，曾国藩处死李秀成不是因为李不愿意降而主要是出于维护曾氏兄弟利益的私心。毕竟，当时清政府已经明确下令，要把李秀成解送京城，而曾国藩却违抗命令，将其就地正法。更何况，曾国藩也并非没有招降太平军降将，如韦俊、程学启等人，但后来曾国藩对这些人也没好到哪儿去。

韦俊是太平天国北王韦昌辉的亲弟弟，族中排行韦十二。他在金田起义后跟随洪秀全北上，不断立有战功。1853年太平天国攻克南京后，当时诸王兄弟都称做国宗，韦俊是北王的弟弟，被称为韦国宗。太平天国制度，带兵的国宗地位相当于丞相。韦俊善于用兵，并且屡立奇功，地位远远超过了其他国宗。在占领南京当年11月，韦俊随同赖汉英进攻扬州，大破清将冯景尼的军队，并且抓获了清将曾立昌。洪秀全赞赏他的功劳，命令赏穿黄袍，全军的士兵均官升一级。随后韦俊率军西征，在黄州击破了清朝湖广总督吴文镕的部队，逼迫吴文镕自杀，震动了清廷。1855年2月，韦俊率军攻克被湘军占领的武昌。当年冬天，胡林翼带领湘军大将罗泽南进攻武昌城。韦俊据城坚守，在城门里埋伏精锐骑兵，等到湘军攻城攻累了就打开城门偷袭湘军，每一次都能得到不小战果。韦俊善于使用西洋火炮，罗泽南在进攻武昌的时候，韦俊命令集中火炮轰击罗泽南的前敌指挥部，并打死罗泽南。罗泽南是湘军创办人之一，他的死对湘军士气打击很大。韦俊功劳大，地位高。当时太平天国除了东王、北王、翼王之外，还有燕王秦日纲、豫王胡以晄，在诸王之下，功劳第一的就要数韦俊。

太平天国发生自相残杀的天京内讧之后，由于韦俊是内讧主谋韦昌辉的弟弟，担心自己受到株连，于是抵抗意志发生动摇，便在武昌突围逃走。由于伪装工作做得好，事先没有一

《天平天国起义记》书影

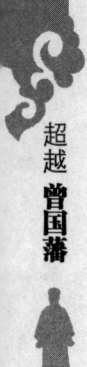

点儿迹象，以至于后来胡林翼发现他逃走后非常愤恨，后悔得折断了手中的箭枝。在石达开率十万大军离开太平天国出走后，洪秀全为了稳定天京局势，起用了五军主将：陈玉成、李秀成、蒙德恩、李世贤、韦俊。但是五将之中，有四个是王，韦俊因为是韦昌辉的弟弟，未被封王，这在韦俊心中埋下了怀疑的种子。而且由于天京事变北王韦昌辉杀死了两万多人，朝廷上很多将军的亲属都死在韦昌辉手里，大家也都因此痛恨韦俊，其中就包括陈玉成。洪秀全为了稳定人心，恢复杨秀清的名誉，也使韦俊感到不安。在江西作战的时候，韦俊把守池州，与杨秀清的弟弟杨辅清的防地接壤，杨辅清没什么本事，总是打败仗，每一次危机，韦俊都拼命去救，但杨辅清并不念情，切齿痛恨韦俊，使韦俊更加不安。某次作战时，韦俊奉命和忠王李秀成会合，渡江去滁州。陈玉成横断江北，不让他过去。韦俊大怒之下投降了清军，归在湘军水军督统杨载福手下。韦俊后来被曾国藩划归胡林翼统领，在进攻安庆时，他的兵马攻克了安庆东北的枞阳城。陈玉成从江北救援安庆。枞阳挡在大路上，陈玉成屡次进攻都不能拿下，因此曾国荃的两万湘军才得以从容围攻安庆。虽然韦俊功劳大本领高，但因为他是广西人，属于太平天国北王的嫡亲，因此曾国藩在其投降后也不予重用，韦俊的地位一直不过是三品参将。后来韦俊被强行解除兵权，又不敢回广西老家，只好带着家人在安徽芜湖居住。

至于程学启，如果不是改投到李鸿章门下，恐怕也不会有好日子过。程学启作为太平天国将领，在一次与湘军作战落败时投降了曾国藩。但曾国藩一贯主张"血诚"之心，认为降将难当重任。加之程学启全无文化根基，斗大的字也不识几个，不符合曾国藩选用儒将的标准。曾国藩对他甚至没有起码的信任，他在前线作战时，曾国藩给他送军粮时将吊桥放下，运完粮草后赶紧收起吊桥，如同对待敌人一般。程学启憋着气要为曾国藩立得军功，曾国藩对外却再三表示程学启随时会反叛。

后来，李鸿章却看上了程学启这个既为降将又属文盲的粗鲁人。在组建淮军时，李鸿章几次向程学启游说，希望他能跟随自己赶赴上海。程学启不愿落得变来变去的名声，屡次拒绝李鸿章。可李鸿章一方面提及程学启在湘军中的尴尬处境；一方面展望其未来在淮军的光明前景；还不惜说湘军是湘人的军队，湘军将领得势后湖南人鸡犬升天，自己同程一样均为客籍，客籍之人永无出头之日！程学启终于被李鸿章说动，表示："宁当鸡头，不做牛尾。上海固然是死地，但在湘军中苟且偷生，大丈夫还不如一死了之！"李鸿章大喜过望："你程学启去了，上海就不是死地了！"程学启果然没有辜负李鸿章的期望，到上海后几乎指挥打了所有硬仗，且每战必捷，一时被上海人赞誉为"常胜将军"。程学启到上海后很快坐定李鸿章之下的淮军第二把交椅，成为淮军中一人之下、万人之上的猛将，好不得意！可惜好运不长，上海果真成为他笑谈中的"死地"。两年后，程学启在战争中受伤患破伤风不治而亡。死讯传来，李鸿章心痛不已，对众将言道："吾左臂断矣！"同时致信恩师曾国藩，写道："您把百年难求的将才恩赐于我，我真的无法完璧归赵了！"

这里姑且不论李秀成尤其是韦俊、程学启作为历史人物投降的是非，仅以对待降将的态度来看，曾国藩和李鸿章就有不同的格局。曾国藩看来只是短暂地利用一下降将，随后要么杀之灭口，要么任其自生自灭，而且即使利用也是严加防范。李鸿章却不是这样，要用就一心一意地用，要不用就干脆利落地清除。这种对比的不同，或许可以从一定角度证明后来为什么诸如剿捻、天津教案等有些事曾国藩办不成，李鸿章却能办成。

即使不是面对李秀成这样战场上曾经你死我活争斗过的人，曾国藩对其他政敌也是恨不得杀之而后快，即使表面容忍，背后也要使绊子，明是一盆火，暗是一把刀，表面上对于仇敌以宽大为怀，实际上被曾国藩视为眼中钉的人，几乎都难以逃脱他的打击。曾国藩在剿灭太平军的过程中，曾统辖苏、皖、赣、浙四省军备，并与辖区内的江苏巡抚薛焕、浙江两任巡抚王有龄、何桂清，闽浙总督庆端不合，后来这几个人都遭到曾国藩的打击报复。应该指出的是，这些人反对曾国藩时大多是曾国藩刚刚起兵对抗太平军之际，既有对一个新出现的带兵人物信任度的问题，也有各方势力此消彼长之间产生矛盾的必然性，更有曾国藩不善于周旋的原因。如1854年何桂清出任浙江巡抚后，对曾国藩不太配合，尤其反感曾国藩从江西伸手向浙江要钱，对曾国藩采取分文不给、一毛不拔的政策。1857年何桂清升任两江总督后，因为得到咸丰帝及其一帮大臣的支持，更是经常压制曾国藩及骄横的湘军。随后何桂清因为李秀成于1860年攻破江南大营，挥师常州而大败，狼狈逃到上海。这时由于湘军已经成为清政府几乎能唯一倚靠用来镇压太平军的军事力量，咸丰之后上台的慈禧全力支持湘军集团，打压江浙集团，因此曾国藩得到机会便从咸丰十一年（1861年）十一月到同治元年（1862年）五月不到半年的时间里，寻找各种理由，接连上疏弹劾王有龄、薛焕和庆端。慈禧一方面出于依靠曾国藩之意，一方面也是对上述三人不满，也接连准奏。将曾国藩所瞩意的左宗棠任为浙江巡抚、李鸿章升为江苏巡抚，从而实现了曾国藩报复政敌的目的。不过王有龄、薛焕和庆端还算幸运的，因为相比之下，曾国藩对另一个政敌马新贻曾国藩是下了死手的。

因一部影片《投名状》而引人关注的清朝著名的刺马悬案，虽然有许多解释版本，但其中较为可信的一个说法是湘军集团有参与"刺马案"之嫌。

清同治九年七月二十六日，两江总督马新贻到演兵校场阅兵完毕后，在返回督署的路上，被刺客张文祥所杀。此事一时轰动朝野，慈禧太后知道后曾问当时的直隶总督曾国藩："这事岂不甚奇？"曾国藩也诚惶诚恐地回答："这事很奇。"更为奇怪的是，案犯张文祥供词又相当闪烁，主审大员奏案也含糊其辞，期间虽有曾国藩、郑敦谨等朝廷大员复审，但始终未得真相。1871年10月，张文祥被剖腹挖心，祭奠马灵。清廷也对马新贻加恩赐恤，以示安慰忠魂。由于"刺马案"拖了近两年才结案且不能令人信服，后人将"刺马案"与"杨乃武与小白菜案"、"名伶杨月楼案"、"太原案"并称为"清末四大奇案"。

那么张文祥究竟为何要"刺马"呢？清廷官方给出的公开说法是"听受海盗指使并挟私怨行刺"，"实无另有主使及知情同谋之人"。不公开的说法则称张文祥刺马的根本缘由，是因为马新贻渔色负友，张文祥要为友复仇：马新贻曾与窦一虎、张文祥结为把兄弟，始诱降，继而卖友求荣，并霸占了窦一虎漂亮的妻子。张文祥发誓复仇，最终导演了"刺马案"。

但有关"刺马"的民间说法却是另一个版本，甚至包括一些官场老谋深算之士及近现代史学者都认为，"刺马案"更像一场政治事件——功德均微的马新贻居然做上两江总督并与曾国藩平起平坐，怎能让曾国藩的湘军集团咽下这口气？在湘军集团眼中，曾国藩之后的两江总督位子应该始终掌握在湘军集团手中。因此，在"刺马案"刚刚发生后不久，才有一股显然是精心策划和传播的流言"揭露"马新贻曾遭贼俘、品行不端，以混淆视听，转移视线。

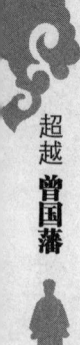

  有资料显示，张文祥本人就是湘军出身，而马新贻上任后也曾严厉惩治依然四处扰民的湘军游勇，"刺马案"发后清廷又派湘军大佬曾国藩亲自主审，按照民间传言和演义版本，这其中显然有一定联系，暗含着湘军集团刺杀了马新贻的意味。而且据称，马新贻在奉旨接任两江总督时曾进京请训。当时有人看到，马新贻最后一次觐见完毕，从养心殿出来时大汗淋漓。据马新贻的后人讲，慈禧太后授他密旨，要他秘密调查太平天国重地天京陷落后，太平天国国库中金银财宝的下落。因为清政府一直认为太平天国曾在天京积聚了不少财宝，但曾国荃攻入天京后却下令湘军把这些财宝抢劫一空。曾国藩则以天王府已被大火焚毁、瓦砾全无来搪塞。显然，马新贻接到这样纠察可谓"当朝韩信"曾国藩这位举足轻重人物的密旨，自然深知事关重大甚至危及个人安危和国家稳定，故而有些惊恐。所以马新贻进京请训后甚至都没有四处拜客应酬，就匆匆起程前往江南。在前往原太平天国都城天京、今两江总督府江宁（南京）的路上，马新贻曾请假回家祭祖。当其从老家起程时，据说曾将二位兄长召至身边，秘密叮嘱："我此去吉凶难料，万一有不测，千万不要到京告状。要忍气吞声，方能自保。"马氏兄弟听后，也都惊恐异常。

  在"刺马案"发生后，有关审讯过程的曲折复杂似乎也说明曾国藩集团参与策划杀马新贻以灭其调查天京财富去向之口。马新贻被刺后，首先由江宁将军魁玉会同藩司梅启照等人审讯，最后以案犯"言辞闪烁"，"一味支离"等敷衍了事。虽然清廷相信案件幕后定然另有主使，又加派漕运总督张之万奔赴江宁审案，但张之万参与审讯后也不过得出张文祥曾与海盗勾结、马新贻在浙江大力剿杀海盗故而招怨。由于这并不是清廷所能相信的结果，于是慈禧又派刑部尚书郑敦谨飞驰江宁速审，同时敦促曾国藩前往江宁任上主持大局。在起程前，曾国藩则请示觐见以观察慈禧太后对江宁时局的看法。与此同时，"刺马案"之后江宁将军魁玉、曾国藩的门生布政使梅启照等已经频频来函向他报告事态进展。显然，曾国藩非常关心那个幕后主使的"下落"。在抵达江宁后，曾国藩又并不急于审理张文祥，只是聊天会客翻看《阅微草堂笔记》。在朝廷钦派的刑部尚书郑敦谨抵达江宁前，曾国藩唯一所做的与"刺马案"有关的工作，不过是给马新贻写了一副挽联，前往吊唁一番。后来在与郑敦谨共同审案过程中，曾国藩又往往沉默寡言，极少发问，且提醒郑敦谨，恐怕案子还得像以前那样奏结。

而这个郑敦谨还是曾国藩的湖南老乡。同治六年（1867年），作为都察院左都御史，郑敦谨曾亲到山西查出山西巡抚赵长龄防剿不力，布政使陈湜贪图女色，所部军纪败坏，以致战事失利。慈禧太后得报震怒，二人均被革职充军。郑敦谨因此也获得了铁面无私的声誉，并升任刑部尚书。郑敦谨虽然立意要将《刺马》这个天下疑案审出个水落石出，怎料审案月余，案情仍与此前无异。最后郑敦谨只得和曾国藩联名上奏审案结果，基本内容都仍照原奏拟定。只不过量刑更为残酷，将案犯张文祥凌迟处死，另加剖心致祭。

而清廷虽然一直力主"刺马案"另有主使，并不断降旨推动审讯，前后轮番参加审讯的官员多达五十余人，但最终不了了之只好接受现实。同样奇怪的是，在上奏之后未等圣旨下达，更没等张文祥正法，郑敦谨便匆匆离开了江宁且未回京交旨。走到清江，他声称有病不能回京，只打发两个随行郎中代他复旨。朝廷迭下谕旨命其回京，他只以有病为辞，请求开缺，并终生不再为官。

这一切究竟是为什么？如果联系唐浩明的小说《曾国藩》，曾国藩刺杀准备向清廷告密而危及自己的旗人德音杭布的情节，人们

有理由相信马新贻就是曾国藩现实生活中的德音杭布。如果马新贻真的领了密旨要调查曾国藩的旧事，那么曾国藩为维护其地位绝对是敢于出手灭口的。毕竟曾国藩是从镇压太平天国起家的，杀人曾经是他的职业。

"消灭政敌"几多解

俗话说，有人的地方就有左中右，有人的地方就难免有矛盾，所以政敌的产生是不可避免的，问题是如何对待？据《资治通鉴》记载，刘邦夺得天下后，开始大封功臣。依照其高阳酒徒的流氓性格，他先将自己的亲朋好友萧何、曹参、樊哙、吕泽等二十余人封了侯，赐了地。这当然引起其他人的不满，天天在那里争功不已，而且始终没搞出个眉目来。一天，刘邦率众出巡，到了洛阳旧都。无事时偶尔从皇宫往外一看，看见手下一些将领坐在沙子上交头接耳，议论纷纷，也不知在说些什么。起初刘邦并未在意，可一连好几天都是这样，刘邦不由得心中起疑，便问张良。张良回答说："他们在谋反。"刘邦说："天下已经安定，为什么要反？"张良说："陛下从平民而成为天子，都是靠这帮人。如今陛下成为天子，可封赏的功臣中尽是陛下自己当年的故友，所诛罚的却全部是陛下自己的'仇人'，这些人觉得陛下赏罚不公，因此心中怨恨，聚在一起想谋反了。"刘邦听后非常着急，问张良怎么办？张良说："请问陛下平生最仇恨的，又是大家都知道的是谁？"刘邦说："雍齿。他跟我有旧怨，又不断欺负侮辱我，我早就想把他杀掉，只因他立下不少功劳，于心不忍。"张良说："如今情况危急，请陛下先将雍齿封侯赐地。群臣看到雍齿还能被赐封，他们就会对皇上产生希望，安下心来，异谋自然平息。"刘邦依计而行，封雍齿为什方侯。群臣一见，皆大欢喜，相互传说："连陛下最恨的雍齿尚且封了侯，我们自然更不成问题了。"可见，以刘邦贵为天

张良像

子的身份，都不敢滥杀仇敌而利用对方达到稳定统治的目的，何况像曾国藩这样的一般将相呢？或许这也正是刘邦所以由布衣成功登基的原因之一。

美国开国元勋富兰克林年轻的时候，把所有的积蓄都投资在一家小印刷厂里。他又想办法使自己成为费城州议会的文书办事员。如此一来，富兰克林就可以获得为议会印文件的工作，从中获利很多。可是凡事有利必有弊，就在富兰克林打如意算盘时却遇到了一个不利之事：当时议会中最有钱又最能干的议员之一非常不喜欢富兰克林。他不喜欢富兰克林也就罢了，还公开斥骂他。不过富兰克林并没有采取

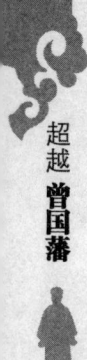

"狗咬我,我反咬狗"的办法,也没有企图从肉体上将其消灭,而是决心使对方喜欢自己。善于留心的富兰克林听说,那个议员的图书室里藏有一本非常稀奇而特殊的书。于是富兰克林就给该议员写了一封便笺,表示自己极欲一读为快,请求他把那本书借给自己几天,好让自己有机会仔细地阅读一遍。令人高兴的是,那个议员也通情达理,一件事就当一件事而不与别的事掺和,马上叫人把书给富兰克林送来了。过了大约一个星期,富兰克林把书还给那个议员,还附上一封信,强烈地表达了自己的谢意。此后当他们在议会上再次相遇时,那位议员居然跟富兰克林打了招呼,并且极有礼貌。自那以后,那位议员随时乐意帮助富兰克林,直到富兰克林当选为总统,甚至一直到他去世为止,他都是富兰克林的挚友。请求别人帮你的忙,这是一种获得别人信任和支持的非常有效的方法,因为你使自己处于一种弱势的地位。请人帮助就等于尊敬和器重了别人,使别人感到某种心理上的满足和自豪,从而对你心存善意。当然在这里也有必要顺便提一句,我们在佩服富兰克林化解仇敌的本领时,也不能不佩服那个议员能够回应别人的善意。而一些人所以在化解政敌关系中不成功,则是由于对方执著于一点虚荣心,死要面子活受罪。

另一个"消灭政敌"的故事也来自美国总统。1860年,林肯成功当选美国总统后,任命参议员萨蒙·蔡斯为财政部长。当时许多人对此都表示了反对意见。因为蔡斯虽然能干,但十分狂妄自大。蔡斯本人曾想入主白宫,却输给了林肯,但他好像玩得起却输不起,仍然坚持认为自己比林肯要强得多,对林肯非常不满。有鉴于此,一位官员提醒林肯不应该试图跟那些人做朋友,甚至把大权交给他们,而应该消灭或清除他们。但林肯十分温和地说,"当他们变成我的朋友时,难道我不是在消灭我的敌人吗?"

林肯尊重他的对手，也赢得了对手的信任，后来蔡斯成为一位出色的财政部长，成了林肯最得力的助手。

林肯的成功之道在于认识到每个人都有自尊心，而且绝不允许别人轻易亵渎甚至污损。自尊心容易产生嫉恨，但也常常因别人的尊重而缓和甚至消除这种嫉恨。尊重别人，就会赢得别人的尊重。豁达大度地宽容、接纳对手，在心理上很容易使对手成为自己的朋友。

还有一次，林肯总统到某军营视察，他对一位刚入伍的新兵说："孩子，我终于发现一个彻底消灭敌人的最好方法了。"新兵眼睛睁得大大地看着林肯，表现出一种渴望获得答案的表情。林肯拍拍新兵的肩膀，微笑着说："那就是把敌人变成朋友。"对变敌为友之道，林肯还曾说：为了建立良好的人际关系，必须学会忍让。他打比方说："在狭窄的路上碰到一只狗，若为了强调自己的权利而与狗争道，一定会遭狗咬。与其如此，不如让狗先过去，既无伤大雅也不伤身体，这是较聪明的办法。若被它咬了，再恨恨着想杀掉它，也无济于事，伤口仍要长时间的治疗才会痊愈！"林肯的意思是说，面对敌人是没有办法完全用武力彻底消灭的，彻底消灭敌人的最好方法就是把他变成朋友，也就是中国人所说的"化敌为友"。而"化敌为友"关键在一"化"字。"化"即转化，就是佛法所强调的"一切为心造"，"一念三千，三千一念"，爱恨情仇，都在一念之间而已，除了得不到回应的例外。选择了仇恨的意念，仇恨就必然会代替善意。相反，选择了善意，善意也容易转化仇恨。

从观念的角度讲，政敌心理有时根本就是虚假的并不存在的。你如果认为某人是敌，那就容易从心理到行动真的将其变为敌。春秋战国时期齐国有个名叫宾卑聚的人，一天睡觉的时候梦见一位壮汉，头上戴着用白绢做的帽子，系着用红麻线做的帽带，身上穿着用熟绢做

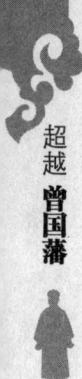

的衣服，脚上穿着白色的新鞋，腰间佩戴着黑鞘宝剑，威风凛凛地走到他的面前，轻蔑地斥责他，并把唾沫吐在他脸上。这恐怖的梦境把宾卑聚给吓醒了，他由此认为这是一生中最大的耻辱。于是第二天早上，宾卑聚急忙把他最要好的朋友找来，并告诉朋友说："我年轻时就好勇尚武，一生恩怨分明，年纪已到六十了，从没有遭受过侮辱挫折。而昨天夜里却遭到空前的挫折与侮辱，我一定要在三天内找到那个侮辱我的人，讨回公道。如果找不到这个人，讨不回公道，我将不再偷生，要为受侮而死。"于是，宾卑聚每天一大早就偕同这位朋友一起站在四通八达的通衢要道上，寻找那位头戴白绢帽，腰佩黑鞘宝剑的壮汉。可过了三天也没找到，最后他真的饮恨自刎而死。

　　无论这则故事的真伪如何，一个显而易见的事实是，这则故事中宾卑聚所谓的仇人只是做梦时梦见的幻象，根本就不存在。他却以虚幻为真实，非要找到这个人报仇雪恨不可，未免太愚昧可笑了。现实生活中又有多少像宾卑聚这样的人，自己制造一个虚幻的仇人并跟自己过不去，一再要为此浪费许多时间精力。究其实，如果对人世间看穿了，想通了，政敌与仇恨的思绪可能就会淡漠：一切仇与恨都来自每个人的心理状态，来自每个人自己的一个念头、一个想法，它可能源于一个矛盾，一个误会。如果不特意把这个矛盾或误会放大为仇恨，而是矛盾就当它是普通的矛盾，误会就当它是普通的误会，则自然容易以平常心化解，是敌人还是朋友取决于彼此的一念之间。而只要爱恨情仇的心态转化了，敌我分明的想法改变了，一些不必要的烦恼也就幻灭了。当然这种转化并不是绝对一味地从自己身上找原因，它既包括转化自己的心态也包括对手心态的转化。如果对手死抱仇恨不放，那任是上帝也难有办法。

　　人不能两次踏入同一条河流，一个人只能活一辈子，为什么要把复仇当做生命的一切，当做快乐与幸福的"源泉"？在仇恨之外，一个人或国家还应该有其他生活。富兰克林在谈到人际关系时说："如果不能相互扶持，必然各自落败。"这同兵家所说的"夫吴人与越人相恶也，当其同舟而济，其相救也如左右手"一样，其实都是适用于人与人的交流智慧，那就是换位思考的沟通，寻找共同利益与交集。长篇历史小说《曾国藩》中，最后曾出现原湘军与太平军军士在一起谋生的情节，就非常戏剧性地说明了这一问题。事实上，现实的历史中也必然会出现这样的结局。

在人与人、国与国的沟通时如果不分青红皂白、妄下断语，自然会矛盾重重。只有首先了解对方，然后争取让对方了解自己，才是进行有效交流的关键。要改变匆匆忙忙去建议或解决问题的倾向，就要培养设身处地的"换位"沟通习惯。欲求别人的理解，首先要理解对方。欲与人合作，必须有共同利益。因此具有双赢思维的人，往往有三种个性品格：正直、成熟和富足的心态。他们忠于自己的感受、价值观和承诺；有勇气表达自己的想法及感觉，能以豁达体谅的心态看待他人的想法及体验；相信世界有足够的发展资源和空间，人人都能共享。可以看出，这种利人利己观念的形成是以诚信、成熟、豁达的品格为基础的。豁达的胸襟源于个人崇高的价值观与自信的安全感，所以不怕与人共名声、共财势，从而肯尝试无限的可能性，充分发挥创造力和宽广的选择空间。只有不自信和缺少境界的人才动辄认为别人抢占了自己的资源。

中国古人有一句话，叫做"冤冤相报何时了"。如果只看到人与人之间的斗争而没有协调，仇就仇到底，那么个人就永远得不到解脱，社会也会欠缺安宁。古希腊神话中有这样一则故事说：一个路人随意去踢道边的小球，谁知这小玩意儿越踢越大，这路人觉得蹊跷，不断地踢，最终这个小球居然不断膨胀，堵住了他的去路，吓得此人畏惧不已。这时，雅典娜女神出现了并告诉路人，这个小球叫"仇恨"，如果你不去碰它，它会安然无事，如若它遇到不断的撞击就会加剧膨胀，一发而不可收。可见，怎样处理这样一个"仇恨"的小球，是一个人、一个民族、一个国家的智慧。中国古代有句谚语说"君子报仇，十年不晚"。其深层含义是多层的。一是把复仇推到十年之后，以此掩盖无力复仇的困惑、无奈或无能。二是对仇恨有巨大的隐忍之心，对报仇有深谋远虑，通过时间来强大自己，最终征服敌人。三是，让时间来化解仇恨，否则何时是尽头呢？虽然忘记"仇恨"意味着背叛，世界上没有哪个民族、国家会轻易忘却自己的国之殇、族之恨、家之耻。但把仇恨放在那里作为警醒，而不是拿出来报复，也许更能体现仇恨的价值。相反，适时的忘记、反思会使这个民族获得自我的认同和无形的精神力量，如果把仇恨漫无目的地播种，遭殃的则是播种者自己。既然已经让仇恨的爆发等了十年，为什么不用这十年的工夫来化解仇恨？既然已经对仇恨忍耐了十年，为什么不能继续忍耐直到其烟消云散？否则，此代之仇如果延续到下一代，仇恨的循环将是没有止境的。

而仇恨与矛盾的循环得不到化解，后果又是十分严重的。历史上，春秋吴国宰辅伯嚭与伍子胥的矛盾冲突，是后来越国吞并吴国的重要原因之一；清康熙年间，明珠与索额图之间的两党斗争，同样导致清政府官场腐败，国力受损，几乎酿成亡国大祸。可见大臣之间的争斗与仇恨非同小可，往往关系国家的前途和命运，斗争的后果是国家大乱或江山易主。同样，还有一些邻国之间因为仇恨而战争不断，最终伤了两国百姓的例子。

与这些政敌之间因为彼此仇恨坏了国家的大事不同，著名的"将相和"故事则从另一个方面给了人们以启迪。"将相和"启发后人，为官做事要有宽阔的胸怀。蔺相如胸怀宽阔，对廉颇的羞辱再三退让，展现出一种胸怀。而廉颇知道自己错了，负荆请罪，也是一种胸怀。他们这种胸怀更可贵。尤其对于朝中重臣来讲，无论什么时候，都要以国家的利益和大局为重。《三国演义》卷首语称，"滚滚长江东逝水，浪花淘尽英雄。是非成败转头空。青山依旧在，几度夕阳红。白发渔樵江渚上，惯看秋月春风。一壶浊酒喜相逢。古今多少事，都付笑谈中"，说的正是一种看破古往今来恩恩怨怨的英雄气概和胸怀。

政敌之功圆满我

退一万步讲，即使不能通过沟通、和解"消灭"政敌，有的古人也要从保存自己的角度考虑如何对待政敌。一个最简单的道理是，没有白天就没有黑夜，没有东就没有西，因此聪明的政治人物并不追求彻底消灭敌人，因为一旦你消灭了你的敌人，一旦你没有了对手，你进取的动力可能也就没有了，你的灾难可能也就来临了。一方面，你可能因为没有来自政敌的外部压力而放松自己，不再进取从而挫败；一方面，你可能因为政敌的丧失而同样丧失存在的价值；再一方面，当人们追究起那个消亡的政敌时也可能因为发现你的

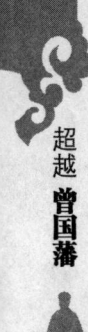

过错而在政治或心理上抛弃你。

美国总统罗斯福为了使可爱的麋鹿不受狼的残忍捕食，专门下令消灭狼，结果在失去天敌的威胁后，麋鹿因为过度繁衍而且衣食无忧渐渐出现一些病者，并很快蔓延开来造成麋鹿大量死亡，甚至接近灭亡。只有当狼重新出现在麋鹿周围时，麋鹿的发展才又步入了健康轨道。可见，没有对手的存在，就没有你的存在，这是一个不变的大自然法则，同时也是自然本身的和谐之道。"共生共荣"是宇宙的法则，是一条谁也无法违背的成功定律，谁要违背它就必定会遭到无情惩罚。从策略角度讲，"兼容并包"、"和而不同"、"共生共荣"的双赢和全胜之道，是一种具有最高智慧的谋略。但与传统的"诡道"也就是"阴谋"相反的是，这种策略是一种"阳谋"，是一种利己利人利天下的"阳谋"。

美国政治评论《硬球：政治是这样玩的》一书作者克里思·马修斯，曾担任美国第39任总统吉米·卡特的演讲撰稿人。他数十年生活在美国政坛高层的幕前幕后，经历、目睹了许多政治人物的沉浮成败，是一个真正了解政治、懂得政治的人。他最主要的一个观点是，世界就是一个大球场，或者说许多球场，只有那些能玩硬球的人才能成功。一个人如果掌握了硬球游戏的规划，在这个日常生活充满了政治权谋的世界就能赢得一席之地，并且发达辉煌。"硬球"既硬又圆，用来喻指大人物们的游戏和手段确实再恰当不过了，即既强硬又圆滑。正如"硬球"两字所表达的一样，只有能"硬碰硬，打硬仗"的人才可能在政坛上最后胜出，但这种硬是讲究艺术的。硬要以圆为基础和辅助，圆则以硬为统领和目的。在马修斯看来，硬应该是圆球而不是匕首，是有原则的强硬和适当的变通，而不是一味强硬或无原则的沉瀣一气。显然从肉体上消灭政敌绝不是《硬球》中"硬"的范畴，不然马修斯早就因为鼓吹杀人而被逮捕了。事实上，这也正是揭示美国政坛成败潜在法则的《硬球》，被称为现代版的马基雅维利主义或者美国版的《厚黑学》并得以大行其道的原因。因为它宣扬的是正道的硬，与圆结合的硬，而不是邪门歪道或仇杀。换言之，处理与政敌的关系不成功甚至两败俱伤都是因为思维不恰当或策略没用到位。

当然，在这方面中国政治也早就给出了丰富的先例。《资治通鉴》的作者宋朝宰相司马光为人、为文、为官都有一套，与其同时代的大文学家与改革家王安石都是后代人所敬重的人物。但在当时他们二人由于政见的分歧却成为水火不相容的政敌，最后由于政治和年龄上的原因，才华横绝一世的王安石被司马光斗倒了。虽然如此，王安石和司马光却无不敬重对手，并没有谋求从肉体上消灭对方。其实，这才叫真正玩政治呢。对于政敌不但赢得，也要尊重。

人之初，性本善。受千年中国传统文化滋养的国人，既然自称为礼仪之邦的子民，那么就应该拿出一点礼仪之邦的风度来。难道一走上官场，就一定有解不开的思想疙瘩，一定有化不开的情感纠葛，一定要拔刀相向？其实只要出于公心，袭一身正气，政敌之间自然就会你尊重我一寸，我敬重你一尺，多办好事、实事。但如果凡事以自己私利为中心，动不动就是老子天下第一，总是以山寨王、诸侯王自居，那必然是一旦别人与自己有分歧，就视为与自己过意不去；与自己步调不一致，就视为与自己为敌，于是怀"恨"在心，伺机进行百般刁难，打击报复。这样的心态长期存在，并任意泛滥，脱离道德与法纪的约束，变本加厉走向灭绝人性的渊薮也在情理之中。因此，如何对待政敌在某种程度上是检验一个人大公无私还是私心过重的试金石。在战争年代，检验人的标准是生与死；在和平年代，检验人的标

准就是公与私。当然，对于那些无赖式平庸的政敌，在适用这一原则时是要打点折扣的。对于那些平庸之辈，志存高远者也应是不屑与之为敌的。

回过头来看，曾国藩打杀迫害政敌，情理上也是因为他所处的朝代缺少一个健康的官场秩序。检点一下当时许多官员的升迁途径，多有非能力、非正常、非必然、非合理、非科学的因素在起作用。暗箱操作的神秘、上司意图的莫测、关系派别的倾轧、权权交易的黑暗、权钱权色交易的迷局，其中的奥妙真是让人越看越糊涂，越想越不明白。参不透玄机，悟不明前程的官员，本分的烧香拜佛求助神灵，胆大的有点黑恶势力背景的就干脆拔刀相见，来个一次性了断，扫清障碍。历史虽然如此，当今时代的人们却没有理由再次宽容曾国藩对待政敌的方式。

富兰克林、林肯与曾国藩差不多都是同时代的人，曾国藩对待政敌的不成功，与富兰克林、林肯的成功对比，说明了在对待政敌上如何超越曾国藩。虽然有时和解不是万能的，但和解是一切矛盾演变的最终归宿。富兰克林、林肯的成功，不仅在于看到了人与人之间的零和博弈，也看到了双赢取向。他们懂得利人利己，把生活看做一个合作的舞台，而不是单纯的角斗场。世界给了每个人足够的立足空间，他人之得并非自己之失。

佛家说："所谓慈悲，就是站在别人的立场上。"

第七章

红利及人VS独吞遗毒，谁能超越曾国藩

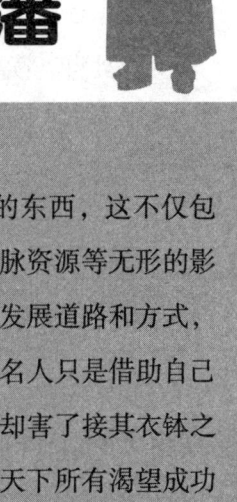

　　每一个像曾国藩一样的名人都有可以惠及他人的东西，这不仅包括财富等有形的资产，更包括他们的学识、智慧、人脉资源等无形的影响力。尤其是他们的标杆作用影响着后人选择怎样的发展道路和方式，他们的扶植与否影响着后人发展的顺逆程度。但有的名人只是借助自己的影响力，打造有利于己不利于人的利益链条，最终却害了接其衣钵之人，反而成了遗毒；有的名人则大无大有，包容惠及天下所有渴望成功的年轻人，最终广种"红利"。名人对后人究竟是惠人红利还是遗人以毒，在曾国藩及那些与其同时代人的身上，有着耐人寻味的对比。

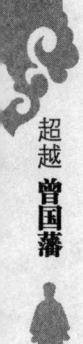

谁能分享曾国藩的红利

曾国藩是晚清历史上一个讲求意志力的人物，他信奉"不为圣贤，则为禽兽"，常严厉责备自己的懒惰、卑琐，强调"世无艰难，何来人杰"，"天下事有所激有所逼而成者居其半"，所以要"坚忍维持"，以期"有后日之振"。他不仅对自己要求严格，对家庭成员也是如此。他常用家书形式不厌其烦地教育兄弟、儿子为人处世、读书治学之道。对下属他同样如此，其幕僚集团为当时之盛，手下人物成为当时及以后一段时期中国政治军事领域的关键人物。有人甚至认为曾国藩是近代军阀的开山鼻祖，地主买办阶级的精神偶像。曾国藩对家人和下属，确有许多值得深思之处。曾国藩想方设法要把自己赖以成功的那些经验和心得交给后人，并希望后人能够按自己开辟的道路更好地发展。诚然，让自己的后人和属下发展得更好是正常的愿望，但透过历史来看，曾国藩的这些努力有时传下来的却并不全是他的成功红利，而是遗毒，有时甚至是遗毒大于红利。

当然不可否认，曾国藩为传授红利而进行的家教是非常成功的。

从历史的角度来看，训诫子弟从来就是古人的一个优良传统。据资料显示，中国传统的家训始于先秦之时，定型于两汉之际，成熟于晋唐之间，繁荣于宋元之期，由盛转衰于明清时期。三国时刘备临终前告诫刘禅说："勉之！勉之！勿以恶小而为之，勿以善小而不为。惟贤惟德，能服于人。"诸葛亮则告诫其子称："非淡泊无以明志，非宁静无以致远。"西凉李嵩手令诫诸子，以为"从政者，当审慎赏罚，勿任爱憎，近忠正，远佞谀，勿使左右窃弄威福。毁誉之来，当研核真伪。听讼折狱，必和颜任理……轻加声色，务广咨询，勿自专用"。伏波将军马援诫兄子书中则说："吾欲汝曹（你们）闻人过失，如闻父母之名。耳可得闻，口不可得言也。好议论人长短，妄是非政法，此吾所大恶也，宁死不愿子孙有此行也！龙伯高敦厚周慎，口无择言，谦约节俭，廉公有威。吾爱之重之！愿汝曹效之！杜季良豪侠好义，忧人之忧，乐人之乐，父丧致客，数郡毕至。吾爱之重之！不愿汝曹效（仿效）也！效伯高不得，犹为谨敕之士，所谓刻鹄不成尚类鹜者也。效季良不得，陷为天下轻薄子，所谓画虎不成反类犬者也。"如此等等。

显然，这些传统的家训精华和家教传统，无法不引起想把自己的奋斗成果传之后人的曾国藩的重视。曾国藩不但继承了这些家教传

清代私塾

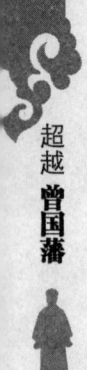

统,而且把前人家训中的"孝亲敬长"、"睦亲齐家"、"励志勉学"等内容,"严慈相济"、"爱教结合"等方法,"教家立范与修齐治平相统一"等原则遵循下来,使其家训伦理思想具有浓厚的历史底蕴。事实上,后世有关曾国藩流传最广的书籍之一,即其训诫子弟的家书。

曾国藩身居要职,公务繁忙,长年在外,无法经常督促子女,于是在没有电话与网络的情况下,写信便成为他教育子女的重要手段。曾国藩教导子弟很有讲究,其家书的内容涉及方方面面,主旨是德、学、业。

如曾国藩说:"吾人只有进德、修业两事靠得住。进德,则孝悌仁义是也;修业,则诗文作字是也。此二者由我做主,得尺则我之尺也,得寸则我之寸也。今日进一分德,便算积了一升谷;明日修一分业,又算余了一文钱;德业并增,则家私日起。至于功名富贵,悉由命定,丝毫不能自主。昔某官有一门生为本省学政,托以两孙,当面拜为门生。后其两孙岁考临场大病,科考丁艰,竟不入学。数年后两孙乃皆入,其长者仍得两榜。此可见早迟之际,时刻皆有前走,尽其在我,听其在天,万不可稍生妄想。"

"吾人为学,最要虚心。尝见朋友中有美材者,往往恃才傲物,动谓人不如己,见乡墨则骂乡墨不通,见会墨则骂会墨不通,既骂房官,又骂主考,未入学者,则骂学院。平心而论,己之所为诗文,实亦无胜人之处;不特无胜人之处,而且有不堪对人之处。只为不肯反求诸己,便都见得人家不是,既骂考官,又骂同考而先得者。傲气既长,终不进功,所以潦倒一生,而无寸进也。余平生科名极为顺遂,惟小考七次始售。然每次不进,未尝敢出一怨言,但深愧自己试场之诗文太丑而已。至今思之,如芒在背。当时之不敢怨言,诸弟问父亲、叔父及朱尧阶便知。盖场屋之中,只有文丑而侥幸者,断无文佳而埋没者，此一定之理也。三房十四叔非不勤读，只为傲气太胜，自满自足，遂不能有所成。京城之中，亦多有自满之人，识者见之，发一冷笑而已。又有当名士者，鄙科名为粪土，或好作诗古文，或好讲考据，或好谈理学，嚣嚣然自以为压倒一切矣。自识者观之，彼其所造曾无几何，亦足发一冷笑而已。故吾人用功，力除傲气，力戒自满，毋为人所冷笑，乃有进步也。诸弟平日皆恂恂退让，弟累年小试不售，恐因愤激之久，致生骄惰之气，故特作书戒之。务望细思吾言而深省焉，幸甚幸甚！"

"吾尝见朋友之中牢骚太甚者，其后必多抑塞，指不胜屈。盖无故而怨天，则天必不许，无故而尤天，则天必不许，无故而忧人，则人必不服，感应之理，自然随之。""凡遇牢骚欲发之时，则反躬自思，吾果有何不足，而蓄此不平之气，猛然内省，决然去之。不惟平心谦抑，可以早得科名，亦一养此和气，可以稍减病患。万望温弟再三细想，勿以吾言为老生常谈，不值一哂也。"

"古来言凶德致败者约有二端：曰长傲，曰多言。丹朱之不肖，曰傲，曰嚚讼，即多言也。历览名公巨卿，多以此二端败家丧生。余生平颇病执拗，德之傲也；不甚多言，而笔下亦略近乎嚣论。静中默省愆尤，我之处处获戾，其源不外此二者。温弟（曾国藩六弟曾国华，字温甫）性格略与我相似，而发言尤为尖刻。凡激之凌物，不必定以言语加人，有以神气凌之者矣，有以面色凌之者矣。温弟之神气稍有英发之姿，面色间有蛮狠之象，最易凌人。凡心中不可有所恃，心有所恃则达于面貌。以门地言，我之物望大减，方且恐为子弟之累；以才识言，近今军中炼出人才颇多，弟等亦无过人之处：皆不可恃。只宜抑然自下，一味言忠信行笃敬，庶几可以遮护旧失，整顿新气，否则人皆厌薄之矣。沅弟（曾国藩九弟国荃，字沅甫）持躬涉世，差为妥协。温弟则谈笑讥讽，要强充老手，犹不免有旧习，不可不猛省，不可不痛改。闻在县有随意嘲讽之事，有怪人差帖之意，急宜惩之。余在军多年，岂无一节可取？只因傲之一字，百无一成，故谆谆教诸弟以为戒也。"

"吾于道光十九年十一月初二日，进京散馆，十月二十八日早侍祖父星冈公于阶前，请曰：'此次进京，求公教训。'星冈公曰：'尔之官是做不尽的，尔之才是好的，但不可傲，满招损，谦受益，尔若不傲，更好全了！'遗训不远，至今尚如耳提面命。今吾谨述此语，告诫两弟，总以除傲字为第一义。唐虞之恶人，曰丹朱傲，曰像傲；桀纣之无道，曰强足以拒谏，辩足以饰非，曰谓己有天命，谓敬不足行，皆傲也。吾自八年六月再出，即力戒傲字，以傲无恒之弊，近来又力戒惰字。""大约军事之败，非傲即惰，二者必居其一。巨室之败，非傲即惰，二者必居其一。"

又如："四弟（曾国藩四弟曾国潢，字澄侯）来信甚详，其发愤自励之志，溢于行间；然必欲找馆出外，此何意也？不过谓家塾离家太近，容易耽搁不如出外较净耳。然出外从师，则无甚耽搁。若出外教书，其耽搁更甚于家塾矣。且苟能发奋自立，则家塾可读书，即旷野之地，热闹之场，亦可读书，负薪牧豕，皆可读书。苟不能发奋自立，则家

曾国藩手札

塾不宜读书，即清净之乡，神仙之境，皆不能读书。何必择地，何必择时，但自问立志之真不真耳。"

"六弟自怨数奇（指命运不好，遇事不利），余亦深以为然；然屈于小试，辄发牢骚，吾窃笑其志之小而所忧之不大也。君子之立志也，有民胞物与之量，有内圣外王之业（有为民众请命的器量，有内修圣人的德行，外建王者称霸天下的雄功），而后不忝于父母之所生，不愧为天地之完人。故其为忧也，以不如舜不如周公为忧也，以德不修学不讲为忧也（他所忧虑的是自己不如舜与周公这些先贤，以德行没有修为、学问没有大成而忧虑）。是故顽民梗化则忧之；蛮夷猾夏则忧之；小人在位，贤人否闭则忧之；匹夫匹妇不被己泽忧之（顽固的刁民难以感化则忧；野蛮的夷、狡猾的夏不能征服则忧；小人在位，贤人远循，则忧；匹夫匹妇没有得到自己的恩泽，则忧）。所谓悲天命而悯人穷，此君子之所忧也。若夫一体之屈伸，一家之饥饱，世俗之荣斥得失，贵贱毁誉，君子固不暇忧及此也。六弟屈于小试，自称数奇，余窃笑其所忧之不大也。"

"盖人不读书则已，亦既自名曰读书人，则必从事于《大学》。《大学》之纲领有三，明德亲民止至善，皆我分内事也。昔读书不能体贴到身上去，谓此三项，与我身毫不相涉，则读书何用？虽使能文能诗，博雅自诩，亦只算识字之牧猪奴耳，岂不谓之明理有用之人也？朝廷以制艺取士，亦谓其能代圣贤立言，必能明圣贤之理，行圣贤之行，可以居官莅民，整躬率物也。若以明德亲民为分外事，则虽能文能诗，而于修己治人之道实茫然不讲，朝廷用此等人作官，与用牧猪奴作官，何以异哉？然则既自名为读书人，则《大学》之纲领皆己立身切要之事明矣。其修目有八，自我观之，其致功之处则仅二者而已，曰格物，曰诚意。格物，致知之事也。诚意，力行之事也。"

从以上简略采集的几封曾国藩家书可以看出，曾国藩在对家中兄弟和子女的教育中，反复强调注意防范骄傲、牢骚多和常立志而无行动等毛病。因为傲慢和话多，尤其是讥讽多，最容易树敌，从而为自己的发展埋下不定时炸弹和地雷阵，而这实在是没有必要。此外，他还强调要戒除嫉妒与贪婪。曾国藩认为，嫉妒与贪婪是人生常见的两种病症。嫉妒别人的人以害别人开始，以害自己结束；贪婪的人因为贪得无厌，得到了害怕失去，失去了了又怨恨没有得到，因此才招致祸患。他要求自己的子孙在戒除嫉妒、戒除贪婪这两点上狠下工夫，并作有《不忮诗》（忮即嫉妒）和《不求诗》（求即贪婪）两首送给儿子。曾国藩认为，一个人只有不嫉妒、不贪婪，才能做到心地干净、志向纯正。

曾国藩教育子孙读书只求明智即可，要视当官富贵如浮云一般。在教授给儿子们的"八本"中他认为："养奉双亲以使他们得到欢乐的心情为本，休养生息以少恼怒为本，立身以不随便说话为本，治家以不迟晚起床为本，当官以不要过多的金钱为本。"曾国藩酷爱读书，志在功名。功与名，是曾国藩毕生所执著追求的。但他告诫子弟，古人称立德、立功、立言为三不朽。为保持自己来之不易的功名富贵，曾国藩坚持"花未全开月未圆"的观点。他常对家人说，有福不可享尽，有势不可使尽。他称自己"平日最好昔人'花未全开月未圆'七个字，以为惜福之道、保泰之法"。此外，他认为要"常存冰渊惴惴之心"，为人处世，必须常常如履薄冰，如临深渊，时时处处谨言慎行，才不致铸成大错，招来大祸。他总结自己的经验教训说道："余自经咸丰八年一番磨炼，始知畏天命、畏人言、畏君父之训诫。"曾国藩还始终认为"天地间唯谦谨是载福之道"，认为趋事赴公，则当强矫；争名逐利，则当谦退。开创家业，则当强矫；守成安乐，则当谦退。出与人物应接，则当强矫；入与妻奴享受，则当谦退。若一面建功立业，外享大名，一面求田问舍，内图厚实，二者皆盈满之象，全无谦退之意，则断不能长久。曾国藩进而教育子孙要艰苦朴素，因为在京城时见到不少纨绔子弟奢侈腐化，挥霍无度，胸无点墨，且目中无人。因此，曾国藩不让自己的孩子住在北京、长沙等繁华的城市，而要他们住在老家，并告诫说，饭菜不能过分丰盛，衣服不能过分华丽，门外不准挂"相府"、"侯府"的匾，出门要轻车简从，考试前后不能拜访考官，不能给考官写信，等等。

曾国藩对子弟强调学习贵在持之以恒。他曾不止一次地告诫长子纪泽："所虑者，第一怕无恒，第二怕随笔点过一遍，并未看得明白，此却是大病。""人生惟有常是第一美德。"曾国藩认为，人生唯有有恒心、有毅力是第一美德。一个人不论老少，一件事情不论大小、难易，只要持之以恒，那么做事情就好比是栽种的树木一样，每天都会看见那树木茁壮成长。为强调有恒心，曾国藩强调要早起莫贪睡。当他听说儿子纪泽已经结婚的喜讯以后，就叮嘱儿子说："你既然已经结婚了，就应当以早一点起床为第一先务，你一定要自己认真地执行，也要带领你的媳妇一同早起。"

曾国藩教育子弟的核心思想，是以"耕读为本"，有了"半耕半读"的思想和自强不息的精神，再去仕途等领域发展，就进可攻，退可守了。所谓"耕"，就是家中男子要耕地施肥，种菜（蔬）、养鱼、喂猪等。对家中女子，曾国藩要求"学洗衣煮菜烧茶"、制鞋、做小菜等他规定的功课。如曾国藩规定女儿、儿媳每年必须做鞋一双以考其女工，必须"做些小菜如腐乳、酱菜之类"，并亲自检验。至于"读"，并不只是读四书五经，八股试帖之类为今后中举做官打基础的书，也要读能经世致用的书。读书并不只求其子孙做官发财，早日成名,而求其成为读书明理之君子,功名只是顺便取用。

曾国藩认为,读书要靠勉强磨炼,考、问、思、行结合。他说:"天下无现成之人才,亦无生知之卓识,大抵皆由勉强磨炼而出耳。""诚能考信于载籍,问途于已经。苦思以求其道,躬行以试其效,勉之又勉,则识可渐进,才又渐充。"那么该读什么书呢?大致说来,曾国藩认为学问有四,要读的基础书有十,分别为:义理之学:《四子书》、《近思录》;词章之学:《曾氏读古文钞》、《曾氏读诗钞》;经济之学:《会典》、《皇朝经世文编》;考据之学:《易经》、《诗经》、《史记》和《汉书》等。在曾氏的家书中,除了介绍应读的书籍外,还介绍了读书的方法和治学的先后顺序等,读书要"虚心涵泳,切己体察",看、读、写、作缺一不可等。他还解释说:"虚心,即不存成见,虚怀若谷。所谓涵者,好比春雨润花,清渠溉稻。雨之润花,过小则难透,过大则离披,适中则涵濡而滋液。清渠之溉稻,过小则枯槁,过多大则伤涝,适中则涵养而勃兴。

清代书画用具

泳者，如鱼之游水，如人之濯足。程子谓鱼跃于渊，活泼泼地；庄子言濠梁观鱼，安知非乐？此鱼水之快乐。左太冲有'濯足万里游'之句，苏子瞻有夜卧濯足诗，有浴罢诗，亦人性乐于水者之一快也。善读书者，须视书如水，而视此心如花如稻如鱼如濯足，则涵泳二字，庶可得之意言之表。尔读书易于解说文义，却不甚能深入，可就朱子涵泳体察二语悉心求之。"

　　曾国藩认为，自古以来许多文学大家、书法家都是先从模仿起步，逐步成熟，而后卓然成为一家的。因此，无论作文、写诗还是练字，曾国藩都坚持走模仿到创新这条途径。曾国藩强调读书必须有所选择，"买书可以不多，看书不可以不知所择"。但看书宜求速，不多阅则太陋；温旧书宜求熟，不背诵则易忘；习字宜有恒，不善写则如身之无衣，山之无水；作文宜苦思，不善作如人之哑不能言，马之跛不能行，四者缺一不可。

　　总的看，曾国藩在家中是长子，他的教育思想对其兄弟及子女都有很深影响，其成功的红利也确实惠及了曾氏后人。曾国藩长子曾纪泽精通诗文书画，在清代末年未开化的年代，他通过刻苦自学英语成为一名出色的外交官。在处理西北边境危机中，曾纪泽凭着其斗志和谈判艺术，舌战强敌，从沙俄口中夺回了伊犁城，取得了清末外交史上难得的胜利。曾纪鸿是曾国藩的次子，自幼聪明过人，悟性好，曾作《对数详解》、《圆率考真图解》、《炮攻要术》和《电学举隅》等书，是中国卓有成就的科学家之一，只可惜中年早逝。据调查，曾国藩及其四兄弟家族，绵延至今共出有名望的人才二百余人。如此昌盛兴旺之家，在古今中外皆属罕见，其原因之一当归于曾国藩的表率作用和教子有方。同时需要指出的是，除家书之外，曾国藩还在与同僚和部属的通信以及向皇帝进的奏折中，讲了许多治军带兵的心法。

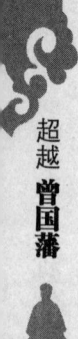

后来由近代军事干才蔡锷辑成12章的《曾胡治兵语录》。曾国藩、胡林翼是以镇压太平天国起义起家的，他们善于从历史和现实中总结成功的经验和失败教训，注意吸收和继承中国古代军事思想的精华，从而提出了大量富有借鉴意义的命题，如治军方面的"为将之道，以良心血性为前提"；"带兵之道，用恩莫如用仁，用威莫如用礼"，"如父兄之带子弟一般"；"爱民为治兵第一要义"；"治军之道，以勤字为先"；用兵方面的"兵可挫而气不可挫，气可偶挫而志不可挫"；"用兵之道，最忌势穷力竭四字"；"战阵之事，恃强者是败机，敬戒者是胜机"；"用兵之道，全军为上策，得土地次之；破敌为上策，得城池次之"；"主气常静，客气常动。客气先盛而后衰，主气先微而后壮。故善用兵者，每喜为主，不喜作客"；"军事之要，必有所忌，乃能有所济；必有所舍，乃能有所全"等。这些极富意蕴的兵学命题，深深地植根于传统文化的土壤中，推动了中国传统兵学的发展，体现了某种理学思想色彩，在很大程度上消解了自先秦以来即存在的兵学与儒学的对峙与紧张。这对于传统兵学思想的丰富和发展，应当说是有借鉴意义的。

曾国藩的"黑利"缠中了历史

清嘉庆年间，原湘乡同德里王佐独自在永丰建石桥。至咸丰年间，石桥因历时久远而倾圮，王佐后裔王友交合族重修，两年后修成。试桥时，原来打算请曾国藩之弟曾国潢，但王族人表示不满。有人认为将相家子弟不会来，有人认为何必非要等曾姓来试王姓修的桥，结果王友交就自己来试。然而刚一试完，曾国潢就到了。他见王友交"替"自己出了面子，便怒从心头起，怀恨在心。咸丰九年（1859年）当太平军围攻安庆湘乡震动时，县令便叫王友交出头组建团练。结果王因有病在身而不能应命，曾国潢则趁机发泄宿怨，诬告王友交"通匪"。后来经过一些子虚乌有的审理，曾国潢于同治元年七月某一天，命人把王友交拴于马尾上，然后策马飞奔，解赴长沙，结果王当即摔倒在地，惨死途中。当乡民愤怒、集资让王姓上京告状时，曾国藩又专信请人从中斡旋，使此案不了了之。

这不禁让人想起一个典故"六尺巷"。据《桐城县志》记载，康熙时期文华殿大学士兼礼部尚书张英的老家人与邻居吴家在宅基地问题上发生了争执，家人飞书京城，让张英打招呼"摆平"吴家。而张英回馈给老家人的是一首诗："千里修书只为墙，让他三尺又何妨。长城万里今犹在，不见当年秦始皇。"家人见书，主动在争执线上退让三尺下垒建墙，而邻居吴氏也深受感动，退地三尺，建宅置院，六尺之巷因此而成。六尺巷之"宽"不是宽在"六尺"上，而是宽在人的心灵境界与社会行为上。

曾国藩袒护其弟曾国潢表明，他虽口口声声教导子弟要谨慎为人，但如果这些子弟所为不尽如人意，甚至惹出了麻烦，他会极力维护替其消灾除患。这无形中透露出，曾国藩极力要把自己的成功红利留给自己人。但只是因为用心念歪了，凭着曾国藩影响力而产生的红利，就成了当时或历史上绵延恶劣的"黑利"。这种"黑利"，更多体现在他留给下属的各种遗产中。

为了延续他的政治利益，他在生前打造了一个曾国藩利益集团，在身后留下了一根曾国藩利益链条，先后接过这根利益链条的有李鸿章、袁世凯等多人，他们也因此成为曾国藩身后的显贵。然而"祸兮，福之所倚"，这些人既得益于曾国藩的传授，却也因为对曾国藩遗产的"发扬光大"而成为历史上的争议人物，甚至根本就被视为罪人、小人。也正是因为这些人占据了政治上升通道，压抑了无数仁人志士的崛起，正是这些人占据了政治舞台，上演了一出出政治丑剧。

要探究曾国藩如何分配其成功红利的，就不能不从曾国藩的幕府谈起。根据朱东安先生的研究，曾国藩的幕府与幕僚之盛，自古罕见，近世无匹。

曾国藩创办湘军的近20年间，为了办理军政、粮饷及军工科技诸务，所设机构不下数十个，招聘幕僚近400人，从中产生了一大批各类人才。其中不少人属于曾国藩集团的骨干成员，对该集团的发展壮大起了很大作用。他们不仅助成曾国藩一时之功，且于其死后将他的思想政治路线传递下去，使之影响长期延续。

曾国藩幕府幕僚能够不断发展，既有历史原因也有现实原因。从历史上看，曾国藩的幕府延续了中国古代幕府的传统。早在汉、唐甚至更早的年代，中国就已经有了幕府和幕僚制度，到了清代仍然经久不衰，各级主要官员无不聘有幕僚协助处理钱粮、刑名、文案等务。

这些人或精通政务，笔下流畅，或善理钱财，熟悉律令，正好弥补科甲出身的官员不习政务的短处。所以，他们凭借某一方面的专业知识和办事能力，包揽钱粮，代办词讼，掌握很大一部分实权，在封建政权体系中处于非常特殊的地位。主管官员对他们也不以属员看待，而是敬之以师，待之以宾，俸禄奖赏也很丰厚，礼仪周全，称之为幕宾、幕客、幕友、师爷之类。幕僚也往往自恃其才，与主管官员分庭抗礼，稍不随意，即拂袖而去。幕僚之间则师徒相承，自成体系，平日声息相通，有事死力相护，盘根错节，牢不可破。

对于曾国藩而言，太平天国的崛起为其幕府的发展扩大提供了独特的条件。因为若在平时，督抚所要承办的公务毕竟有限，聘请几个幕僚，至多十个八个也就绰绰有余了。然而，曾国藩担任湘军统帅及两江总督等要职后，可谓身系清朝安危存亡，既要带兵打仗，又要兼理地方，所要承办的事务和对各类人才的需求也大大地增长起来。他们勇要自募，饷要自筹，粮台要自办，劝捐、征厘、课盐处处需要人手，原有属员不敷分配，实缺官员本有定额，只好多多招聘幕僚，一再扩大幕府，将幕府作为自己的参谋和后勤机关，依靠幕僚解决战争中遇到的各种难题。于是，幕府制度亦随之兴盛起来。当然，曾国藩幕府能成天下一时之最，还有他个人方面的特殊原因。与其他人相比，曾国藩地位最尊，权力最大，辖地最广，统兵最众，其他人望尘莫及。

曾国藩幕府的办事机构，大体可以分为军政、粮饷两类。其军政办事机构有十余个，按职能

清代二品文官补子

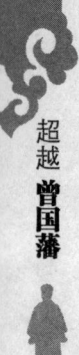

略分以下几种。其一是秘书班子,包括曾国藩身边的谋士和各类文案人员。它不仅在军政办事机构中居于首要地位,且是整个幕府乃至曾系湘军的神经中枢。曾国藩对上级的报告,下级的指令,前后左右的联络协商,内部关系的调整,都通过这个机构进行。秘书处的具体工作主要是草拟咨、札、函、奏,管理文书档案,分工明确,各有专责,有时还帮助曾国藩出谋划策和调查、处理重要事件。由于秘书人员工作性质重要,且与曾国藩最为接近,故在幕僚中地位最尊,待遇最厚。同其关系密切而后地位显赫的人物,如左宗棠、李鸿章等都曾担任是职。

其二是思想文化机构,包括忠义局和编书局。忠义局全名忠义采访局,主要任务是采访在战争中为清王朝"阵亡殉难之官绅",汇总事迹,由曾国藩奏请建立专祠、专坊,以扶持礼教,维持风化。实际上,这是曾国藩为封建地主阶级做的一件思想政治工作,其手法后来不断被他人进一步模仿。编书局简称书局,主要任务是刊刻名籍。

其三是军事和情报机构,包括营务处和采编所。营务处略似现在军队的参谋部,而职权略有不同,其任职条件是文武兼资,沈葆桢、李元度等都曾任职其中。采编所则类似于侦察机构,主要任务是收集和整理太平天国的战略情报,后来据以编成《贼情汇纂》一书。

其四是司法机构。朱东安先生研究认为,咸丰三年初曾国藩到长沙不久,就奏准在团练大臣衙内设立审案局,大肆捕杀有反清活动或嫌疑的湖南民众。审案局办案废除一切司法程序,定罪不要证据,只据团绅一言即可置人于死地。曾国藩"东征"后审案局改名发审局,成为幕府中的常设机构,遇有案件,就交发审委员审理。

其五是善后机构,包括善后总局及团练、保甲、田产、抚恤等局。湘军攻占安庆和江宁之后,曾国藩曾先后在两地设立善后总

局，以维持秩序、清查田产、催收钱粮、供应军需、救济灾民等。

曾国藩的幕府既是使用人才的机构，也是培养人才的平台。曾国藩培养人才的办法主要有三个：读书、历练、言传身教。他在专为幕僚拟订的劝诫条令中规定，凡入其幕府者，必于军、政、饷、文四事之中精习一事，并结合实际进行学习，增长才干。而学习又不外学古与学今两种途径，学古则多读书籍，学今则多找榜样，多向人请教。他对身边秘书人员抓得尤紧，不仅经常找人个别谈话，还在条件许可的情况下规定课程，定期考试。

清代三品文官补子

清代四品文官补子

同时，他还利用茶余饭后之隙谈古论今，向幕僚传授自己的读书心得和实践经验。对于不在身边的幕僚，曾国藩则主要通过书信和批札，结合实际事项进行开导，传授知识和经验。在培养方向上，曾国藩亦注意因材施教，根据各人的特点进行培养。文学基础好不适于做官的，曾国藩就令其专攻文学，以求发展。曾国藩的这套做法看来对于维护统治颇为有效，所以被其后世许多政治集团和人物所采用。

如果说人才是集团的核心，那么曾国藩的幕府，可以说是曾国藩集团的核心。在这个幕府核心的支撑下，曾国藩集团最终形成。这

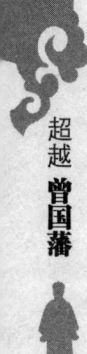

个集团大致可分为三部分：首脑人物、骨干分子、一般成员。首脑人物有曾国藩、胡林翼、李鸿章等，他们密切配合而又各自独立，思想、政治上一致而又在组织上自成体系。所谓骨干分子，主要指重要幕僚和军官。重要幕僚指所任职事重要或同幕主关系密切者，如主办粮台、厘金局、盐务局、编书局、营务处等，可谓职任重要，而在幕主身边办理咨文、奏折、信函、批札之人，则属二者兼而有之。重要军官指前期的统领、主要营官以及中、后期的统领和分统，有的兼有双重身份，既为幕僚又曾领兵。至于一般成员，则主要指一般幕僚和一般官兵，入幕前没啥名气，出幕后未太发迹者，也就是那些虽入名幕，但做官未至三品，为学亦没有成名成家的人。

据粗略统计，曾国藩集团的主要成员共有477人，其中武职253人，文职224人，正是这些人后来成为大清和民国的重要人才来源，是统治集团的主要成员。当然，这些人走出曾国藩集团自立门户的主要途径是曾国藩为他们"保官职"。曾国藩不仅奏保身边秘书，亦保奖筹饷人员，数量之多，升迁之快，都甚为罕见。据记载，曾国藩大批奏保幕僚主要是在咸丰十年出任两江总督之后。咸丰四至七年，曾国藩第一次带兵出省作战期间，很少奏保幕僚，他在籍丁忧时期曾为此甚感苦恼，觉得很对不住与自己患难多年的幕友等人，并认为不保奏最终会导致幕僚无利可图，因此离他而去。为此，咸丰八年再出领军后，曾国藩奏保幕僚较前为多，但可惜常遭议驳，难获批准。咸丰十年，担任钦差大臣、两江总督后，曾国藩既有地盘又得清廷倚重，奏保候补官职自不待言，即请旨简放实缺，亦无不获准。这一时期，曾国藩奏保人数之多，官职之高，都是空前的。咸丰十年七月，曾国藩于一折之中同时举荐李鸿章、沈葆桢二人堪膺封疆之寄，其他三三两两的陆续奏保者更是难以尽举。此时，清政府出于各种原因，对曾国藩等人的奏请几乎有求必应,以致咸丰十一年至同治四年的五年中,曾为曾国藩幕僚的五位道员皆被破格重用,到曾国藩去世时,其幕僚官至三品以上者已达22人,其中总督四人,巡抚7人,至于官至道、府、州、县者则难以尽举。可以说,曾国藩幕僚凡愿意做官而又差可委任者,几乎人人有官可做。一时间天下官衙基本都被曾国藩一系占据,这种现象在历史上是极为少见的。

当然,这就是曾国藩的利益集团。那些因为这个集团而得到曾国藩培养和保奏长官的人,既是曾国藩成功红利的受益者,传播的也大都是曾国藩"为官"的或"精神"的遗产。曾国藩的是与非,都因这个幕府与集团而扩散开来。其效果虽是让曾国藩一些徒子徒孙得到了实际利益,但同时也使他们背上了恶名,更糟糕的是,历史也因此背上了沉重的包袱。

这里首先要提到的是湘军著名将领、曾国藩之九弟曾国荃。1856年冬,曾国荃率所募湘军3000人围攻太平军占领的吉安,所部遂称吉字营。1858年9月,吉字营攻占吉安,曾国荃因此升任知府。1860年5月,曾国荃率湘军8000人在水师配合下进围安庆,挖长壕二道,内壕围城,外壕拒援。次年4月,太平军英王陈玉成率3万人与城内太平军相呼应,轮番猛攻湘军壕垒,想要解安庆之围。曾国荃命所部增筑营垒,水陆协同,极力抵御。当年5月,由于湘军得到鲍超的支援,攻破了太平军安庆外围的赤冈岭,又在8月击退太平军四五万人的猛攻,最终在9月5日,曾国荃攻占安庆。随后,曾国荃于1862年5月率湘军1.9万人在水师配合下,包围太平天国都城天京,1864年7月19日攻占天京。清廷以其功赏加太子少保,封一等伯爵。

1866年,曾国荃任湖北巡抚,率湘军万余配合淮军镇压东捻军,连遭失败。清光绪元年后,曾国荃历任河道总督、山西巡抚,

曾国荃像

署两广总督。1884年2月，调任两江总督。他针对英法联军的进攻，确定了诱敌深入、伺隙而击的防御方针，加强长江下游水陆设防，但所做努力没有效果，随即被革职留任。1890年，曾国荃死于任上。

曾国荃一生最大的诟病是仗着曾国藩的面子，洗劫天京。当时天下几乎众口一词，说曾家老九因此一役，骤成巨富。"（曾国荃）入天王府，见殿上悬圆灯四，大于五石瓠，黑柱内撑如儿臂，而以红纱饰其外。某提督在旁，诧曰：'此元时宝物也。'盖以风磨铜鼓铸而成，后遂为忠襄（国荃谥号）所得。"这是说他侵吞了四个元代制造的大顶灯。除了举出具体的实物外，传言还折算了曾国荃攻克天京的全部现金收入。这些财物如果换算为今日币值，折合人民币在25亿—75亿元之间。再参照《福布斯》杂志中国富豪榜，曾国荃可以轻轻松松跻身前十之列。倘若曾国荃真有数千万家财，那么，他的资产将数倍乃至数十百倍于当时大清帝国的国库储备。嘉庆十九年（1814年），清政府户部库存银仅为1240万两，曾国荃至少超其3倍；道光三十年，清政府库存800余万两，曾国荃至少超其30倍；咸丰三年，清政府库存仅为20余万两，曾国荃至少超其150倍！虽然这可能有失于史实，因为太平天国未必有那么多的财富供曾国荃劫掠，但最保守的估计也认为曾国荃有百万之资，"湘乡两曾之富，文正逊于忠襄，世所知也"。无论曾国荃到底有多少钱，从他身上都可以看出曾国藩传给属下的一种"红利"。那就是从湘军集团来说，对付太平军要"取之于敌，用之于我"，以利于湘军的发展。可惜的是，这种"红利"虽为湘军的发展贡献了一时之利，但其却在曾国荃等人的努力下逐渐变成"据为己有，极尽贪婪"的习惯，而且可以无视任何法度。曾国藩身后接替湘军集团的淮军集团、北洋军阀集团莫不如此。此后的许多利益集团一旦形成，就把国家当成了私产。

与曾国藩同时代的王闿运，曾经从一个侧面对曾国荃的掠夺进行了批判。王闿运曾在肃顺府中任家庭教师，很受尊敬，后来肃顺被杀，王闿运对肃顺仍有感情，曾著《录祺祥（肃顺）故事》。王闿运曾到曾国藩幕下，曾国藩对他很是尊敬，常听取他的意见，但王闿运不久辞职。1872年曾国藩去世。1875年曾国荃要写一部《湘军志》，请王闿运执笔，七年后初稿完成，时王闿运在四川，将稿送到湖南，曾国荃、郭嵩焘看后大为不满，认为史事失实，甚至认为是诽谤湘军之书。因为曾国荃想要这本书的目的是为了表彰湘军功烈，使家乡增光添彩。但是王闿运却自成一家之言，秉笔直书，对湘军、淮军将领的弱点和污点均直言不讳，甚至带着责备口吻，从而使湘军将领十分气愤。尤其是写到曾国荃攻克天京一段，王闿运说是"罕搏战"，又说太平军"比于初时衰矣"，并暗示曾国荃劫掠太平天国的财富。曾国荃认为这是贬低湘军和自己的军功，尤为愤怒。

王闿运知道这些情况后，便将木版交给郭嵩焘，嘱其毁版，以平息众人的非议。他自己又作了一些检讨，认为直笔非私家所宜，承认此书实亦多伤，有取祸之道，众人喧哗宜矣。但是他认为这部书是奇作，可以和《三国志》、《后汉书》等著作相媲美。同时王闿运也说明

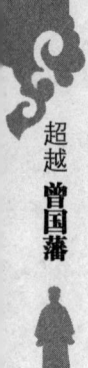

他的本意并没有对曾国藩有什么恶意中伤,对曾国藩还是很尊重的。曾国荃于是又请王安定编一本《湘军记》。这本书写得比王闿运的书要详细,而且在讲到曾国荃攻克天京一役时则大肆渲染,写得有声有色,烘托出这是一场军兴以来未有之苦战,极古今之恶战,以辨正王闿运"罕搏战"的论断。这本书,多少使曾国荃的遗憾心情得到一定程度的补偿。虽然如此,后人仍对王闿运的《湘军志》评价甚高,同时王闿运的《湘军志》也流传最广。曾国荃为自己改历史,恐怕也是学了点曾国藩把"屡战屡败"改成"屡败屡战"的真谛。虽然从湘军集团来说,维护自身声誉以及依据实力自造声誉是曾国藩成功的"红利"之一,但从另一面来看,这却养成了胜者猛改历史的风气。它后来在曾国藩一系列的弟子身上都有所体现,成为曾国藩成功红利的又一变种式传播,而可笑的是在历史真相面前,这些掩饰又没有多大意义。

问题的另一方面是,王闿运写《湘军志》所面临的来自曾国荃、郭嵩焘等人联合起来的压力,也透露出曾国藩留给下属的最大红利同时也是流弊之一。它使湘军及其演变而来的各类集团内部结成死党,并只顾本集团利益,为了这个集团的利益什么假话都可以说,什么手段都可以使,什么欺骗的勾当都可以做。

史家认为,曾国藩领导下的湘军内部结成死党,对外呈半独立状态,湘军实质上已经由官兵变成家兵。究其原因,主要是因为湘军都是将领私自招募的,将是曾国藩之将,兵是曾国藩手下将之兵,已有曾家军性质。各级兵将层层选拔,进退弃取皆由长官,因此兵权虽然在名义上还掌握在清政府手中,实际上却逐步落到统兵者手里。加上军饷自筹,经济上的自给,更使湘军成为私人武装。正是因为这样,湘军内部逐渐形成一股风气,就是除非招募选拔自己的上司,其他人

无论官职大小、地位高低皆可以抗命不从，可谓各树营盘，外人根本无法插手。所谓朝廷的"名器"，根本就是无足轻重的东西，还抵不上长官的一句话。在湘军的观念中，什么国家，什么朝廷，什么官阶的尊卑，什么法律，都可以不去理睬，只有长官的意志才是最大。湘军统帅也有意培养这种风气，每攻破一城就放纵手下士兵烧杀劫掠和奸淫，以满足手下的欲望，增加自己的威信。一言以蔽之，湘军流传下来的是集团派系思想，维系这个集团的是内部的一些成法，而为了这个集团和派系，对外可以使用各种手段，甚至是不择手段，而且无视国家法度。这样的后果，在短期内有正反两面的作用。一是作战时湘军都各护其长，生怕自己的长官战死，自己就得被解散。但同时也导致凡不是招募和选拔自己的军官担任指挥，打起仗来就弃之不顾，致使湘军将领都不敢带别人招募的部队打仗，一旦指挥易人，军队就必须重新改组，否则不能作战。二是私谊至上，维系湘军的纽带，更多的不是政治军事经济和思想等曾国藩所吹嘘的冠冕堂皇的"公"因素，而是同乡、同年、同事、师生、亲友、兄弟等封建关系。不仅在战场上，在筹饷、调兵以及处理所有问题上，各统兵将帅和统领之间，都采取私谊至上的原则，把上级的命令、同级的公文乃至中央政府的旨意、国家法度都当耳旁风，事办成办不成，只看关系铁不铁。加上曾国藩不断举荐自己手下的湘军将领出任地方大员、关键职位，提拔官员只看是不是师爷、少爷、姑父、款爷，这种风气就更加在全国蔓延开来，从军事而政治，而学术，到处都是拉帮结伙。大家关心的都是如何用国家资源和名器来维系和扩大自己的集团和势力范围。

就历史影响来说，湘军这种风气给此后的政治、军事发展注入了严重的人身依附和派系思想，至于制度与公理正义，都不过是漂亮

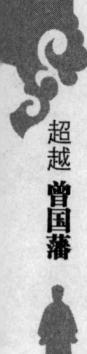

的谎言或偶尔的点缀。以"认识老中国，建设新中国"为号召的梁漱溟先生，就曾针对这种情况写道："中国是伦理本位的社会"，而"伦理本位者，关系本位也"。除了君臣、父子、夫妇、师生等上下性质的人伦关系之外，平行的人际关系也有许多名堂，官场看重的是亲谊、世谊、乡谊、年谊。这些关系集团所遇到的利益，首先要满足内部的需求，然后才会分一杯给别人。不但权力寻租，而且立法寻租。因为立法中的谋私，比权力寻租更安全、更隐蔽、利润更大、危害性也更大的是"设租"，而设租与寻租结合起来，就出现了权力—金钱—有利法律—更大权力—更多金钱—更多有利法律的恶性循环。其状况正如19世纪法国批判现实主义作家巴尔扎克的代表作《高老头》中恶棍伏脱冷的谈话一样："你知道巴黎的人怎么打出路来的？不是靠天才，就是靠腐败。在这个人堆里（指上流社会），不像炮弹一般轰进去，就得像瘟疫一般钻进去。清白诚实是一无用处的。在天才的威力之下，大家会屈服；先是恨他，毁谤他，因为他一口独吞，不肯分肥；可是他要坚持的话，人们便服帖了。总而言之，没法把你埋在土里的时候，就向你磕头；雄才大略是少有的，遍地风行的是腐败。……人生就是这么回事，跟厨房一样的腥臭。可是要作乐，就不能怕弄脏手，只消你事后洗干净：今日所谓的道德，就是这一点。我这样的议论社会是有权利的，因为我认识社会。你以为我在责备它吗？绝对不是。世界一向是这样的，道德家永远改变不了它。""好朋友，你不能拿自己的话当真，也不能拿自己的主张当真。有人要收买你的主张，不妨去卖。一个自命为从不改变主张的人，是一个永远走直线的人，相信'教皇无误'的大傻瓜。世界上没有原则，只有事变；没有定律，只有时势；高明的人抓住事变跟时势，加以控制。倘真有什么固定的原则跟定律，大家也不能随时更换，并不像咱们换衬衫一样容易。一个人何必比整个民族更智慧？"

曾国藩红与黑的流弊

利益集团作为曾国藩成功的红利之一，保证了曾国藩将其衣钵传给李鸿章，并保证了李鸿章将其衣钵传给袁世凯等人。但与此同时，其流弊也显而易见。

晚清同曾国藩一样的重量级人物李鸿章，字渐甫，号少荃，晚年自号仪叟，别号省心。因排行第二，故民间又称"李二先生"。

道光二十七年，李鸿章考中丁未科二甲第十三名进士，朝考改翰林院庶吉士。在赴京途中，李鸿章写下脍炙人口的《入都》诗十首，为世人所传诵，如"一万年来谁著史，三千里外觅封侯"等。入京后，他在时任刑部郎中的父亲引领下遍访吕贤基等安徽籍京官，得到他们的器重和赏识。最令李鸿章庆幸的是，他在初次会试落榜后的"乙丙之际"（1845—1846年），即以"年家子"身份投帖拜在曾国藩门下，学习经世之学，奠定了他一生事业和思想的基础。

当时，曾国藩患肺病，居城南报国寺。李鸿章不仅与曾国藩"朝夕过从，讲求义理之学"，还受命按新的治学宗旨编校《经史百家杂

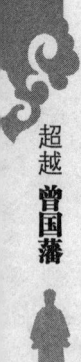

钞》，所以曾国藩一再称其"才可大用"，并把他和门下同时中进士的郭嵩焘、陈鼐、帅远铎等一起，称为"丁未四君子"。太平军起，曾氏又将自己编练湘军的心得谆谆信告李鸿章，足见期望之殷。

咸丰三年初，李鸿章得知太平军大举入皖的消息后，怂恿工部左侍郎吕贤基上奏，并代为捉刀连夜赶写奏章。奏折递上去以后，咸丰帝命吕贤基担任安徽团练大臣，吕贤基对李鸿章说："君祸我，上命我往；我亦祸君，奏调偕行。"于是李鸿章与吕贤基一同回到安徽。翌年，李鸿章的父亲李文安也由王茂荫举荐回乡办团练。李家父子的团练"整齐皆可用"。李鸿章先后随周天爵、李嘉端、吕贤基、福济等清廷大员在皖中与太平军、捻军作战。李鸿章以书生带兵，既有"专以浪战为能"的记录，也有"翰林变作绿林"的恶名。数年的团练生涯，使他逐步懂得了为将之道，不在一时胜败，不逞匹夫之勇。他曾因咸丰五年十月率团练收复庐州之功，"奉旨交军机处记名以道府用"，当了后备干部。次年又以克复无为、巢县、含山的战功，赏加按察使衔。咸丰七年，安徽巡抚福济奏报李鸿章丁忧，为父亲守制，从而结束了他为时五年的团练活动。翌年，太平军再次攻陷庐州，李鸿章携带家眷出逃，辗转至南昌，寓居其兄李翰章处。他本人遂于咸丰九年末投奔建昌曾国藩湘军大营，充当幕僚。

其时适逢湘军三河新败，曾国藩对于招李鸿章入营襄助，甚为积极主动。但曾国藩也深知，李鸿章自恃才高气盛，锋芒毕露，真要独当一面，还需再经一番磨砺。于是，他平时尽量让李鸿章参与核心机密的讨论，将其与胡林翼、李续宜等方面大员同等看待。同时，曾国藩还让当时湘军幕府中能言善辩之士如李元度、左宗棠等，有意无意与李鸿章争口舌之长，以挫其锐气。至于曾氏本人，更是身体力行，以自己的表率来影响李鸿章。如李鸿章好讲虚夸大言以哗众取宠，曾

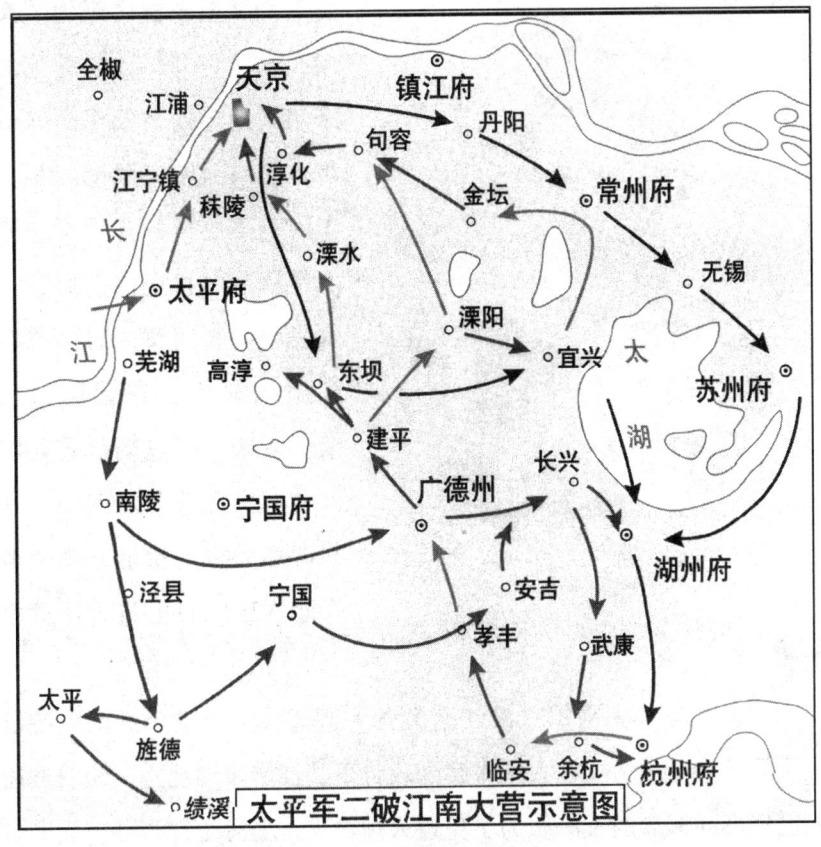

太平军二破江南大营示意图

多次正言相诫。每当遇到困难和挫折,曾国藩则大谈"挺"经。如此苦心孤诣,使李鸿章的思想、性格乃至生活习惯都深受曾国藩的潜移默化。李鸿章自称:"从前历佐诸帅,茫无指归,至此如识指南针,获益匪浅。"

但曾氏生性"懦缓",而李鸿章的作风则明快果断,曾国藩每有大计常犹豫再三,往往得李鸿章在旁数言而决。咸丰十年(1860年)秋,师生之间因曾国藩决定移军祁门和弹劾李元度二事发生严重分歧。李鸿章认为祁门地处万山丛中,是兵家所忌的绝地,移驻不妥。

李鸿章像

而李元度追随曾氏好为"文人大言",非将才,曾国藩深知其短却使他领军防守徽州,甫一兵败又严词纠参,李鸿章不愿拟稿并"率一幕人往争",终至愤而离营。这表明,李鸿章此时的战略和用人眼光已在曾国藩之上。后来,经过胡林翼、陈鼐和郭嵩焘等朋友的劝说和曾国藩的再三招请,李鸿章乃于次年六月七日重回湘军大营。

咸丰十年,太平军二破江南大营后,清政府在整个长江下游已失去最后一支主力。在太平军猛烈攻势下,江南豪绅地主,纷纷逃避到已经形同孤岛的上海。为了免遭灭顶之灾,上海士绅买办一面筹备"中外会防局",依赖西方雇佣军保护上海,另一方面又派出钱鼎铭等为代表,前往安庆请曾国藩派援兵。曾国藩最后商于李鸿章,李鸿章欣然应命,于是开始了淮军的招募与组建。两淮地区本来就民风强悍,何况当时是"兵、匪、发、捻"交乘的皖中腹地,民间纷纷结寨自保图存。庐州地区的团练武装,以合肥西乡三山(周公山、紫蓬山、大潜山)的张(树声、树珊)、周(盛波、盛传)、刘(铭传)三股势力最大,百里之内,互为声援。由于庐州团练的这些基础和李鸿章在当地的各种关系,淮军的组建、招募比较顺利。李鸿章初建的淮军有14个营的建制(每营正勇505人,长夫180人,共

685人）。

　　随后，为扶植朝鲜李昰应一派，制约亲日的闵氏集团，李鸿章再次启用"足智多谋"的"后起之秀"袁世凯，替代"忠厚有余，才智不足"的陈树棠为驻朝商务委员。1885年9月，清政府任命袁世凯为"驻扎朝鲜总理交涉通商事宜"的全权代表，加三品衔。李鸿章的提携使袁世凯感激涕零。袁保龄则告诫袁世凯，今后对于清廷和李鸿章的意旨都要用心揣度，"但有几件事办顺手，则令闻日彰，声望渐起矣"，"临事要忠诚，勿用权术，接物要谦和，勿露高兴，庶几可寡尤悔"。10月，袁世凯赴朝鲜上任，在汉城建立公署。其随员有唐绍仪、刘永庆等20余人。袁世凯使朝后俨然以太上皇自居，拒绝与各国公使同席会议，遇事直入王宫，骄横专断，盛气凌人。朝鲜国王多次要求清政府撤换袁世凯，另选一"公正明识者"。但在李鸿章的保护下，袁世凯地位不但没有贬低，反而升为海关道存记简放。

　　袁世凯对于世界大势、国际关系几无认识，没有估计到朝鲜局势的迅速恶化，也大大低估了列强的野心。朝鲜东学党起义，袁世凯极力向李鸿章建议派兵镇压。而此时，日本也极希望中国出兵，以便制造战争借口，于是极力怂恿袁世凯。在袁世凯一力保证"日本必无他意"后，清政府最终决定出兵，而日本也立即出兵。袁世凯立即连发3封电报，哀求李鸿章调其回国，李鸿章命令其"要坚贞，勿怯懦"。6月13日，袁世凯称病，再次要求回国，获准。6月19日，袁世凯回到天津，惊惶异常，要求李鸿章把朝鲜丢给日本占领。李鸿章对袁世凯非常失望，严令袁世凯"即回本任"。袁世凯托堂弟袁世勋寻找翁同龢、李鸿藻设法缓解未果，只得遵命。

　　甲午战争失败《马关条约》签订后，国内舆论谴责李鸿章，而作为诱发战争的罪魁祸首袁世凯为躲避责任眼看李鸿章将要失势，即不

时与翁同龢、李鸿藻联络，提供不利于李鸿章的证据，并亲自撰文弹劾李鸿章。如果说李鸿章对其老师曾国藩尚能忠诚，那么袁世凯则没有学到李鸿章这点，然而这还只是袁世凯首鼠两端的开始。

虽然此后李鸿章由于中法战争、甲午中日战争接连惨败，激起了"国人皆曰可杀"的汹汹舆论，被解除位居25年之久的直隶总督兼北洋大臣职务。但实际上这并没有撼动李鸿章的地位，他仍然是清政府办外交的重要人物。

1900年为收拾八国联军之役的残局，清廷再度授李鸿章为直隶总督兼北洋大臣之职，并连续电催其从安徽家中北上。李鸿章乘轮船至沪后，以身体不适为由迁延观望，部下及亲属也都劝其不要再北上，以免成为替罪羊。直至7月30日，北方局面实在无法收拾，慈禧在逃亡途中电催李鸿章北上，李鸿章才抵京收拾残局，向八国联军求和。1901年7月，李鸿章、奕劻代表清廷签署了《辛丑条约》，赔款白银四亿五千万两。签约后两个月，被李鸿章倚为强援的俄国政府再度发难，提出"道胜银行协定"，试图攫取更大权益，并威逼李鸿章签字。"老来失计亲豺虎"，气恼交加，李鸿章呕血不起，于9月27日去世，临终时"双目犹炯炯不瞑"。从以上叙述可以看出，李鸿章较其老师曾国藩，敢于接受新事物新思想，在对待列强侵略问题上反省得更深刻，无奈得也更真诚，反击得也更有策略，甚至曾有取清廷而代之思想的萌芽，但最终仍无奈以终。究其原因，是李鸿章继承了曾国藩的衣钵，已身不由己。李鸿章，可谓成也缘于曾国藩的成功红利，败也部分因由曾国藩的成功红利。

李鸿章像他的老师曾国藩一样，倾心打造自己的势力集团，并为维护这一集团而费尽心机。当然，这一集团的存在也为支撑李鸿章的成功立下汗马功劳。但相比于曾国藩，他却更加注重集团的利益本身，而不是很在意集团的作用如何，从而影响了其集团的真正格局。研究者认为，李鸿章注重"治国平天下"，漠视"以修身为本"；注重事功，漠视为人；张扬功利主义，否定儒家义利观。李鸿章曾直白地说："天下熙熙攘攘，皆为利耳，我无利于人，谁肯助我？"功利既是李鸿章搏击宦海的动力，又是他驱策部众的工具。他遴选部众，"着重于经世致用。凡有谋略而干练，必受到赏识擢拔，文章道德，尚在其次"。李鸿章以功利为纽带结成的庞大群体，影响了近代中国的历史进程，受到"好以利禄驱众，志节之士多不乐为用，缓急莫恃，卒致败误"的责难也就是当然了。毕竟"利"可以赢得一时，但从长远来看必是短视的，只有"恩"与"利"的结合才是长远。

李鸿章继承老师的另一衣钵是一生"拼命做官"。他成功登上清廷权力顶峰，清廷则把他誉为华夏栋梁，声称"无鸿章，无清朝"。李鸿章精通"宦术"，"好结内援"，"献媚宫闱"，"固宠求荣"。与老师相比，他勇于任事，"不避劳苦，不畏谤言"，"屈心抑志，忍尤攘诟，以济时艰"。在一生官宦生涯中，李鸿章自诩"生平不解空言高论，只知以实心办实事"。不尚空谈固然是其所长，但缺乏以"真实学问"为根底的"以实心办实事"，则难收到"旋乾转坤"的实效。李鸿章直到晚年对此才有所省悟："自悔盛年不学，全恃一股虚骄之气，任意胡为，其实没有根底。现在真实学问，已用功不进。"由于没有学识支撑，随着地位的飙升和权势的膨胀，李鸿章入仕后心态畸变，飘然欲仙。他吹嘘支持大清"天下"者，"舍我其谁"。对同僚倨傲不恭，对部属动辄训斥，对洋人"尤轻侮之"。早年的曾国藩曾看出李鸿章"近颇傲，非吉兆"，曾密札劝诫他，"一居高位，则宜时时检点"，"不可误认简傲为风骨，风骨者，内足自立，外无所求之谓，非傲慢之谓也"。但李鸿章依然故我，"自信自大"，"喜嘲

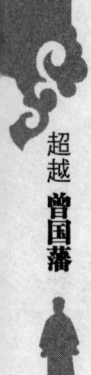

谑，忌者日众"。

袁世凯对李鸿章早没了李对曾国藩的那种忠诚，而且他比李鸿章见孙中山想听听反对派的意见这一步走得更远，最后竟打起了当皇帝的主意。1908年光绪帝与慈禧先后死去，宣统皇帝继位，摄政王载沣监国，以袁世凯有足疾为名，勒令其回河南彰德养病。宣统三年即1911年武昌起义爆发。清廷被迫起用袁世凯为湖广总督，然后又任内阁总理。袁世凯借机迫使清帝退位，骗取南京参议院选他为中华民国大总统。随后袁世凯下令解散国会，废除《中华民国临时约法》，接受日本提出的《二十一条》，实行帝制，改元鸿宪。但随后蔡锷等在云南发起讨袁的护国战争，却逼得袁世凯于1916年被迫宣布取消帝制，仍称大总统。后袁世凯因肾结石转为尿毒症，在举国上下一片责骂声中忧病而死，终年57岁，还不如曾国藩长寿。在李鸿章之后，曾国藩的成功红利同时也是衣钵，在袁世凯身上得到了更加恶劣的发挥。

袁世凯，字慰亭，号容庵。出生于河南项城县张营一个官宦大家族，生父袁保中。袁世凯出生后不久，就被过继给了他的叔父袁保庆。袁保庆与淮军将领吴长庆过往甚密。1873年袁保庆因霍乱死于南京时，吴长庆曾与刘铭传一起帮助料理后事。二人见到袁世凯时均很看重他。

袁世凯继承曾国藩衣钵首推投靠"高人"。他先是投靠吴长庆，随后又投奔李鸿章，接着又是荣禄等。袁世凯扶袁保庆柩回项城后，对他的教育责任转到袁保恒、袁保龄身上。这两个在京做官的叔叔对他的影响，较之生父和嗣父更大。1874年春，袁保恒已官至户部左侍郎，在回籍探亲时他把袁世凯带到北京，聘请名师教导。在内阁中书任上的袁保龄认为袁世凯天资不高，浮动异常，对他的督导尤为严厅。1877年初春，袁保恒调任刑部侍郎，袁世凯一边读书，一边帮他办事，学得不少官场本领。两位堂叔夸奖他"办事机敏"，是"中上美才"。时华北大旱成灾，袁保恒奉命到开封帮办赈务，带袁世凯同行，遇有密要事案，均派他查办、参佐一切。1878年，袁保恒感染时疫去世，袁世凯返回项城，移住陈州。大约就在此时，袁世凯于袁保庆名下得到一份丰厚产业，自为一家之主，自此放荡不羁，经常追欢逐乐。此时，正在陈州授馆的徐世昌与袁世凯结交，拜为金兰，从此成为袁世凯毕生重要的谋士。但在此期间，袁世凯几次参加乡试均名落孙山。

1881年，袁世凯前往山东投奔嗣父袁保庆的密友吴长庆。吴长庆将他留在营中读书，袁世凯谦抑自下，时作激昂慷慨之谈，很快获得吴长庆等人的好感，不久被提拔为庆军营务处帮办，踏上了仕途。

光绪八年（1882年）6月，朝鲜发生兵变。驻日公使电告署理直隶总督张树声，日本欲派兵侵占台湾，朝鲜官员金允植也呼吁中国派兵干涉。张树声遂奏派丁汝昌、吴长庆率海陆军赴朝，以阻止日本借机生事。吴长庆仓促出发，军务繁杂，一切筹划都依赖张謇及其助手袁世凯。袁世凯当时在"前敌营务处"负责军需供应、堪定行军路线等。吴长庆军船抵朝鲜马山浦，一营官说多数士兵晕船，请稍缓登陆，吴长庆立即将此人撤职，命袁世凯代理。袁世凯马上部署，两小时内完成了登陆行动，吴长庆当众大加夸奖。登陆后，吴长庆、丁汝昌接受金允植的建议，诱捕朝鲜大院君李昰应，押解天津，恢复国王的统治。朝鲜国王设宴款待，袁世凯备受礼遇，甚至为其设立生祠。清政府也对平定"壬午兵变"有功人员进行奖赏，袁世凯以同知发分省补用，赏戴花翎。

1882年9月，应朝鲜国王邀请，吴长庆派袁世凯、朱先民、何增

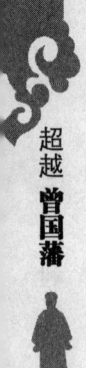

珠等办理编练朝鲜新军。选1000人，分左右营，按淮军操法训练，武器准备由中国供给。朝鲜国王检阅后，极为满意，称赞袁世凯训练有方，袁世凯也因此有善于练兵之名。

中法战争爆发后，李鸿章于光绪十年（1884年）3月，命令吴长庆率三营庆军回驻金州，留三营驻汉城，由记名提督吴兆有、张光前统带，奏举袁世凯总理营务处，会办朝鲜防务，袁世凯一跃成为驻朝淮军的重要人物。袁世凯也因此开始小瞧吴长庆，并通过其堂叔袁保龄攀缘李鸿章。当吴长庆有事离开朝鲜后，袁世凯妄自尊大，"一切更改，露才扬己"，令吴长庆非常难堪。袁世凯养官伎、贩卖鸦片、挪用军饷等劣迹，也都一并被暴露出来。李鸿章责令袁世凯如数认赔，并于1885年将其解职。同年，袁世凯离开朝鲜回国，回到陈州老家"隐居"。

随后，为扶植朝鲜李昰应一派，制约亲日的闵氏集团，李鸿章再次起用"足智多谋"的"后起之秀"袁世凯，替代"忠厚有余，才智不足"的陈树棠为驻朝商务委员。1885年9月，清政府任命袁世凯为"驻扎朝鲜总理交涉通商事宜"的全权代表，加三品衔。李鸿章的提携使袁世凯感激涕零，上书说："卑府才力驽下，深惧弗克胜任，惟有仰赖声威，敬谨从事，以期不负委任至意。"袁保龄则告诫袁世凯，今后对于清廷和李鸿章的意旨都要用心揣度，"但有几件事办顺手，则令闻日彰，声望渐起矣"，"临事要忠诚，勿用权术，接物要谦和，勿露高兴，庶几可寡尤悔"。10月，袁世凯赴朝鲜上任，在汉城建立公署，其随员有唐绍仪、刘永庆等二十余人。但袁世凯使朝后俨然以太上皇自居，拒绝与各国公使同席会议，遇事直入王宫，骄横专断，盛气凌人。朝鲜国王多次要求清政府撤换袁世凯，另选一"公正明识者"，但在李鸿章的保护下，袁世凯地位不但没有贬低，反而升为海关道存记简放。

袁世凯对于世界大势、国际关系全无认识，没有估计到朝鲜局势的迅速恶化，也大大低估了列强的野心。朝鲜东学党起义，袁世凯极力向李鸿章建议派兵镇压。而此时，日本也极希望中国出兵，以便制造战争借口，于是极力怂恿袁世凯。在袁世凯极力保证"日本必无他意"后，清政府最终决定出兵，而日本也立即出兵。

袁世凯觉察情况不妙，请西方驻朝公使调停，提出中日同时撤兵方案。但日本非但不撤兵，反而提出将朝鲜变为其保护国的条件，进一步增派重兵。袁世凯立即连发三封电报，哀求李鸿章调其回国，李鸿章命令其"要坚贞，勿怯懦"。6月13日，袁世凯称病，再次要求回国，获准。6月19日，袁世凯回到天津，惊惶异常，要求李鸿章把朝鲜丢给日本占领。李鸿章对袁世凯非常失望，严令袁世凯"即回本任"。袁世凯托堂弟袁世勋寻找翁同龢、李鸿藻设法缓解未果，只得遵命。

甲午战争失败、《马关条约》签订后，国内舆论谴责李鸿章，而作为诱发战争的罪魁祸首袁世凯为躲避责任，眼看李鸿章将要失势，即不时与翁同龢、李鸿藻联络，提供不利于李鸿章的证据，并亲自撰文弹劾李鸿章。如果说李鸿章对其老师曾国藩尚能忠诚，那么袁世凯则没有学到李鸿章这点。然而，这还只是袁世凯首鼠两端的开始。

袁世凯扳倒李鸿章的做法很得清政府顽固派赏识。1895年，清政府命令袁世凯接管"定武军"十营，作为改练新军的基础，驻扎天津附近的小站。袁世凯又添募二千余人，依照德国军队的编制，编成"新建陆军"，聘请德国军官进行训练。1897年，袁世凯因练兵有功，升为直隶按察使。袁世凯像曾国藩形成湘军集团，李鸿章形成淮军集团一样，建立了以自己为首的北洋军阀集团。

不过，在取得清政府顽固派欣赏的同时，袁世凯并未忽视维新

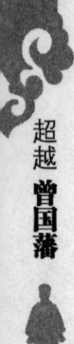

派。1895年,袁世凯把维新派康有为的《万言书》递交到督办军务处,并参加强学会。1898年,康有为戊戌变法运动达到高潮,袁世凯派徐世昌到北京与维新派联系。光绪帝接受了维新派"抚袁以备不测"的主张,召见握有重兵的袁世凯,特赏候补侍郎,专办练兵事务。八月初三日晨,康有为、谭嗣同等接到光绪帝求救和催促康有为离京的密诏。当晚,谭嗣同到法华寺密访袁世凯,要求他杀荣禄,除旧党,助行新政。袁世凯当面一口答应,并慷慨激昂地说"诛荣禄如杀一狗耳"。但事后经过反复权衡,袁世凯认为维新派实力有限,难成大事,遂立即返回天津,向荣禄告密。慈禧于是囚禁光绪帝,捕杀谭嗣同等"六君子",戊戌变法失败。袁世凯因此取得慈禧身边的红人荣禄等的信任,进一步飞黄腾达。袁世凯的新建陆军随即改名为武卫右军,成为荣禄掌握的"武卫军"之一。1900年,袁世凯升授山东巡抚,率领武卫右军赴任。时正值山东义和团运动高涨,袁世凯颁布《严拿拳匪暂行章程》,镇压义和团运动。

八国联军侵华后,清政府命令袁世凯率军拱卫京师,袁世凯只派少数兵力到山东、河北交界处虚于应付,同时派人与各国驻烟台领事洽谈,表示"中立"。但与此同时,他还向逃亡中的慈禧进贡饷银、绸缎,两面讨好。八国联军侵华战争,使荣禄的四支武卫军全部崩溃,只剩袁世凯的武卫右军完整保存下来。且在镇压义和团过程中,袁世凯又借机扩充"武卫右军先锋队"二十营,所部已约两万人,成为北方最大的武装力量。

1901年,李鸿章逝世。被李鸿章大骂为小人的袁世凯署理直隶总督,兼充北洋大臣(翌年改为实授),在内、外政策方面继承了李鸿章的衣钵,并将淮系集团全部吸收过来,政治、军事势力迅速膨胀。清政府筹办新政,成立"督办政务处",让袁世凯兼任参预政务大臣、练兵大臣。袁世凯在保定创设北洋军政司（后改为北洋督练公所），自兼督办。下辖兵备、参谋、教练三处，以刘永庆、段祺瑞、冯国璋分任总办，开始编练北洋常备军，即北洋军。同时，奏派赵秉钧创办天津及直隶各州县巡警，将京畿警权掌握在手。此后，又兼任督办商务大臣、电政大臣、铁路大臣。1903年，袁世凯建议清政府设立练兵处，编练新军，请庆亲王为总理练兵大臣，自己为会办大臣，编成北洋军6镇，共6万余人。除第一镇是铁良统率的旗丁外，其余皆是袁世凯的亲信。以袁世凯为首的北洋军阀集团基本形成。当时，清政府重大决定若无北洋军阀同意则难以执行。

  李鸿章之所以称袁世凯是小人，是因为袁世凯在做官中流氓的路上走得更远。曾有一段野史称，密谋称帝的袁世凯与他的红粉知己、娼妓出身的夫人沈英子有段对话。沈英子问袁世凯："你连我也要骗？你是不是想当皇帝？"袁世凯反问："你想不想当皇后？"沈英子回答说："想。"袁世凯则大笑："如果一个婊子当上了皇后，哈哈……"而沈英子则反唇相讥："如果一个痞子当上了皇帝呢？"袁世凯不假思索接口道："那才叫有理想有抱负哩！"这句话可以充分反映出袁世凯这个官中流氓信奉的哲学。在他看来，官场"江湖"上是"英雄不问出身"，胜者为王，败者为寇。谁掌定了乾坤，谁就是英雄伟人，哪管——至少是他活着时无人敢管——他克敌制胜的武器是明枪暗箭阴谋阳谋？刘邦是无赖，朱元璋是流氓，秦皇、汉武、唐宗、宋祖哪一个的宝座是干干净净正大光明得来的？袁世凯当然了解这些粗浅的中国历史知识，提携他的"恩师"李鸿章教导他办政治的高招就是"打痞子腔"。言而无信、假痴卖疯玩诡计自古以来是玩政治的不二法门。在实力地位悬殊的洋人面前这一套玩不转，在国人面前就看谁对这一套"艺高胆大"了。

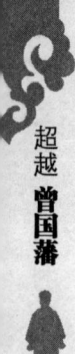

袁世凯对李鸿章早没了李鸿章对曾国藩的那种忠诚,而且他比李鸿章走得更远,最后竟打起了当皇帝的主意。1908年,光绪帝与慈禧先后死去,宣统皇帝继位,摄政王载沣监国,以袁世凯有足疾为名,勒令其回河南彰德养病。宣统三年(1911年)武昌起义爆发,清廷被迫起用袁世凯为湖广总督,然后又任内阁总理。袁世凯借机迫使清帝退位,骗取南京参议院选他为中华民国大总统。随后袁世凯下令解散国会,废除《中华民国临时约法》,接受日本提出的《二十一条》,实行帝制,改元鸿宪。结果,他在万民声讨中,惭愧死去。

令袁世凯意料不到的是,继承他衣钵的那些弟子比他还厉害。这些人在1916年袁世凯死后把北洋军阀分化为三个派系,即皖系军阀、直系军阀和奉系军阀,彼此争权夺利,不断发生政争和混战。为了争夺北京中央政权,1920年7月发生直皖战争,皖系失败下台,直系上台。1922—1924年先后发生了两次直奉战争,直系失败后,奉系控制中央政权。不断的军阀混战,消耗了巨大的人力物力,给人民造成深重的灾难,北洋军阀自身的实力也开始削弱。1926年7月,国民革命军进行了北伐战争,消灭了直系军阀吴佩孚、孙传芳的军队,打击了奉系势力。到1928年北伐使奉系军阀张作霖败退东北,在皇姑屯被日本关东军炸死,北洋军阀的统治才告一段落。

袁世凯继承和发挥的曾国藩的政治红利同时也是遗毒,还有使用暗杀消灭政敌。1912年3月,袁世凯就任中华民国临时大总统,临时政府迁往北京。1913年3月20日,袁世凯派人在上海车站刺杀宋教仁,次日凌晨宋教仁与世长辞,年仅31岁。孙中山挽联称宋教仁:"作公民保障,谁非后死者;为宪法流血,公真第一人。"据资料载,这位宋教仁是制约袁世凯的中华民国国会中最大力量国民党的灵魂人物之一,当时正在组织中华民国国会的选举,当选政党内阁总理

的可能性极大，可谓想当皇帝的袁世凯最大的政治障碍。

由于宋教仁案发生在上海租界，因此警方很快就侦破了幕后阴谋，牵扯出当时的内阁总理赵秉钧。但当时黄兴挽宋教仁的下联却直陈天下人的怀疑："你说是应桂馨，他说是赵秉钧，我说是袁世凯。"袁世凯此前曾对赵秉钧称："杀人不是罪。也不在于杀人时有没有理由，关键在于把事情摆平。解决问题之后，就不怕他人说什么。""曾国藩杀李秀成有没有理由？李鸿章纵部杀掉已降的太平军将士有没有理由？那拉氏斩杀'戊戌六君子'有没有理由？我袁世凯杀宋教仁有没有理由？有或无都不重要，杀人没有理由不是罪。有罪咱们也不怕，只要大权依然在握，天下人就不能不畏服。有几个人骂又算什么，无损我一根汗毛。骂累了他就不骂了，骂多了听众便厌弃了，只要乾坤咱牢牢攥在手中，到头来他们都得来巴结老子讨饭吃。……至于洋大人们，他们到中国所为何来？不请自来不是为了给谁当义务辩护律师主持什么正义的！谁当了中国的家做得了中国的主，他们就要认谁，就会跟谁打交道。身后是非谁管得？再说，成者为王败则寇，活着咱站住脚跟，历史上也未必站不住"。赵秉钧明白袁世凯讲得句句是掏心窝子的话，却未曾深思袁世凯"杀人不是罪"也包括他，后遭暗算一命呜呼。此后袁世凯的"大弟子"段祺瑞则得了袁世凯真传，制造了开枪残杀刘和珍等请愿学生的"三·一八"惨案。

从李鸿章到袁世凯、段祺瑞的历史，可以看出曾国藩开辟和更新了中国历史上的潜规则，曾国藩已成为此后中国不断崛起的枭雄们的精神偶像。翻检曾国藩以后的中国历史，推崇曾国藩的人比比皆是，其从政的手法也大多与曾国藩如出一辙，所有崇拜曾国藩的几乎都学会了他的拉帮结派与大肆杀伐。曾国藩曾与幕僚开玩笑说："拼着老

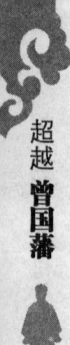

命艰苦创业,这不是常人能力所及,但也未可一概期待贤者大包大揽。应当在德行、文学、言语、政事四科之外,另设一科,叫'绝无良心科'。"这至少透露了一点信息,曾国藩认为要干大事,先得将良心流放塞外才行。中国历史上真正具有共和与民主思想的第一人孙中山,在其《总理全集》中指出:"中国之见灭于满清,二百六十余年,而莫能恢复者,初非满人能灭之,能有之也,因汉奸为虎作伥,残同胞而媚异种,始有吴三桂、洪承畴以作俑,继有曾国藩、左宗棠以为厉。",由此成为中国历史上第一个明确批评曾国藩的人。而具有历史讽刺意味的是,接过孙中山衣钵的蒋介石却成了赞扬曾国藩最著名的人之一,在任黄浦军校校长时,力倡以《曾胡治兵语录》作为教材和必读书,甚至要以曾氏家书为立国之本。

有则小幽默说,有些初学英语的人喜欢以汉语标音。对于English(英语)一词,学生甲标以"阴沟里洗",学生乙标以"应给利息",丙标以"因果联系",丁标以"硬改历史"。结果,甲后来成了卖菜的小贩,乙成了银行职员,丙成了哲学教授,丁成了政客。而以"硬改历史"作为政客异乎常人的禀赋确是说到了点子上。而曾国藩一生最可怕的两"板斧"则一为杀人,一为洗脑。如果说他杀人尚属间接行为,洗脑则为直接操作,尤称行家里手。"谁控制了人们的思想,谁就可以控制他们的行动。"有人说曾国藩对朋友、属下的谈话写信,其实就是在"洗脑"。正如在封建王朝的君臣中,凡是有大手段大学问的,都以给大众洗脑为平生快事,一级一级直将万民的大脑洗成愚蠢的空白,他们才好恣意妄为而不必担心有人质疑他们的恶行。

曾国藩给人洗脑的最大政治红利与遗产是"赢得身后名",出版粉饰著作。有研究者认为,修史既有为了让英雄名垂青史,为了将前人思想观点传诸后代，为了方便后人以史为鉴者，也有为了干预或推动现实政治进程，为了硬改历史将谎言重复一千遍变成真理，进而操纵后人的思考和行为者。曾国藩之所以身后声誉日隆，是因为《清史稿》修撰时，曾国藩的徒子徒孙们正好位列北洋军阀要位或者掌握国家要机，刚好为其树碑立传。简又文先生就曾说："自曾氏下世后，先有清廷褒扬功勋，继有其弟子、亲友、家属及同派的伪儒辈，一力为之颂德歌功，一致为其流芳百世而努力。除推崇诗文外，陆续刊行其遗著。凡此，皆经审慎之选择或删改者，对于其涵养之功、治兵之法、知人之哲、辨事之能、经世之才等优点，铺张扬厉，广事宣传。数十年来，国人饱受此等偏颇的、片面的读品之大而且深的影响，浸润人心，多未得见其残酷、虚伪、奸诈、腐化、好名等污黑丑恶方面之真相。"这意味着目前有关曾国藩的种种美妙说法，许多都是经过精心策划产生的。曾国藩所留下的"心法"和料事如神的书信，许多都是事后经其门人修饰和整理过的，一切的加工都已经有了把曾国藩打造成神的意图。更何况今人著书曾国藩，就像无数红学家注解《红楼梦》一样，往往将自以为是或道听途说的美化成分加入进去，创造出无数的心法、心经、谋略、学问，把不是曾国藩的东西硬说成是曾国

曾国藩著　《曾文正公文集》

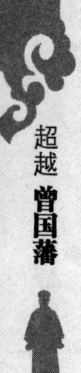

藩的，无休止地演绎和扩充成所谓"曾学"。挖掘出所谓官场或处世的智慧来，形成大家共同推波助澜的形势。

平心而论，先人确实管不了身后事身后人，但谁又能否认，榜样的力量始终是存在的。人是模仿大于创新的动物，如果没有曾国藩的影响，李鸿章能够成为近代历史上那个李鸿章吗？肯定会有其他更多的可能。而通过李鸿章到段祺瑞的历史不难看出，前人如何为后人做榜样是非常重要的。曾国藩以其成功的那些红利遗传给李鸿章、袁世凯等后人，虽然使这些人以获得高位的方式走入历史，却同时也使这些人以过大于功的方式走出历史。也正是这些人，压抑了当时中国寻求民族独立、共和与民主的历史进步潮流。著名的孙中山，被这些人撵得东躲西藏，客观上拖延了中国历史的进步历程。这说明，曾国藩传播其政治红利的方式，是值得商榷的。那么，曾国藩如此遗计下属，该以历史上何人为鉴？

历史上真正的"大人"

寻找与曾国藩同时期或之前给其后人留下美好政治与精神遗产的人，当属美国第一任总统乔治·华盛顿。

1732年2月，华盛顿出生于北美弗吉尼亚州威斯特摩兰县布里奇斯溪庄园。1774年，北美独立战争全面爆发已迫在眉睫。华盛顿作为弗吉尼亚州的代表，曾参加北美13个英属殖民地代表在费城举行的首次大陆会议，讨论独立问题。1775年4月18日，被称为打响美国独立第一枪的列克星顿枪声传遍整个北美大地，揭开了北美殖民地人民反英武装斗争的序幕。面对此景，华盛顿心情复杂："一想到同室操戈，兄弟相煎，一想到幸福和平的美洲平原或者血流成河，或者沦为奴隶的栖身之所，我就伤心不已，这真是可悲的选择！一个正直的人在选择自己的道路时还能有什么犹豫的吗？"他最终决定投身抗英作战。

1775年5月10日，第二届大陆会议在费城举行。华盛顿是唯一身着戎装的代表，最终被任命为大陆军总司令，时年43岁。接受北美大陆军总司令之职是华盛顿人生旅途的重大转折点，他率领一群缺乏训练的业余战士开始抗击当时世界上最强大的军事力量。这支军队在历史上，恐怕并没有湘军那种对同胞劫掠奸淫之名。1776年7月4日，《独立宣言》的发布为北美独立战争增加了新的动力。在战争中，华盛顿富于进取精神，有忍耐力，更有魄力。在每次战斗中，他都骑着自己的白马冲锋陷阵。为确保战争的胜利，出于对华盛顿高尚人格与品德的极度信任，大陆会议决定授予他相当独断的军权，并称："把无限的权力交给我们国家军队的统帅是万无一失的，他决不会因此而危及个人的安全、自由和财产，这实在是我国人民的一大幸事。"为了感激大陆会议对自己的信任，华盛顿在答谢时说："我绝不认为，由于大陆会议信任我，我就可以不履行一切公民义务。相反，我要时刻牢记：由于刀剑只是维护我们自由权利不得已的手段，一旦自由权利牢牢确立，首先丢在一边的就是刀剑。"人们恐怕还记得，曾国藩的湘军虽说爱民，实则扰民害民。

1781年9月到10月，华盛顿率美法联军包围约克敦，迫使英军投

降，取得独立战争的决定性胜利。12月23日，华盛顿辞去军职。华盛顿认为，总司令只是武装力量的代表，而议员却是国家的最高权力的代表，无论如何，军队都只能向着"国家"表示尊敬和服从。在费城，他与财政部的审计人员一起核查了他在整个战争过程中的开支，账目清楚准确，他甚至还补贴了许多自己的钱。而湘军，却因为战争大发横财。辞职后的华盛顿虽然过着平静的半退隐生活，但人们对他却顶礼膜拜。1783年3月，英美签署和平协议。4月19日，独立战争结束。

《独立宣言》的发布，独立战争的结束，使美利坚合众国真正实现了独立。1787年，北美制宪会议在费城召开。华盛顿作为制宪会议主席，竭尽全力用自己的威望和影响力，为代表们之间的相互沟通创造气氛，起到了平衡和协调的作用。最终所有代表都同意将行政权力赋予美利坚合众国的总统，制宪会议取得了巨大的成功。联邦宪法的通过，揭开了华盛顿人生中新的一页，当时人们都认为美国第一位总统非他莫属。华盛顿成为美国历史上的第一位总统，也是迄今唯一一位全票当选的总统，第一位没有任何党派身份的总统。获悉自己当选总统后，华盛顿表示："我将下定决心，别无他顾，竭尽全力为民效力，以期能在适当的时机尽早解除这一职务，使我再次隐退，以便在惊涛骇浪之后度过平静的晚年，以享天伦之乐。"

1789年4月30日，华盛顿在大法官的主持下，进行庄严的总统就职宣誓。在组建联邦政府机构时，华盛顿心胸宽广，把美国第一流的人物都收入他的政府。为了确立政府的威信，他对各部官员的选择有两个条件：第一要受到人们的欢迎和爱戴，第二要对人民有影响力，二者缺一不可。面对政府内阁中的党派之争，他冷静的用超人的智慧加以调解，对待联邦党人和共和党人的论争，他希望能不带偏见的将

对美国有利的观点集中起来。在人们的一致拥护和信任下,华盛顿连任第二届总统。但在履行国家公职的同时,华盛顿渴望着自由自在的生活,希望安享晚年。1797年3月3日,华盛顿担任公职的最后一天。他举行了一次庄重而热烈的告别宴会,最终结束了他的公仆生活。在人们的惋惜、痛苦和眼泪中,华盛顿平静的离开了政坛。他的退隐为美国总统的任期立下了不超过两届的先例。华盛顿,没有死在他的总统任上是其最大的荣耀之一。曾国藩及其后人,都是一生恋栈之人。

既象春秋吴越争霸时范蠡和汉代张良的自保,也是要避免因为自己引起权力之争并有害于国家。

圣马丁,1778年2月25日生于西班牙在南美的殖民地拉普拉塔所辖的亚佩尤。1789年7月,他进入西班牙穆尔西亚步兵团为士官生,并于1791年随西班牙军队在非洲同摩尔人作战,1798和1801年分别与英军和葡军作战。这些战争经历,使圣马丁积累了一定的军事经验。1808年以后,在西班牙抗击拿破仑一世侵略的民族战争中,圣马丁屡建功勋,被晋升为少校。1810年,拉普拉塔发生"五月革命",开始了独立战争。1812年年初,圣马丁返回祖国投身革命。1813年年底,他被任命为北方军司令,击退了殖民军的反扑,保卫了独立成果。为了消灭秘鲁总督区的殖民军主力,保证拉普拉塔乃至南美洲整个地区的独立运动取得胜利,圣马丁主张穿越安第斯山,首先解放智利,然后联合智利爱国军从海路去解放秘鲁。为此,他辞去北方军司令职务,于1814年任库约省省长,以门多萨城为练兵基地,用两年多的时间精心训练了一支约有5000人的安第斯军。

1817年1月,圣马丁率安第斯军翻越安第斯山,进军智利。1818年2月12日,智利宣告独立。同年4月5日,在迈普战役中,圣马丁击败西班牙殖民军,巩固了智利的独立。1820年,圣马丁以智利为基地

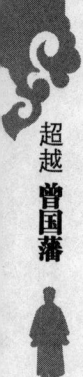

组成了一支约4500人的解放秘鲁军,包括一支拥有24艘舰船的智利海军,圣马丁任舰队总司令。8月,圣马丁率军从海上进军秘鲁。1821年7月6日,西班牙总督率殖民军逃往东部山区,圣马丁解放利马,28日秘鲁宣告独立,圣马丁被推举为秘鲁"护国公"。

1822年7月25日,圣马丁和南美独立战争另一个关键人物玻利瓦尔在厄瓜多尔的瓜亚基尔会晤。关于这次会晤,圣马丁曾向玻利瓦尔说:"美洲将不会忘记我们两人相互拥抱的这一天。"从会谈前的气氛看,这次会晤是和谐、愉快的。圣马丁到达港口时,玻利瓦尔的两位助手去迎接,玻利瓦尔在他居住的宾馆欢迎了圣马丁。在人民的欢呼声中,两位领袖紧紧地拥抱在了一起。但会谈结束后,圣马丁却神情严肃,默默地走出了大厅,玻利瓦尔则带着一种神秘的表情。圣马丁随后悄无声息地与同行的一位将军不辞而别,返回了秘鲁。返回秘鲁不久,圣马丁在"第一届国会"上郑重而严肃地宣布辞去国家首脑和军队统帅的职务,决定不再拥有任何权力。圣马丁说:"而今桂冠布满了整个南美洲战场,我的头颅却要躲避最后胜利的桂冠!我的心灵从来没有被甜蜜的感情激动过,然而今天却激动了我的心!对一个为人民的自由、民主、幸福而战的斗士来说,胜利的喜悦只能使他更加诚心诚意地成为使人民享有权利的工具……我异常高兴地见到了国会的成立,在这届国会上,我辞去我所拥有的一切最高权力!我今天讲话的目的只有一个,那就是,请所有议员先生都不要投我继续执政的选票!"所有在场的人都非常吃惊,纷纷劝说圣马丁收回辞呈。但圣马丁意志坚决,从各个方面解释了他辞职的原因。不过人们隐约感到最主要的原因仍然是瓜亚基尔会议,可是,关于这点圣马丁只字未提。

一种说法是:在与玻利瓦尔会谈时,双方在如何统一作战打击南美殖民者等根本问题上产生了争执。玻利瓦尔当时39岁，血气方刚，可能对圣马丁态度强硬，寸步不让。而圣马丁当年44岁，由于32年的戎马生涯身体严重受损，所以自动让出统帅之位，让玻利瓦尔独自率军扫清殖民残余势力。另一种说法更为世人所公认：当时圣马丁与玻利瓦尔的部队面临与殖民军决战，圣马丁所率部队有许多病员，又因其他原因使阿根廷、智利政府不能全力支持他，而他迫切希望增援。所以便在瓜亚基尔与玻利瓦尔会谈，希望得到玻利瓦尔的帮助。如果玻利瓦尔在另一线牵制殖民军，就有可能取得胜利，否则，圣马丁以少攻多，势必会出现敌我双方的对峙，这样的话，就会延缓拉美独立的进程。结果，经过与玻利瓦尔密谈，他明白了两人之间的分歧，那就是：一山不容二虎。为了南美的未来，为了人民的利益，他选择了放弃权力的做法，而不是等待将来与玻利瓦尔兵戎相见。后世历史学家托马斯·基朵在《圣马丁与伟大的史诗》中写道："玻利瓦尔对圣马丁在解放秘鲁战争中所取得的胜利是不高兴的。为了争夺最后胜利和南美洲的最高权力，玻利瓦尔会以大胆的手段，带领他的部队与圣马丁的军队争斗。两支革命军火并，圣马丁认为是'留在世界上的一件十分丢脸的丑行恶名！'所以他作出了痛苦的抉择！"圣马丁也曾说过："我的剑绝不为争权夺利而出鞘！"只要秘鲁和整个拉丁美洲真正独立，他"将远远地离开这里"。

圣马丁把自己毕生为之奋斗而取得的，同时也是南美洲最辉煌的胜利果实与最高权力、荣誉，主动拱手让与了他的革命伙伴同时又是对手的玻利瓦尔，所以他受到了全世界的赞扬。

当时的玻利瓦尔与圣马丁相比虽然有些逊色，但后来同样表现出了自己的不凡。1783年，玻利瓦尔出生在委内瑞拉加斯市的一个西班牙血统的贵族家庭，9岁时成了孤儿。在他成长期间，法国启蒙运动

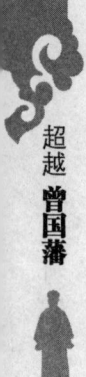

思想深深地影响着他。青年玻利瓦尔1805年在罗马阿旺丁山顶上立下了著名的誓言：只要祖国一天不从西班牙统治下获得解放，他就要奋斗一天。1810年，委内瑞拉的西班牙总督被解职，委内瑞拉从此开始了反对西班牙殖民统治的革命。1811年，委内瑞拉发出了正式的独立宣言，同年玻利瓦尔成为革命军的一员将领。1819年8月，玻利瓦尔赢得了打败西班牙军队的具有决定意义的波亚卡战役。1821年，委内瑞拉获得解放。1822年，厄瓜多尔获得解放。

玻利瓦尔一心要建立一个新南美洲民族联邦政府，可惜南美的离心趋势比他想象的要大得多。1826年，玻利瓦尔召开泛美会议时，只有四个国家参加，没有更多的国家想加入他的大哥伦比亚共和国，而这个共和国本身也很快土崩瓦解。1828年，发生了一起暗杀玻利瓦尔的阴谋。1830年，委内瑞拉和厄瓜多尔脱离了共和国。这都使玻利瓦尔认识到自己是和平的累赘，于是他于1830年4月宣布辞职。随后，他离开了故土委内瑞拉，过着流浪的生活，穷困潦倒，于1830年12月去世。

玻利瓦尔显然是一个雄心勃勃的人。在危难关头，他有时会独断专行，但是在面临最终的抉择时，他更愿意将个人的雄心大志置于民众的福利和民主的理想之下，不断放弃自己手中的各种独裁权力。玻利瓦尔像华盛顿一样指挥着小小的训练无素的军队，资金不足，往往需要一位能鼓舞士气的领袖才能把军队聚集起来。和华盛顿不同的是，玻利瓦尔在有生之年把他所有的奴隶都解放了。此外，他通过发表宣言和制定宪法条款，为在他所解放的国家里消灭奴隶制进行了积极的斗争。玻利瓦尔的个性复杂而有趣，他鲜明、勇敢、浪漫，他英俊潇洒，一表人才，不乏风流韵事。他的雄心壮志远比华盛顿大得多，但这对他所解放的地区却是不利因素。玻利

瓦尔对物质利益毫不在意，他进入政界是富翁，隐退时成了穷汉。

由于圣马丁和玻利瓦尔的伟大生涯，人们分别称他们是"南美的乔治·华盛顿"。同卡耐基认为在巨富中死去是一种耻辱一样，华盛顿、圣马丁和玻利瓦尔也许都认为，用巨大的政治权力攫取私利是一种耻辱，为了这种私利而在巨大的政治权力中死去更是一种耻辱。同他们相比，曾国藩受名利官爵所累，死于任上不也是一种遗憾吗？实际上，无论是华盛顿、圣马丁还是玻利瓦尔，都有当官只为民，功成身退的风度。他们这种功成身退，不是春秋吴越争霸时范蠡和汉代张良的自保，而是避免因为自己引起权力之争并有害于国家。在这一点上，他们要比一生恋权的曾国藩、李鸿章、袁世凯强得多。像华盛顿、圣马丁、玻利瓦尔那样，把政治权力留给公认的领袖，广泛培养政治人才，把所得的政治智慧传播开去，真正用政治红利惠及他人而不仅仅是某个利益链条，是最受历史敬重的一种对待政治红利的方式。毕竟政治权力不是家族遗产，当任者有才能和公心并不等于其后人或属下也有才能与公心，将政治权力当成遗产来传递，利于家族却不利于国家，而且不利于国家最终也难利其家族。"皮之不存，毛将焉附？"也就是说：独吞是害。

因此，要与华盛顿、圣马丁、玻利瓦尔携手，超越曾国藩。

第八章

智慧在我VS相术崇拜，谁能超越曾国藩

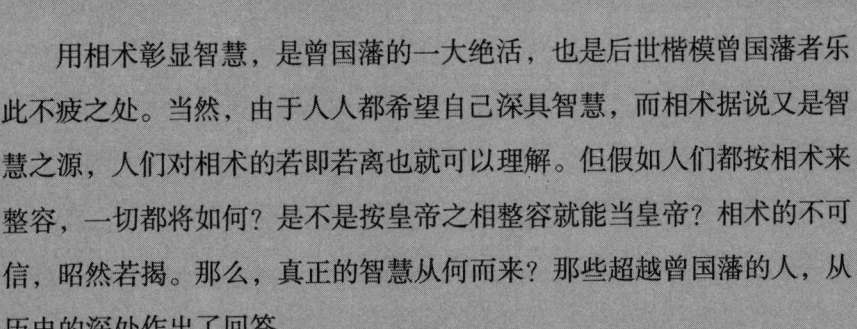

　　用相术彰显智慧，是曾国藩的一大绝活，也是后世楷模曾国藩者乐此不疲之处。当然，由于人人都希望自己深具智慧，而相术据说又是智慧之源，人们对相术的若即若离也就可以理解。但假如人们都按相术来整容，一切都将如何？是不是按皇帝之相整容就能当皇帝？相术的不可信，昭然若揭。那么，真正的智慧从何而来？那些超越曾国藩的人，从历史的深处作出了回答。

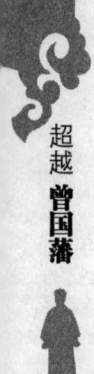

相术神话送给曾国藩的光环

神话、神秘从来都与政治难以分离。秦末汉初刘邦为了夺取秦二世的江山，别出心裁地说他是赤帝之子，要斩白蛇起义。同时，刘邦还与他的家人约定，自己要躲到山中让别人找不到他，但家中人一定会找到他。外人不明白为什么如此，刘家的人则绘声绘影地说刘邦所到之处，头顶上有一块彩云，只有刘家人可以看见。后来刘邦做了皇帝，这些便成为他是真命天子的背景。不仅如此，实际上历史上每个皇帝或许多大人物也多采用这种方法衬托自己。传说袁世凯出生时，他的父亲袁保中就梦见了一只大蛤蟆爬到他的身上。后来清朝末年甚至还有西山十戾的说法，分别是：熊（多尔衮）、獾（洪承畴）、鹗（吴三桂）、狼（和珅）、驴（海兰察）、猪（年羹尧）、蟒（曾国藩）、猴（张之洞）、狐（西太后）、蛤蟆（袁世凯）。这些说法总而言之就是一个目的，给这些人打上神化的烙印。仿佛他们是上天派下来的，既然在神话世界中已占有一席之地，在普通百姓为主的世俗社会，他们更可以称王称霸了。

在打上神化烙印这一点上，曾国藩也不例外。当今流行的许多关于曾国藩的传说中，有一种就说曾国藩是蟒蛇精投胎转世。而神化曾国藩色彩最为浓厚的是，曾国藩拥有天授的相术本领，而且非常高明，能够一眼看透一个人。如流传的曾国藩的相术口诀称："邪正看眼鼻，真假看嘴唇；功名看气概，富贵看精神；主意看指爪，风波看

脚筋；若要看条理，全在语言中。"此外有论者说，"翻开《曾国藩家书》，翻开《冰鉴》，翻开属于国藩内心的那一页就不由得折服和反思。历览前贤，虽有秦皇汉武的风骚，唐宗宋祖的文采，一代天骄成吉思汗的弯弓和大雕，可又有谁能像内圣外王的曾文正一样，为官则清正无私，举贤若渴；为将则机智沉稳，步步为营，奇正相佐；为儒则谦和内敛，毫无文人的狂傲之气；为父为兄则严于律亲，不使一人得道，鸡犬升天；为师则一眼能看透别人的面目，拥有高明的相术。"这里所说的《冰鉴》，就是李鸿章所说的曾国藩一生所拥有的几套本领中最重要的一套。《冰鉴》取义是以冰为镜，能察秋毫之义。据称总结的是曾国藩摒弃传统相术之习俗，重神兼之以形，重常而辨之以奇，重理而导之以术，从整体出发，就相论人，就神取人，从静态中把握人的本质，从动态中观察人的归宿等高明的相术。一切果真那么神奇吗？假如当人们穿透曾国藩的相术发现一切并不那么可靠时，又有什么才是真正可靠实用的观人观事的智慧呢？

具体而言，代表曾国藩相术之大成的流行的《冰鉴》基本内容如下：

《冰鉴》相神骨，语云，"脱谷为糠，其髓斯存"，神之谓也。"山骞不崩，唯石为镇"，骨之谓也。一身精神，具乎两目；一身骨相，具乎面部。他家兼论形骸，文人先观神骨。开门见山，此为第一。文人论神，有清浊之辨。清浊易辨，邪正难辨。欲辨邪正，先观动静；静若含珠，动若木发；静若无人，动若赴的，此为澄清到底。静若萤光，动若流水，尖巧而喜淫；静若半睡，动若鹿骇，别才而深思。一为败器，一为隐流，均之托迹于清，不可不辨。凡精神抖擞处易见，断续处难见。断者出处断，续者闭处续。道家所谓"收拾入门"之说，不了处看其脱略，做了处看其针线。小心者，从其做不了处看之，疏节阔目，若不经意，所谓脱略也。大胆者，从其做了处看之，慎重周密，无有苟且，所谓针线也。二者实看向内处，稍移外便落情态矣，情态易见。

《冰鉴》称，骨有九起：天庭骨隆起，枕骨强起，项骨平起，佐串骨角起，太阳骨线起，眉骨伏犀起，鼻骨芽起，颧骨若不得而起，顶骨平伏起。在头，以天庭骨、枕骨、太阳骨为主；在面，以眉骨、颧骨为主。五者备，柱石之器也；一则不穷；二则不贱；三则动履稍胜；四则贵矣。骨有色，面以青为贵，"少年公卿半青面"是也。紫次之，白斯下矣。骨有质，头以联者为贵。碎次之。总之，头上无恶骨，面佳不如头佳。然大而缺天庭，终是贱品；圆而无串骨，半是孤僧；鼻骨犯眉，堂上不焘。颧骨与眼争，子嗣不立。此中贵贱，有毫厘千里之辨。

《冰鉴》相刚柔：既识神骨，当辨刚柔。刚柔，则五行生克之数，名曰"先天种子"，不足用补，有余用泄。消息与命相通，此其皎然易见者。五行有合法，水合木，木合火，此顺而合。顺者多富，即贵亦在浮沉之间。金与火仇，有时合火，推之水土者皆然，此逆而合者，其贵非常。然所谓逆合者，金形带火则然，火形带金，则三十死矣；上形带上则然，上形带水，则孤寡终老矣；木形带金则然，金形带木，则刀剑随身矣。此外牵合，俱是杂格，不入文人正论。五行为外刚柔。内刚柔，则喜怒、跳伏、深浅者是也。喜高怒重，过目辄忘，近粗。伏亦不伉，跳亦不扬，近蠢。初念甚浅，转念甚深，近奸。内奸者，功名可期。粗合各半者，胜人以焘。纯奸能豁达，其人终成。纯粗无周密，半途必弃。观人所忽，十有九八矣。

《冰鉴》相容貌：容以七尺为期，貌合两仪而论。胸腹手足，实接五行；耳目口鼻，全通四气。相顾相称，则福生；如背如凑，则林林总总，不足论也。容贵"整"，"整"非整齐之谓。短不豕蹲，长不茅立，肥不能餐，瘦不鹄寒，所谓"整"也。背宜圆厚，腹宜突坦，手足温软，曲若弯弓，足宜丰满，下宜藏蛋，所谓"整"也。五短多贵，两大不扬，负重高官，鼠行好利，此为定格。他如手长于身，身过于体，配以佳骨，定主封侯；罗纹满身，胸有秀骨，配以妙神，不拜相即鼎甲矣。

《冰鉴》称：貌有清、古、奇、秀之别，总之须看科名星与阴骘纹为主。科名星，十三岁至三十九岁随时而见；阴骘纹，十九岁至四十六岁随时而见。二者全，大物也，得一亦贵。科名星见于印堂眉尾，时隐时见，或为钢针，或为小丸，尝有光气，酒后及发怒时易见。阴骘纹见于眼角，阴雨便见，如三叉样，假寐时最易见。得科名星者早荣，得阴骘纹者迟发。二者全无，前程莫问。阴骘纹见于喉间又主生贵子，杂路不在此格。

目者面之渊，不深则不清。鼻者面之山，不高则不灵。口阔而方禄千钟，齿多而圆不家食。眼角入鬓，必掌刑名。顶见于面，终司钱谷：此贵征也。舌肥无官，橘皮不显。文人有伤左目，鹰鼻动便食人：此贱征也。

《冰鉴》相情态：容貌者，骨之余，常佐骨之不足。情态者，神之余，常佐神之不足。久注观人精神，乍见观人情态。大家举止，羞涩亦佳；小儿行藏，跳叫愈失。大旨亦辨清浊，细处兼论取舍。有弱态，有狂态，有疏懒态，有周旋态。飞鸟依人，情致婉转，此弱态也。不衫不履，旁若无人，此狂态也。坐止自如，问答随意，此疏懒态也。饰其中机，不苟言笑，察言观色，趋吉避凶，则周旋态也。皆根其情，不由矫柱。弱而不媚，狂而不哗，疏懒而真诚，周旋而健举，皆能成器；反之，败类也。大概亦得二三矣。前者恒态，又有时

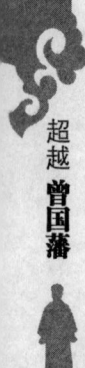

态。方有对谈,神忽他往;众方称言,此独冷笑;探险难近,不足与论情。言不必当,极口称是,未交此人,故意诋毁;卑庸可耻,不足与论事。漫无可否,临事迟回;不甚关情,亦为堕泪;妇人之仁,不足与谈心。三者不必定人终身。反此以求,可以交天下士。

《冰鉴》相须眉:"须眉男子"。未有须眉不具可称男子者。"少年两道眉,临老一付须。"此言眉生早成,须主晚运也。然而紫面无须自贵,暴腮缺须亦荣:郭令公半部不全,霍骠骁一副寡脸。此等间逢,毕竟有须眉者,十之九也。

眉尚彩,彩者,抄处反光也。贵人有三层彩,有一二层者。所谓"文明气像",宜疏爽不宜凝滞。一望有乘风翔舞之势,上也;如泼墨者,最下;倒竖者,上也;下垂者,最下。长有起伏,短有神气;浓忌浮光,淡忌枯索。如剑者掌兵权,如帚者赴法场。个中亦有征范,不可不辨。它如压眼不利,散乱多忧,细而带媚,粗而无文,最是下乘。

《冰鉴》称,须有多寡,取其与眉相称。多者,宜清、宜疏、宜缩、宜参差不齐;少者,宜光、宜健、宜圆、宜有情照顾。卷如螺纹,聪明豁达;长如解索,风流荣显;劲如张戟,位高权重;亮若银条,早登廊庙,皆宜途大器。紫须剑眉,声音洪壮;蓬然虬乱,尝见耳后,配以神骨清奇,不千里封侯,亦十年拜相。他如"辅须先长终不利"、"人中不见一世穷"、"鼻毛接须多滞晦"、"短髭遮口饿终身",此其显而可见者耳。

《冰鉴》相声音:人之声音,犹天地之气,轻清上浮,重浊下坠。始于丹田,发于喉,转于舌,辨于齿,出于唇,实与五音相配。取其自成一家,不必一一合调,闻声相思,其人斯在,宁必一见决英雄哉!

声与音不同。声主"张"，寻发处见；音主"敛"，寻歇处见。辨声之法，必辨喜怒哀乐；喜如折竹，怒如阴雷起地，哀如击薄冰，乐如雪舞风前，大概以"轻清"为上。声雄者，如钟则贵，如锣则贱；声雌者，如雉鸣则贵，如蛙鸣则贱。远听声雄，近听悠扬，起若乘风，止如拍琴，上上。"大言不张唇，细言不露齿"，上也。出而不返，荒郊牛鸣；急而不达，深夜鼠嚼；或字句相联，喋喋利口；或齿喉隔断，嗻嗻混谈：市井之夫，何足比较？音者，声之余也，与声相去不远，此则从细曲中见耳。贫贱者有声无音，尖巧者有音无声，所谓"禽无声，兽无音"是也。凡人说话，是声散在前后左右者是也。开谈多含情，话终有余响，不唯雅人，兼称国士。口阔无溢出，舌尖无窕音，不唯实厚，兼获名高。

《冰鉴》相气色：面部如命，气色如运。大命固宜整齐，小运亦当享泰。是故光焰不发，珠玉与瓦砾同观；藻绘未扬，明光与布葛齐价。大者主一生祸福，小者亦三月吉凶。

人以气为主，于内为精神，于外为气色。有终身之气色，"少淡、长明、壮艳、老素"是也。有一年之气色，"春青、夏红、秋黄、冬白"是也。有一月之气色，"朔后森发，望后隐跃"是也。有一日之气色，"早育、昼满、晚停、暮静"是也。科名中人，以黄为主，此正色也。黄云盖顶，必摄大魁；黄翅入鬓，进身不远；印堂黄色，富贵逼人；明堂素净，明年及第。他如眼角霞鲜，决利小考；印堂垂紫，动获小利；红晕中分，定产佳儿；两颧红润，骨肉发迹。由此推之，足见一斑矣。

色忌青，忌白。青常见于眼底，白常见于眉端。然亦不同：心事忧劳，青如凝墨；祸生不测，青如浮烟；酒色愆倦，白如卧羊；灾晦催人，白如傅粉。又有青而带紫，金形遇之而飞扬，白而有

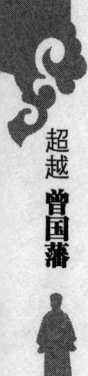

光,土庚相当亦富贵,又不在此论也。最不佳者:"太白夹日月,乌鸟集天庭,桃花散面颊,颊尾守地阁。"有一于此,前程退落,祸患再三矣。

如此等等,《冰鉴》大致意思是说:稻谷去掉的外壳是没有多大用途的谷糠,正因为去掉了糠,稻谷的精华——米才会显示它的存在,而且它不会因外壳磨损而丢失。这就是稻谷的"神"。又如山岳表面的泥土虽然经常脱落流失,但它却不会倒塌破碎,因为它的主体部分是硬如钢铁的岩石,不会被风吹雨打去。同样,人的精华就是一个人内在的精气神,人的"镇山之石"就是一个人身上的骨骼。它们一旦长成定型,也不会轻易失去或变迁。一个人的精神状态,集中体现在他的两只眼睛里。一个人的骨骼之相,主要集中在他的那张脸上。所以一般看相时观察各类人等主要是看他们的体势情态,而高手则主要看人的眼神与骨架。眼神和骨骼就像两扇大门,命运就像深藏于内的各种宝藏物品,察看人们的眼神和骨骼,就相当于去打开两扇大门。门打开之后,自然可以对里面的宝藏物品一览无余,进而测知人的气质和未来了。眼神和骨骼,是观人的第一要诀。

研究、观察人的"神"时,一般都把"神"分为清纯与昏浊两种,即所谓神清气爽、精神抖擞之人与浑浑噩噩、没精打采之人。其实,"神"的清纯与昏浊还是比较容易区别的,没有什么大不了的。具有考验性、比较难以观察的是区分一个人属于奸邪还是忠直。而要考察一个人到底是奸邪还是忠直,最好的办法是先看他处于动、静两种状态下的不同表现。一个人处于静态时,目光安详沉稳而又有光,真情深蕴,宛如两颗晶亮的明珠,含而不露;处于动态之时,眼中精光闪烁,敏锐犀利,就如春天树木抽出的新芽。一个人处于静态时,目光清明沉稳,旁若无人;处于动态之时,就好像离弦之箭一往无前，直指目标。这两种神情，都属于澄明清澈，属于纯正的神情。一个人处于静态的时候，目光有如萤火虫之光，微弱而闪烁飘移不定；处于动态的时候，有如流动之水滔滔不息，虽然澄清却游移不定，四处乱看。这属于那种善于伪饰的神情，有内心空洞或奸心内萌之意。一个人处于静态时，似睡非睡，似醒非醒；处于动态时则像惊鹿一样机敏行动，这是属于别具才华而且喜欢深思的人。不过要注意的是，那些成不了什么事的人，还有归隐的清流，都会显露出清纯的神情，所以一个人具体会怎么样，还需要通过其他方面进行仔细观察。

　　观察认识别人的精神状态时，如果一个人精神抖擞，那么就好观察。不好观察的是那种看起来似乎精神抖擞，又可能不是真的精神振作等难以区分的状态。精神不足，即便它是故作振作并表现于外，但不足的特征还是掩盖不了的。而精神有余，则由于它是自然流露并蕴涵于内。这就是道家所说的"收拾入门"，意思是在观察人的"神"时，做事没做完的时候观察他要看"脱略"，事已做完时观察他要看"针线"。对于小心谨慎的人，要在尚未"收拾入门"的时候去看他，这样就可以发现一些特点，他越是小心谨慎，他的举动就越是不精细，欠周密，总好像漫不经心，这种精神状态就是所谓的轻慢不拘。对于率直豪放的人，要在已经"收拾入门"的时候去看他，这样如果发现他越是率直豪放，其举动就越是慎重周密，做什么都一丝不苟，那么就可以说这种精神状态不错。人的精神状态实际上都存在于内心世界，但是它们只要稍微向外一流露，立刻就会变为情态，而情态则是比较容易看到的。

　　所谓九种能寓示人贵为公侯的骨相各有各的特点：天庭骨丰隆饱满，枕骨充实显露，项骨平正而突兀，佐串骨像角一样斜斜而上直入发际，太阳骨直线上升；眉骨显而不露，隐隐约约像犀角平伏在那里；鼻骨状如芦笋竹芽，挺拔而起；颧骨有力有势，又不陷不露；顶骨平伏厚实，又约显约露。看头部的骨相，主要看天庭、枕骨、太阳骨这三处关键部位；看面部的骨相，则主要看眉骨、颧骨这两处关键部位。如果以上五种骨相完美无缺，此人一定是国家的栋梁之才。如果只具备其中的一种，此人也可以终生不受穷。如果能具备其中的两种，此人便终生不会卑贱，居于人下。如果能具备其中的三种，此人只要肯有所作为，就会发达起来。如果能具备其中的四种，此人一定会显贵。骨有不同的颜色，面部颜色，则以青色最为高贵。俗话说的"少年公卿半青面"，就是这个意思。黄中透红的紫色比青色略次一等。其他面如枯骨着粉白色，则是最下等的颜色，人一定命不好。骨有一定的气势，头部骨骼以相互关联、气势贯通最为高贵，互不贯通、支离散乱则略次一等。总之，只要头上没有恶骨，就是面再好也不如头好。然而，如果头大而天庭骨却不丰隆，终是卑贱品位。如果头圆而佐串骨却隐伏不见，多半要出家当僧人了。如果鼻骨冲犯两眉，父母必不长寿。如果颧骨紧贴眼尾而颧峰凌眼，子孙后代处境可能堪忧。这里的富贵与贫贱差别，有如毫厘之短与千里之长，是非常大的，看相的人要小心体察。

《冰鉴》还强调要注意辨别刚柔。即在认识到精神与骨骼的秘密后，一定要分析一下刚柔之道。所谓刚柔，讲的是金木水火土五行相生相克的道理。这就是道家讲的人身上的"先天种子"，不足的增补它，有余的消泄它，使之刚柔平衡，五行和谐。"先天种子"的盈虚损益与人的命运相通，这是在对比中就能很容易发现的信息。

五行之间存在着相生相克的关系，这种关系有时称为"合"，而"合"又有顺合与逆合之分，如木生火，火生土，土生金，金生水，水生木，这种辗转相生就是顺合。拥有顺合之相的人大多会富，即有钱，但是却不会得贵，即为官。即便偶然得贵，也总是浮浮沉沉、升升降降，难于保持永久。金仇火，但有时火与金又相辅相成，这就像金无火炼不成器的道理一样。依此类推，水与土等之间的关系都是这样，这就是逆合，这种逆合之相非常容易使人贵，即成为所谓的高贵之人。在逆合之相中，如果是金形人带有火形之相，便非常高贵。相反，如果是火形人带有金形之相，那么年龄到了30岁就会英年早逝。如果是水形人带有水形之相，那么就会一辈子孤寡无依。如果是木形人带有金形之相，便会非常高贵。相反，如果是金形人带有木形之相，那么就会有刀剑之灾，杀身之祸。至于除此之外的那些牵强附会的说法，都是杂凑的模式，不能归入会看相的正宗理论。

　　前面所说的五行，是人的阳刚和阴柔之气的外在表现，即是所谓"外刚柔"。但除了外刚柔，还有"内刚柔"的一些说法。"内刚柔"指的是人的喜怒哀乐的感情，激动或平静的情绪和有时深、有时浅的心机或城府。这些感情在人心里也是互相矛盾，相生相克的。遇到令人高兴的事情，乐不可支，遇到令人恼怒的事情，就怒不可遏，而且事情一过就忘得一干二净，这种人阳刚之气太盛，活得有些简单，其气质甚至接近于粗鲁。平静的时候没有一点张扬之气，激动的时候也昂扬不起来，这种人阴柔之气太盛，总让人感觉活得太沉重，其气质可以说接近于愚蠢。遇到事情，初一考虑，看起来想得似乎很肤浅，然而一转念，想得又非常深入和精细。这种人阳刚与阴柔并济，其气质接近于奸诈。凡属内藏奸诈的人外柔内刚，遇事能进能退，能屈能伸，日后必有一番功业和名声可以成就。既粗鲁又愚蠢的人，刚柔皆能支配其心，使他们心无城府，快意恩仇，乐天知命，因此这种快乐派寿命往往超过常人。纯奸的人即大奸大诈者，其心如果能反过来支配刚柔，遇事往往能以退为进，以顺迎逆，那么这种人最

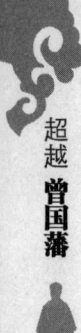

终会获得事业的成功。那种外表举止粗鲁，内心气质也粗鲁的人，只是一味地刚，做起事来必定要半途而废。以上也就是"内刚柔"，往往被忽视，而且一般看相的人十有八九都犯这个毛病。

《冰鉴》相容貌讲，凡是观人形貌，观姿容以七尺躯体为限度，看面貌则以两只眼睛来评断。人的胸腹手足，对应着五行即金、木、水、火、土，都有它们的某种特性和特征；人的耳目口鼻都和春、夏、秋、冬四时之气相互贯通。人体的各个部位如同一个整体的各个部分，如果相互照应、匹配，彼此对称、协调，那么就会为人带来福分，而如果相互背离或彼此拥挤，使相貌显得乱七八糟支离破碎，其命运就不值一提。

人的姿容最高贵的在于"整"。这个"整"并非整齐划一的意思，而是人整个身体的各个组成部分要均衡、匀称，使之构成一个有机的完美整体，即先天的和谐。就身材而言，一个人的个子可以稍矮，但不要矮得像一头蹲着的猪。个子也可以高，但绝不能像一棵孤单的茅草那样耸立着。从体形来看，体态可以胖，但又不能胖得像一头贪吃的熊一样臃肿；体态瘦也不妨，但又不能瘦得如同一只寒鸦那样单薄。这就是"整"。再从身体各部位来看，背部要浑圆而厚实，腹部要突出而平坦，手足要温润柔软，其中手掌要弯曲如引，脚背要丰厚饱满，脚心要空，空到能藏下鸡蛋则佳，这也是所谓的"整"。五短身材虽看似不甚了了，却大多地位高贵，两腿较长的人往往命运不佳。一个人走起路来如同背了重物，那么此人必定有高官之运，走路若像老鼠般步子细碎急促，两眼又左顾右盼且目光闪烁不定者，必是贪财好利之徒。这些都已经是固定格局，屡试不爽。其他的像两手长过上身（最好超过膝盖），上身比下身长，再有一副上佳之骨，那么一定会有公侯之封。再如皮肤细腻柔润，就好像绫罗布满全身，胸部骨骼又隐而不现，再有一副奇佳的神态的话，日后即使不当宰相也会是一代高人。

人的面貌之相有清秀、古朴、奇伟、秀致之别。这四种相貌主要以科名星和阴骘纹为主去辨别。所谓科名星，在人13—39岁这段时间内随时都可以看到。阴骘纹，在19—46岁这段时间也可随时看见。阴骘纹和科名星这两样都具备的话，将来这个人一定会成为人物，能够得到其中一样也会富贵。科名星显现在印堂和眉彩之间，有时会出现有时又隐藏，形状有时像钢针有时又如小球，偶尔有一种红光紫气，在喝酒之后和发怒时最容易看见。阴骘纹出现在眼角之处，遇到阴天或下雨天便能很清晰地看见。阴骘纹像三股叉的样子，在人快要睡着的时候也最容易看见。有科名星者少年时就会发达荣耀，有阴骘纹者发迹的时间要晚一些。两者都没有的话，前程就别问了。另外，阴骘纹若现于咽喉部位，寓示着会生贵子。若阴骘纹出现在其他部位，则不能作这样的判断，也就是不一定会得贵子。

人的眼睛如同面部的两方渊潭，神气不深沉含蓄，面部就不会清朗明爽。人的鼻子如同支撑面部的山脉，鼻梁不挺拔，鼻准头不圆，面部就不会显现机灵聪慧之气。嘴巴宽阔又方正，主人能享千钟之福禄，牙齿细小而圆润，适合到广阔天地发展事业。两眼秀长并延至鬓发处者，必掌司法大权。秃发谢顶而使头与面额相连无限界的人，则能掌财政大权，这也是贵人之相。口吃者无官运，面部肌肤粗糙如橘子皮的人不会发达。文人若左眼有伤那是文星陷落，此人必然无所作为。鼻子如鹰嘴的人，必定内心阴险狠毒，喜伤人，这些都是贫贱之相。

《冰鉴》相情态：一个人的容貌是其骨骼状态的余韵，常常能够弥补骨骼的缺陷。情态是精神的流韵，常常能够弥补精神的不

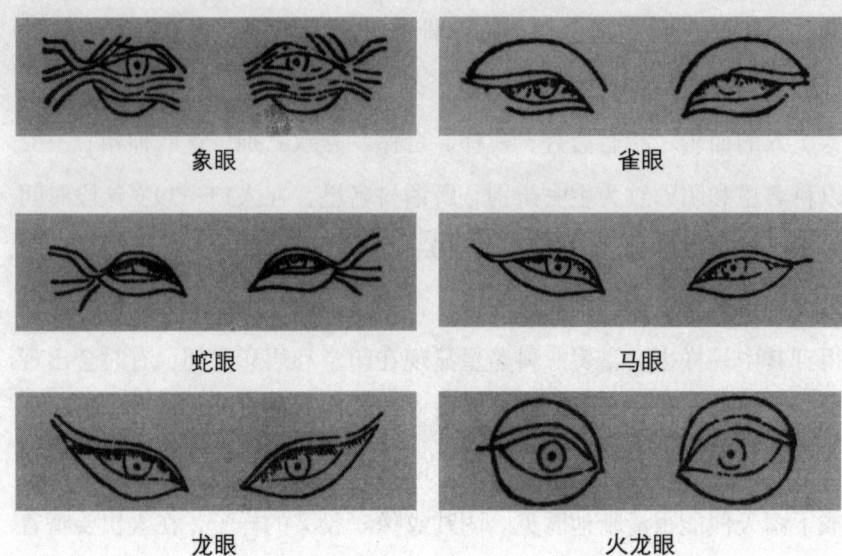

象眼	雀眼
蛇眼	马眼
龙眼	火龙眼

足。长久观察一个人，要着重看这个人的精神如何。匆忙之间观察人，则要重点看这个人的情态如何变化。凡属大家者如高官显宦、硕儒高僧的举止动作，即使是羞涩之态也不失为一种佳相。而凡属小儿科般的举动如市井小民的哭哭笑笑、又跳又叫，愈是矫揉造作反而愈是显得幼稚粗俗。看人的情态，对于大处当然也要分辨清浊，而对细处则不但要分辨清浊，而且还要分辨主次，然后才可作出取舍。人的情态常见的有以下四种：委婉柔弱的弱态，狂放不羁的狂态，怠慢懒散的疏懒态，交际圆滑周到的周旋态。如小鸟依依，情致婉转，娇柔亲切，这是弱态。衣着不整，不修边幅，旁若无人，这就是狂态。想做什么就做什么，想怎么说就怎么说，不分场合，不论忌宜，这就是疏懒态。把心机深深地掩藏起来，处处察颜观色，事事趋吉避凶，与人接触圆滑周到，这就是周旋态。这些情态都来自于内心的真情实性，不会完全由人任意虚饰造作。委婉柔弱而不曲意献媚，狂放不羁而不喧哗取闹，怠慢懒散却坦诚纯

真，交际圆润却强干豪雄，日后都能成为有用之才。反之，即委婉柔弱又曲意诏媚，狂放不羁而又喧哗取闹，怠慢懒散却不坦诚纯真，交际圆滑却不强干豪雄，日后都会沦为无用甚至有害的废物。当然，由于一个人的情态总是变化不定，所以很难准确把握，不过只要看到其大致情形，日后谁会成为有用之才，谁会沦为无用甚至有害的废物，也能看出个二三成。

在以上四种"较为稳定的情态"之外，还有几种情态可称之为"不稳定出现的情态"。如正在跟人进行交谈时，他却忽然把目光和思路转向其他地方去了，足见这种人毫无诚意。在众人言笑正欢的时候，他却在一旁漠然冷笑，足见这种人冷峻寡情。这类人城府深沉，居心险恶，不能跟他们建立友情。别人发表的意见未必完全妥当，他却在一旁连声附和，足见此人胸无定见。还没有跟这个人打交道，他却在背后对人家进行恶意诽谤和诬蔑，足见此人信口开河，不负责任。这类人庸俗下流，卑鄙可耻，不能跟他们合作共事。无论遇到什么事情都不置可否，但一旦事到临头却迟疑不决，犹豫不前，足见此人优柔寡断。遇到一件根本不值得大动感情的事情，他却伤心落泪，大动感情，足见此人缺乏理智，这类人的仁慈纯属"妇人之仁"。对于这类人，不能跟他们推诚交心。然而以上三种情态却不一定能够决定一个人终身的命运。如果能够反以上三种人而求之，那么就几乎可以遍交天下之士了。

《冰鉴》相须眉：人们常说"须眉男子"，就是将须眉作为男子的代名词。这是因为目前还没有见过既无胡须又无眉毛的人可称为男子的。人们还常说："少年两道眉，临老一副须。"这两句话的意思是说，一个人早年时的命运如何可以从眉毛上看出来，而晚年的运气怎么样则可以从胡须上看出来。当然，凡事总有例外，不能一概而论。如果脸面呈紫气，即使没有胡须，地位也会高贵。两腮突露者就算胡须稀少，也能够声名显达。唐代的名将郭子仪虽然胡须稀疏，却位极人臣，富甲天下。汉代的霍去病虽然没有胡须，只是一副寡脸相，却功高盖世。但这种情况只能偶然碰到，毕竟有胡须有眉毛的人占了90％以上。

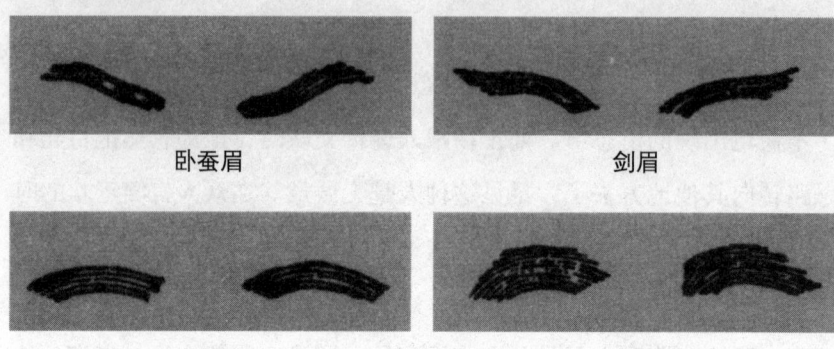

卧蚕眉　　　　　　　　　　剑眉

一字眉　　　　　　　　　　虎眉

　　眉毛应崇尚光彩，而所谓的光彩，就是眉毛梢部闪现出的亮光。富贵的人，他眉毛的根处、中处、梢处共有三层光彩，当然有的只有两层，有的只有一层。通常所说的"文明之象"指的就是眉毛要疏密有致、清秀润朗，不要厚重呆板，没有活气。眉毛如两只凤凰在乘风翱翔，如一对龙在乘风飞舞，这就是上佳的眉毛。如果眉毛像一团散浸的墨汁，则是最下等的眉毛相了。双眉倒竖，呈倒八字形，是好的眉相。双眉下垂，呈八字形，是下等的相。眉毛如果比较长，就得要有起伏。如果比较短，就应该昂然有神。浓眉大眼，最害怕有虚浮的光。淡眉毛最忌讳形状像一条干枯的绳子。双眉如果像两把锋利的宝剑，必将成为统领三军的将帅。双眉如果像两把破旧的扫帚，则会有杀身之祸。另外，从眉毛还可以看出各种其他的迹像和征兆，不可不认真地加以辨别。但是如果眉毛过长并压迫着双眼，使目光显得迟滞，就一定不好；如果眉毛散乱无序，这个人就会多忧劳。眉形过于纤细并带有媚态，眉形过于粗阔又没有文秀之气，都是最下等的眉相。

　　说到胡须，要区别多和少。但无论胡须是多还是少，都要与眉毛相和谐，相匹配。胡须多的应该清秀流畅，疏爽明朗，不直不硬，并且长短分明有致。胡须少的，就要润泽光亮，刚健挺直，气韵十足，并与其他部位相互照应。胡须如果像螺丝一样的弯曲，这人一定聪明，目光高远，豁然大度；胡须细长，像磨损的绳子一样到处是细弯小曲，这种人生性风流倜傥，将来一定能名高位显。胡须刚劲有力，如一把张开的利戟，这种人将来一定当大官，掌重权。胡须清新明朗像闪闪发光的银条，这种人年纪轻轻就会成为朝中大臣。以上这些都是仕途官场上的大才大器的人物。如果人的胡须是紫色，眉毛如利剑，声音洪亮粗壮，或者胡须像虬那样蓬松劲挺散乱，而且有时还长到耳朵后边去，这样的胡须，再有一副清爽和英俊的骨骼与精神，即使封不了千里之侯，也能当十年的宰相。其他说法还有"辅须先长出来终究不会有什么好处"，"人中没有胡须一辈子受苦受穷"，"鼻毛连接胡须命运不顺利，前景暗淡"，"短髭长大了而遮住了嘴一辈子忍饥挨饿"，等等。这些胡须的凶像是显而易见的。

　　《冰鉴》相声音：人的声音，跟天地间阴阳五行之气一样，也有清浊之分，清者轻而上扬，浊者重而下坠。声音起始于丹田，在喉头发出声响，至舌头那里发生转化，在牙齿那里发生清浊之变，最后才会经由嘴唇发出去，这一切都与宫、商、角、徵、羽五音密切配合。看相识人的时候，听人的声音要去辨识其独具一格之处，但不一定要求其完全与五音相符合，只要听到声音就要想到这个人，这样就会闻其声而知其人，所以不一定见到其庐山真面目才能看出他究竟是个英才还是庸才。

声和音看上去密不可分，其实它们是有一定区别的。声产生于发音器官的启动，可以在发音器官启动时听到它。音产生于发音器官闭合时，可以在发音器官闭合时感觉到它。辨识声相优劣高下的方法很多，但是无论如何都要着重从人的喜怒哀乐中去细加鉴别，否则无法查之端倪。欣喜之声宛如翠竹折断，其情致清脆而悦耳；愤怒之声宛如平地一声雷，其情致豪壮而强烈；悲哀之声宛如击破薄冰，其情致破碎而凄切；欢乐之声宛如雪花在疾风刮来之前在空中飞舞，其情致宁静轻婉。这些都可以轻扬而清朗列入上佳之音。如果是辨别刚健激越的阳刚之声，那么像钟声一样宏亮沉雄的声音就高贵，像锣声一样轻薄浮泛的声音就卑贱；如果是温润文秀的阴柔之声，那么像鸡鸣一样清朗悠扬，就高贵；像蛙鸣一样喧嚣空洞，就卑贱。远远听去刚健激越，充满了阳刚之气，而近处听来却温润悠扬，充满了阴柔之味；声音起时如乘风悄动，止时如琴师拍琴戛然而止，这乃是声中之最佳者。俗话说，"声音高昂却不必大张其口，低声细语牙齿却含而不露"，这乃是声中之较佳者。发声之后散漫虚浮，缺乏余韵，像荒郊旷野中的孤牛之鸣；急急切切，咯咯吱吱，断续无节，像夜深人静的时候在偷吃东西的老鼠；说话的时候，一句紧接一句语无伦次，没完没了，而且嘴快气促；说话的时候，口齿不清，吞吞吐吐，含含糊糊。这几种说话声，都属于市井之人的粗鄙俗陋之声，有什么值得跟以上各种声相比的呢？音，是声的余波或余韵。音跟声相去并不远，但它们之间的差异还是可以从细微的地方听出来。贫穷卑贱的人说话只有声而无音，显得粗野不文，圆滑尖巧的人说话则只有音而无声，显得虚饰做作。俗话所谓"鸟鸣无声，兽叫无音"，说的就是这种情形。普通人说话，只不过是一种声响散布在前后左右而已，并无音可言。如果说话的时候一开口就情动于中，而声中饱含着情，到话说完了则仍有余响，这样的人不仅温文尔雅，而且可以称得上是社会名流。如果说话的时候口阔嘴大，却声未发而气先出，即使口齿伶俐也不矫揉造作轻佻自大，这不仅表明其人自身内在素养深厚，而且预示其人还会获得盛名隆誉。

《冰鉴》相气色：如果说面部像征并体现着人的天命，那么气色则像征并体现着人的运气。天命是由先天生成的，它应该与后天遭遇保持均衡，小运也应该一直保持顺利。如果光辉不能焕发出来，即使是珍珠和宝玉也和碎砖烂瓦没有什么两样。如果色彩不能呈现出来，即使是凌罗锦绣也和粗布糙葛没有什么二致。天命能够决定一个人一生的祸福，小运也能够决定一个人几个月的吉凶。

人是要有一种精神和志气的，它是人生存和发展的主要之神。它在人体内部表现为人的精神，在人体表面则表现为人的气色。气色有多种形态：其中有贯穿人的一生的气色，如俗话说的"少年时期气色为淡，所谓的淡，就是气稚色薄。青年时期气色为明，所谓的明就是气勃色明。壮年时期气色为艳，所谓的艳就是气丰色艳。老年时期气色为素，所谓的素就是气实色朴"。有贯穿一年的气色，如俗话说的"春季气色为青色——木色、春色，夏季气色为红色——火色、夏色，秋季气色为黄色——土色、秋色，冬季气色为白色——金色、冬色"。有贯穿一月的气色，如俗话说的"每月初一日之后如枝叶盛发，十五日之后则若隐若现"。有贯穿一天的气色，这就是俗话说的"早晨开始复苏，白天充盈饱满，傍晚渐趋隐伏，夜间安宁平静"。

对于追求科举功名的士人来说，面部气色应该以黄色为主，因为黄色是正色，吉色。如果有一道黄色的彩气覆盖在他头顶，那么可以肯定这位士子必然会在科考殿试中一举夺魁。如果两颧部位各有一

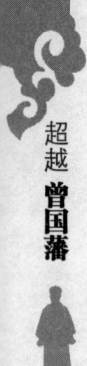

片黄色向外扩展，如两只翅膀直插双鬓，那么可以肯定这位士子登科升官或封爵受禄已为期不远。如果命宫印堂呈黄色，那么可以肯定这位士子很快就会获得既能够致富又能够做官的机会。如果明堂部位即鼻子白润而净洁，那么可以肯定这位士子必能科考入第。其他面部气色，如眼角即鱼尾部位红紫两色充盈，其状似绚丽的云霞，将有利于小的考试。命宫印堂有一片紫色发动，向上注入山根之间，那么可以肯定此人经常会获得一些钱财之利。如果两眼下方各有一片红晕，而且被鼻梁居中分隔开来从而互不连接，那么可以肯定此人定会喜得一个宝贝儿子；如果两额部位红润光泽，那么可以肯定，此人的亲人如父子、叔侄、兄弟等必然能够立功显名并发家致富。由此推而广之，足可以窥见面部气色与人的命运的关系。

面部气色忌讳青色，也忌讳白色。青色一般出现在眼睛的下方，白色则经常出现在两眉梢。然而也有些不一样的情形：如果是由于心事忧烦困苦而面呈青色，那么这种青色多半既浓且厚，状如凝墨。如果是由于遇到飞来的横祸而面呈青色，那么这种青色一定轻重不均，状如浮烟。如果是由于嗜酒好色导致疲惫倦怠而面呈白色，那么这种白色一定势如卧羊，不久即会消散。如果是由于遭遇了大灾大难而面呈白色，那么这种白色一定惨如枯骨，充满死气。还有那种青中带紫之色，如果是金形人遇到这种气色一定能够飞黄腾达，如果是白润光泽之色上形兼金形人面呈这种气色，也会获得富贵。这些都是特例，不在以上所论之列。而最为不佳的气色有以下四种："白色围绕眼圈，此相主丧乱；黑气聚集额头，此相主参革；赤斑布满两颊，此相主刑狱；浅赤凝结地阁，此相主凶亡。"以上四相如果仅具其一，就会前程倒退败落接连遭灾遇祸。

眉间尺与庞统的反对意见

不可否认，由于人的经历与处境能够影响人的心情，进而会以某种性格或脸部特征表现出来，因此古今都有所谓"相由心生"、"30岁以后的相貌，是自己给的"等说法，因此也不能排除某些"相术"有时也会"看得很准"。不过也正因为有这种"看似合情合理的相术"与更明目张胆专门装神弄鬼的相术并存，所以对于相术国人历来都有一种复杂的情感，既想相信又不想相信。当然，如果说相术是一种虚构，那么相术所以产生和流传也和人类的某些特性有关联。因为有的人本性愿意相信别人坏，哪怕是虚构的，也好谬种流传，同时人的本性又愿意相信对自己来说属于好的虚构，把那些好的相术往自己身上贴。因此从本质上讲，相术或许是一种欺骗和打压别人，抬高自己和自我激励的产物。

总体来看，相术是不可信的。因为如果相术可信，那么人人都按《冰鉴》所讲的能使人富贵的相术去整容，岂不天下人人可以当皇帝，当宰相了吗？天下人整容后都长得一样，岂不大家都快活？然而偌大一个皇宫，又哪里放得下那么多皇帝和宰相？天下人都长得一样时，又岂不是审美疲劳？所以不言自明，相术在绝大多数情况下都是荒谬的。

其实被视为最具神秘色彩的中国古籍《抱朴子》的作者、晋代人葛洪在《抱朴子外篇》中就曾感叹说："看一个人的外表并无法识察其本质，凭一个人的相貌也不可能衡量其能力。有的人其貌不扬甚

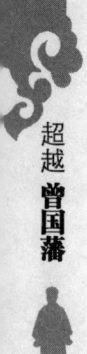

至丑陋,却是千古奇才,有的人虽然仪表堂堂,风度翩翩,却可能金玉其外,败絮其中。"有的人认为相术所谓"若要看条理,全在语言中"很有道理。然而事实却如同孔子说的"君子欲讷于言,而敏于行"。"讷"是嘴巴笨,利嘴除了教书、吹牛、唱歌以外,没什么用。真正的仁者不大会说空话,做起事情来行为上却很敏捷。换句话说,先做后说,不要光吹而不做。讷于言而善于写作,不是制造流言而是留言。同时正如佛家所说,看别人是屎的人往往因为自己肚里全是屎,现实中说别人小气的人往往自己最小气,说别人心胸狭窄的人往往自己心胸最狭窄,因为他容不下别人的所谓小气或狭窄时,就已经是小气与狭窄了。正因为你心里有小气,别人的小气才能激起回音。相术,有时就是自以为聪明者最可笑的自供状。

　　就流行的相术而言,用历史中的事例就可以轻易揭穿它们的可笑。一般深受相术之毒的人,都认为眉毛之间的距离狭窄就代表着一个人心胸狭窄。但中国古代历史上曾有一个眉间尺为父报仇的故事,却说明即便是眉间宽一尺,也并不代表心中能放得下。

　　话说古时候,有一个相貌奇特的孩子,他两眉之间的距离有一尺宽,人们都叫他眉间尺,他就是铸剑能手干将的儿子。他父亲干将用了三年时间为楚王造了一把削铁如泥的利剑。干将知道,楚王怕他再为别的国君造剑,一定会杀掉他。于是在给楚王造剑的同时,他还暗地里造了另一把宝剑,并告诉妻子莫邪,等他那还未出世的孩子日后长大,一定要为自己报仇。干将死后,他的妻子莫邪生下了一个男孩,这就是眉间尺。眉间尺稍稍长大后,母亲便把父亲被杀的事原原本本告诉了他,眉间尺决心为父报仇。

　　他找到了父亲留下的宝剑,告别了母亲,大步向京城走去。楚王心里有鬼,梦见眉间尺要来杀他,就连忙叫人画了眉间尺的像,到处

张榜贴文，重金悬赏捉拿这个奇怪的孩子。眉间尺得知这些情况后，赶紧跑到深山里躲了起来。想到父亲的仇还没有报，他心中悲痛极了。这时忽然走来一个黑衣人，他对眉间尺说："拿你的头和剑来，我去为你报仇。"眉间尺觉得，只有这个办法才能为父亲报仇雪恨，他马上拔出宝剑割下自己的头来，两手捧着头和剑，把它们交给了黑衣人。黑衣人说："你放心，我不会使你失望的。"眉间尺的尸体这才倒了下去。

　　黑衣人带着眉间尺的头去见楚王，楚王大喜。黑衣人说，这颗头应该放在汤锅里煮烂，不然以后还会兴妖作怪，楚王同意了。但他们把眉间尺的头放在汤锅里煮了三天三夜也没煮烂。于是黑衣人提议，让楚王亲自到锅边看一看，借他的威风压一压邪气，头才会烂。当楚王来到锅边时黑衣人猛地抽出了宝剑，顿时，楚王的头落进了汤锅里。眉间尺的头立刻咬住了楚王的耳朵，两颗头你咬我扑，一时难分胜负。这时，黑衣人忙割下自己的头，帮眉间尺去斗楚王。经过七天七夜，眉间尺终于胜利了。三颗头颅被煮得稀烂，也分不清你我了。人们只得把锅里的东西分成三份，葬在三个地方，修了坟墓，通称"三王墓"。

　　对于眉间尺这个故事，虽然可以从多个角度来阐发，但显然这个故事也说明，心胸开阔与否只是一个相对的概念，与相貌没有必然的联系。如果硬说眉间的距离代表着心胸的开阔程度，面对"眉间尺"人们只能遗憾他没有读到金庸大侠的小说。在这些小说里，金庸先生通过那些武功高手阐述的最多的道理就是冤冤相报何时了？因此，不如就此化解开！楚王既然是恶人，早晚会有人给他以教训，眉间尺根本不必倾身而斗。而从长远来衡量，眉间尺为报仇身死，已无法延续父亲的香火，孝敬孤身的母亲，不也是一种遗憾吗？

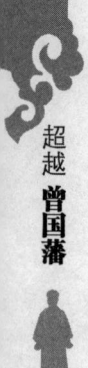

相术还认为相貌丑陋的人，一般不会有好心肠。因为就连上帝都没赐给他好的相貌，又怎么能给他好的良心？然而，这样的谬论简直可笑至极。三国时道号凤雏的庞统，就辛辣地讽刺了这种说法。

庞统一生下来就相貌丑陋，所谓浓眉掀鼻，黑面短髯，形容古怪，看着就不像好人。所以他虽然为人朴钝却得不到别人的赏识——以貌取人害死人呢。只有他的叔父，当时的名士庞德公对他十分看重，认为他不同寻常。当时，颍川人司马徽清高雅正，素有善于鉴识人品的名声，庞统慕名前往拜见。见面时，司马徽正在树上采桑，于是庞统就坐在树下跟他交谈起来。两人越谈越投机，就这样一个树上，一个树下，一直谈到深夜。司马徽觉得庞统的见识真正非同凡响，诚心诚意地褒扬庞统是南州首屈一指的人才，并且赞叹说："庞德公确实有知人之明，庞统确有与众不同之处！"由此，庞统的名声才渐渐显赫。庞德公将他与诸葛亮、司马徽并列，说孔明是卧龙，庞统是凤雏，司马徽是水镜。如果司马徽用《冰鉴》来衡量庞统，那么庞统估计也就"前程莫问"，永无出头之日了。

虽然庞统名声已经很大了，可当有人把庞统推荐给吴主孙权时，孙权却仍以其相貌丑陋为由，没有加以重用。但有意思的是，在此期间庞统却骗了一回不以容貌论亲疏，唯才是举的曹操。在赤壁之战中，庞统假意投奔曹操，曹操对他也很赏识，但庞统却"兄弟不仗义"，献连环计把曹操搞得惨败。不过，就是曹操本人，也曾经因为以貌取人而吃亏不小。那就是当曹操与刘备都准备取益州之时，益州的张松暗携西川四十一州地图，千里迢迢来到许昌打算进献给曹操，这些情报对于急于取得西川的曹操可谓弥足珍贵。然而，曹操见张松"人物猥琐"，头尖鼻偃露齿，即生厌烦之感。加之张松言辞激烈，揭了曹操的短处。所以曹操便将张松赶出门去，结果刘备这时反而没有以貌取人，争取到了张松，从而取得了进军西川的情报优势。历史与造化之弄人，竟然如此！

据史书称，庞统在从孙权处归刘备后，刘备最初也因为庞统相貌丑陋不甚喜欢，只让庞统以从事的身份当耒阳的代县长。庞统心中不满，便在任内不理县务，治绩不佳，被免官。这时吴将鲁肃又写信给刘备推荐庞统，信中说："庞士元非百里才也，使处治中、别驾之任，始当展其骥足耳。"诸葛亮也对刘备极力推荐庞统。于是，刘备再次召见庞统。两人纵论上下古今，刘备对他大为器重，任命他为治中从事。此后，刘备倚重庞统的程度仅次于诸葛亮。庞统辅佐刘备，立下了汗马功劳。

汉建安十六年（211年），一个叫法正的人奉益州牧刘璋之命到荆州，迎接刘备入益州共拒张鲁。法正私下向刘备献密计，请刘备借机谋取益州。刘备犹豫再三，不能决断。此时庞统进言说："荆州荒芜残败，人物流失殆尽，且东有孙权，北有曹操，难以有大的发展。益州户口百万，土地肥沃，物产丰饶，如果真能夺取此地，以为根基，当可成就大业。"刘备仍然担心："如今与我水火不同的是曹操，曹操峻急，我便宽厚；曹操暴虐，我便仁慈；曹操狡诈，我便忠诚。凡事与他相反，就有可能得民心、有成就。如今为得益州，失信于天下，能行吗？"庞统说："如今正当乱离之际，凡事不能墨守成规，要权变才好。况且吞并弱小，攻击暗昧，逆取顺守，报之以义，正是古人所重视的。只要事定之后，封还他一块土地，还有谁能说您有负信义呢？不趁现在攻取益州，到时就会被别人占了先机。"刘备认为庞统说得有理，决定留诸葛亮、关羽等镇守荆州，而自己则带领庞统，率领数万兵士进入益州。

益州牧刘璋和刘备在涪城相会，庞统献策："今因此会便可执

之，则将军无用兵之劳而坐定一州也。"刘备说："初入他国，恩信未著，此不可也。"刘璋隆重地招待刘备及其部下，增拨给刘备不少人马粮草和军用物资，连战略要隘白水关也交给他督理，命他率兵去进击张鲁。刘璋交代完毕，就回了成都，刘备则率部到了葭萌关。此时的刘备实力大增，已有部众三万多人，车马整顿，兵甲鲜明，粮秣充足，士气振作。但他并未立即去进攻张鲁，而是停在葭萌关，厚树恩德，以收民心。

建安十七年（212年），十二月，刘备在葭萌关屯驻已经一年。庞统就战略问题，向刘备献上三条密计："阴选精兵，昼夜兼道，径袭成都，璋既不武，又素无预备，大军卒至，一举便定，此上计也。杨怀、高沛，都是刘璋手下的名将，各仗强兵，据守关头，闻数有笺谏璋，使发遣将军还荆州。将军未至，遣与相闻，说荆州有急，欲还救之，并使装束，外作归形；此二子既服将军英名，又喜将军之去，计必乘轻骑来见，将军因此执之，进取其兵，乃向成都，此中计也。退还白帝，连引荆州，徐还图之，此下计也。若沉吟不去，将致大困，不可久矣。"刘备认为中计有道理，依计而行。斩杨怀、高沛，挥兵直指成都，一路势如破竹，所经过的地方都顺利攻克，很快便打到了涪城。在涪城刘备大会将士，置酒作乐，志得意满。他乘着酒兴对庞统说："今日之会，可谓乐矣。"庞统却说："伐人之国而以为欢，非仁者之兵也。"时刘备已醉，怒道："武王伐纣，前歌后舞，非仁者邪？卿言不当，宜速起出？"于是庞统起身而退。刘备马上后悔了，请他回来。庞统回到原来的位置上坐下，不看刘备，也不道歉，饮食自若。刘备说："向者之论，阿谁为失？"庞统说："君臣皆失。"刘备大笑，酒宴上又恢复了欢乐的气氛。裴松之评价刘备和庞统的这次争论说：

"谋袭刘璋，计虽出于统，然违义成功，本由诡道，心既内疚，则欢情自戢，故闻备称乐之言，不觉率尔而对也。备酣宴失时，事同乐祸，自比武王，曾无愧色，此备有非而统无失。其言'君臣皆失'，盖分谤之言耳。"庞统的一番经历说明，他很懂得君臣相处的艺术，明明是刘备错了，他却可以委婉地说君臣都有错，很给刘备面子。最重要的是他虽然相貌丑陋却心地良善，为刘备谋取江山多出诡道，却心存悲悯之心。这难道不是对中相术之毒者的嘲笑吗？

说相术管用，那么眉间尺和庞统都有不同意见。

相人者的按相培养人

相术信奉者认为，人的相貌上有某些预示其性格和本质的特征。如三国时诸葛亮就认为其手下大将魏延头上有反骨。但时至今日，诸葛亮办的这件事仍被视为他一生的最大败笔。诸葛亮在蜀国后期自以为魏延会反，所以就处处以对待将反叛之人的态度对待魏延，处处牵制魏延，最终反而将魏延逼反。诸葛亮等于是在按自己的相术，培养了一个反对者。

三国名将魏延原在刘表大将蔡瑁手下。刘表死后，蔡瑁便投降了曹操对抗刘备。尤其是当刘备败退路过蔡瑁把守的襄阳时，他拒不接纳刘备。而魏延忠于汉室，为让刘备入城，亲手砍死守门将士。但当

他去追此时已远去的刘备时,却没追上——刘备不愧是善于逃跑的高手,跑得就是快。不得已,魏延投奔了长沙太守韩玄,但韩玄对魏延却不肯重用。此时恰逢关羽率兵攻取长沙,兵临城下,在韩玄要误杀黄忠的关键时刻,魏延砍死刀斧手救了黄忠,并鼓动兵士杀了韩玄,投降了关羽。刘备率兵收取四川时,魏延与黄忠为随军大将,多立战功,被封为扬武将军。刘备争夺汉中时,魏延配合张飞击败张郃,夺取瓦口隘,在阳平关截获粮草,又在斜谷界口射伤曹操。据《三国志》记载,刘备称汉中王时,魏延还只是个牙门将军,刘备的王都设在成都,以益州为根据地,准备任命一位大将镇守汉中。当时人们以为此任非张飞莫属,因为当时关羽正镇守荆州,剩下的除了张飞还能有谁可得刘备信任呢?可刘备却出人意料地选拔当时在资历和名望方面远不能跟张飞相比的魏延,任命他为镇远将军、汉中太守以驻守汉中。此命令宣布时,"一军尽惊"。刘备于是大会群臣问魏延道:"现在要你担当这一重任,你打算怎么个干法?"魏延回答说:"我奉命驻守汉中,如果曹操亲自起倾国之兵来犯,我可以抵挡住他;如果他派将领率十万偏师来犯,我可以为大王把他歼灭掉!"他的回答很得刘备欣赏,大家也都"壮其言"。刘备身后,蜀国五虎将赵云、关羽、张飞、黄忠、马超先后谢世,在诸葛亮北伐时,魏延就成了首席大将,无论讲功劳、资历还是勇猛,已经无人能出其右了。

但魏延似乎并未得诸葛亮赏识,史称战长沙时魏延杀死太守韩玄救了黄忠投奔刘备,第一次与诸葛亮见面,诸葛亮即喝令刀斧手将魏延推出斩首。刘备惊问何故,诸葛亮说:"吾观魏延脑后有反骨,久后必反,故先斩之,以绝祸根。"以致"有反骨"云云后来还成了成语,常被一些自命不凡或心怀叵测的人用来说某人心地不善。在此之后,《三国演义》极力渲染诸葛亮的神机妙算和精心安排。实际上,以后事态的发展恰恰说明，当诸葛亮中了相术的毒，固执地认为魏延将来会反时，他就已经在一步一步地把魏延培养成反将。

最初，在平云南之役时，魏延在与藤甲兵会战中按诸葛亮的安排，担任了丢人的角色——连丢十五个营寨，如鼠贼一般逃跑。魏延作为当时天下屈指可数的猛将，难免"面有怨色"，与诸葛亮芥蒂又深。正因为双方有此阴影，因此当诸葛亮第一次北伐魏国时，魏延提出了一个战略方案却并未被接受。魏延要求自己单独率领一支部队从子午谷进军偷袭长安，以配合诸葛亮从祁山正面进军的主力，认为这样可以一举光复长安以西的地方。但诸葛亮认为这样太冒险，没有采纳。魏延因此也"常谓亮为怯，叹恨己才用之不尽"，始终耿耿于怀。对于这一公案，史学家认为以魏、蜀两国政治、经济状况和综合国力包括军事力量对比而论，魏只能吞蜀而蜀绝不能吞魏，两国交锋只是靠了诸葛亮的才智才打得司马懿只有防守之力无还手之功。即使偷袭长安侥幸成功，仍然不能改变两国力量的对比，最终还要受挫折。但也有人认为这是诸葛亮的一大战略失误，以小国征战大国，必须出奇制胜，然后振臂一呼应者云集，靠稳扎稳打是达不到目的的。有的人甚至与魏延的观点保持完全一致，认为如果采取魏延出兵子午谷的战略，那蜀汉早已消灭魏国了。

此后诸葛亮第三次北伐时，诸葛亮策划好战役后要求几个将领先与魏将张郃作战，牵制

诸葛亮像

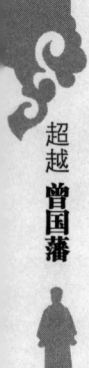

其兵，另几员将领做埋伏合击。而司马父子大军拥来时，这些将领必须以少打多，强行与其周旋，再由姜维率军偷袭司马大营，迫使其退兵，所有人马可以随之掩杀。在选择负责独战张郃和司马的人时，诸葛亮说"非智勇之将不能当此任，"还"目视魏延"，但"延低首不语"，装没听见，进行软性罢工。双方的不快，再次升级。因为诸葛亮与魏延始终心存芥蒂，因此诸葛亮在临终之际对魏延的可能动向作了严密防范，对身后的人事问题作了妥善安排，把接替自己主持军国大事的重担交给了蒋琬和费祎，把指挥前线部队撤退的总指挥权交给了杨仪和姜维，并秘密安排马岱埋伏以作为剪除魏延的特殊人物。

《三国志》载：在诸葛亮"归天"后，杨仪和姜维一面按照诸葛亮生前的部署率领部队撤退，一面让尚书费祎带着兵符通知魏延断后。但魏延表示："丞相虽亡，吾今现在。杨仪不过是个秘书长，怎么能够担当得起指挥全军撤退的重任？他扶丞相的灵柩回去安葬就是了，我可以指挥部队消灭司马懿，还能因为死了丞相一个人而改变国家的伐魏大计吗？"平心而论，这是不因人废事，真心为国的公道之言。诸葛亮的不足之处，就在于他总是事必亲躬，没有培养好接班人。所以当他一没了，北伐的事业也就暂时被迫中断了。虽然如此，费祎却继续劝魏延以大局为重，说这都是丞相的意思。魏延反而发了脾气："如果丞相听从我的意见，长安早就光复了。我官任前将军、征西大将军、南郑侯，怎么能给一个秘书断后呢？"平心而论，这又是魏延的不是了。当全军都服从诸葛亮的意愿，而且诸葛亮之死已重创蜀人军心，撤退已经成为全军的安排时，他确实也需要以大局为重，以退为进。至少他应该谦虚一点，别以官职论高低。

不幸的是，当杨仪和姜维听费祎介绍情况后，更加坚定了诸葛亮生前关于魏延会反的判断，便不顾魏延，率领大军徐徐撤退。魏延听到后带兵截断了他们的归路，双方为了表示自己正确，都纷纷向蜀后主刘禅打报告，告对方谋反。最后，姜维一方靠诸葛亮留下的遗计，通过马岱在阵前以出人意料的方式，一刀斩杀了魏延。从主观上分析，魏延本人在这场突发事件中处置失宜，不该轻信费祎，也不应在退军途中烧毁主力部队回归的"阁道"，授人以"谋反"之柄，更不该以所部数千之众去对抗杨仪的数万大军。

有史家称，在诸葛亮身后，蜀汉政权延续了三十余年。这期间魏吴两国都不止一次出现过内战和政变，唯独蜀汉中央政权最为稳定，事实证明诸葛亮对身后军国大事的安排是十分英明的。但不可否认，魏延之死确实有诸葛亮逼迫的成分。如果诸葛亮不以将反之臣视魏延，则也可能不会形成双方之间的矛盾。如果诸葛亮给魏延以重任，魏延得志之后又怎能反？何况，魏延若反，他直接投奔曹魏就行了，干吗还要死皮赖脸地想拉住姜维等人继续抗魏？据推测，诸葛亮最初断定魏延之反，可能是小说家附会诸葛亮与魏延后来的关系演变才"提前"演义了魏延有反骨的故事，甚至还称吴国的孙权都曾就此事郑重其事地提醒过蜀汉的使臣费祎：要防范魏延。

无论蜀国的这段公案如何，都说明反骨之说根本就是不能成立的，聪明似诸葛亮一样的人物，既知魏延欲反，何必用之？魏延之反就如任何朝代都会因为内部关系不协调而必然出现的彼此争斗一样平常，与反骨根本没有什么瓜葛。据史书载：杨仪作为诸葛亮处理军务的助理，也是个干才。每次诸葛亮北伐，交代他办的事都办得既干脆又利落。但可惜他与魏延有个共同的毛病，即都很狷狭骄矜。魏延矜高，大家都让他三分，唯独杨仪不稍假借，故二人关系有如水火，以致在聚会场合，有时魏延动刀动剑示威泄愤。诸葛亮在日，珍惜杨仪的才干和魏延的骁勇，希望他们发挥各自的作用。在身后的人事安排

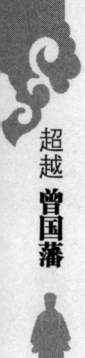

上，他既有效地防范了魏延，也限制了对杨仪的使用，而是让蒋琬和费祎先后总理大事。但魏延与杨仪显然都想借诸葛亮之死，进一步巩固自己的势力而消除对方的力量，故才有一场争斗。《三国志》称：延意不北降魏而南还者，但欲除杀仪等。只不过杨仪可以挟诸葛亮遗嘱以令魏延，首先占了上风而已。

据称，蜀地武侯祠两廊的蜀汉文臣武将众多，而唯独没有魏文长之象，究其原因是"因魏延是叛臣，故无其像"。然而据称一位现代军事家于上世纪60年代亦曾来到武侯祠，面对文臣武将廊曾发表过这样的见解："这些塑像，该有的没有，不该有的又有了，比如魏延就该有，但没有塑像。"

魏延与诸葛亮的纠葛，也从另一侧面反映出诸葛亮用人的失误，比起同时代的曹操、孙权、刘备远逊一筹。"建兴六年，亮出军向祁山，时有宿将魏延、吴壹等，论者皆言以为宜令为先锋，而亮违众拔（马）谡，统大众在前，与魏将张郃战于街亭，为张郃所破。士卒离散，亮进无所据，退军还汉中。"由此可见，蜀汉并不是没有人才，甚至也不乏类似韩信这样的军事奇才，但诸葛亮看不惯魏延这种个性类型的人物，始终是疑而不用，这就失去了一个政治家应有的博大胸怀。事实上，诸葛亮在有生之年未能选拔和造就灿若群星的文武雄才来辅助和继承他的事业，是蜀国最后失败的主要原因，到后期甚至弄得"蜀中无大将，廖化当先锋"。而诸葛亮选才少，主要原因是在选拔人才上喜信相术，求全责备。而"全才"的缺点有时就是庸才，如诸葛亮的继任者蒋琬、费祎等人都是循规有余而才气不足，缺少进取精神尤其是闯劲者。王夫之在评诸葛亮时就说："人皆局限于循吏之矩"，"虽有英才之士，然摧其生气以即于瓦合，奚可恃矣！"而曹操之用人高于诸葛亮就在于他主张"任天下之智力，争天下之归心"，

"大用者不务细行","吾任天下之智力以道御之,无所不可"。他深知"失晨之鸡,思补再鸣","知人善察,难眩以伪,故拔于禁、乐进于行陈之间,取张辽、徐晃于亡虏之内,皆佐命立功,列为名将"。他以大局为重,能做到"各因其器,矫情任算,不念旧恶"。张绣降后哗变,后又再次投降,曹操对他优待并封为列侯,毕谌、魏种等人都曾欺骗过曹操,被擒后还是被重用。因此,曹魏阵营中文臣武将辈出,从而开创了较大的局面。孙权知人善任,深知"周公不求备于一人"之理,既能观其短,亦会用其长,大胆起用年轻将领,委重任于周瑜、吕蒙、陆逊。他说鲁肃有两长(建议立帝王之业和联刘抗曹)一短(借荆州给刘备),不能因其一短而损其二长。刘备的知人善任也高于诸葛亮,他提拔魏延就大胆信任和使用他,虽然麾下良将甚多,却始终把魏延视为卓异将才委独当一面之任。魏延亦未负刘备所望,在几十年的南征北战中出生入死,屡立战功,如天水收姜维、射曹操、斩王双、死张郃、大战司马懿、惊退夏侯霸,街亭失守后力挽狂澜等。

美人对相术最大的讽刺

对相术最具有讽刺意味的,当属美人计。所谓"吾未见好德如好色者",食色性也,美女帅哥人人都喜欢,即使其与

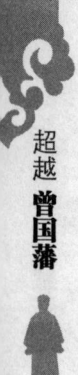

阴谋诡计结合起来也是香艳不已。如果用相面来说，又有哪个美人、帅哥不是非常好看？但古往今来，美人计不知害了多少人。

产生于绝佳面相的美人计，最早可以追溯到让周幽王烽火戏诸侯以求博其一笑的冰山美人褒姒。但史上最著名的美人计则是成就了越王勾践灭吴雪耻建立霸业雄心的浣纱女西施，她也因此名列古代四大美人之首。作为越国高级贡品的吴宫娇娃西施艳色天下重，是个不折不扣、倾城倾国的大美人。相传她出身贫贱，曾靠在溪头浣纱度日。可是她的美却惊动了水里的游鱼，它们因自惭形秽而躲藏到水底，后世因此流传了"沉鱼"的典故。而她因体质娇弱，常作捧心之态，世人皆以为美，更引得邻家女子"东施效颦"。春秋时期的越王勾践与吴王夫差有杀父之仇、灭国之恨，为了赢得养精蓄锐、砺兵秣马的时机，听从大夫范蠡的妙计，四处寻访美人献给好色成性的夫差。西施因其天下无双的美色，当仁不让地成为了复国大计中举足轻重的棋子，顺理成章地被送入吴宫，做了吴王的妃子。

西施的绝世容颜和柔言媚语果然让夫差神魂颠倒，色令智消，从此沉湎酒色，不理朝政，将争夺盟国霸主地位的壮志置之脑后，更放松了对越王的警惕，使勾践有了卧薪尝胆、励精图治的良机。与此同时，西施还利用夫差对她的信任，离间夫差与吴国股肱之臣大将伍子胥的关系，最终逼死伍子胥，削弱吴国军事力量，为越国复兴和吴越相争以越国胜利而告终作出了巨大贡献。

同样的还有罗贯中《三国演义》中的貂蝉。貂蝉原为大司徒王允府中的歌伎，能歌善舞，美丽异常，名列中国古代四大美人之三。传说貂蝉降生人世后，三年间当地桃杏花开即凋。貂蝉午夜拜月，月里嫦娥自愧不如，匆匆隐入云中，"闭月"的典故即由此而来。当司徒王允不满太师董卓嚣张跋扈、擅权误国，一心想除之而后快，却苦无良策时,聪慧过人的貂蝉却主动表示"如有用妾之处,万死不辞"。于是王允将貂蝉收为义女,精心设计了个"连环美人计",先将貂蝉许给董卓义子吕布,未及迎娶又献于太师董卓,挑起董、吕两人的矛盾。而貂蝉也对王允的意图心领神会,处处设计离间董卓、吕布父子,成功地施展了美人计,使董卓、吕布反目成仇,最后更诱使吕布杀死董卓,夷其三族,为汉室朝中铲除了一大祸害。后人叹道:"司徒妙算托红裙,不用干戈不用兵。三战虎牢徒费力,凯歌却奏凤仪亭。"本来,貂蝉与吕布是令人称羡的英雄美人,但在王允的美人计成功后不久,吕布也在白门楼被害,貂蝉也就成了"孤家寡人",面临再度飘零。据说后来她被献于曹操,曹操对她十分爱重。但曹操虽然好色,后来为了拉拢关羽,却将貂蝉送给关羽。貂蝉敬慕关羽英雄了得,以为终身有靠,可最后还是为关羽所弃,不知所踪。一代红颜,凄凉收场。貂蝉作为美女,恐怕并不会在相貌上让相术家们说出什么不是来,结果她却用温柔的怀抱毁了数位人物。

美人计,其实是借重"爱美之心人皆有之"的道理成事,因为这个道理反映了人的一种普遍心态,除了性的因素,又有容貌娇好心地就一定善良的成见,甚至不仅认为美女如此,帅哥也是如此。然而岂不知,这种"好美"之心有时让人自堕陷阱而不知。某国费丽小姐出生于名门贵族,已经五十多岁了仍然独身。由于她父亲是某国军队里的一位高级将领,所以大学毕业后,费丽就被招募到该国保密部门工作。一次宴会上,M国派出的"美男"维托克设法结识了她。开始,他和她谈音乐,谈文学,这些都是她感兴趣的。谈得投机时,他邀请她第二天共进午餐,她欣然答应了。次日,他继续昨天的话题,更显出他的博学多才和非凡谈吐,加上他那漂亮的脸孔、得体的殷勤和落落大方的花钱,使费丽这个老处女产生了一种从未有过的对男人的感

情。从此以后,两人经常出入相随。有一天,两人跳舞跳得舞兴正浓时,维托克突然向她表白自己的爱情,费丽小姐开始感到吃惊,年过半百的人居然受到一个刚过而立之年男人的垂青。但是维托克告诉她,他是真心爱她的,走遍大半个世界,还没有遇到像她这样的知音,和她在一起,灵魂也能得到升华。经维托克这样一番表白后,费丽小姐终于瘫软在维托克怀里。

费丽小姐自从得到迟到的"爱情"以后,警惕性就完全消失了,她不再想到自己是个情报人员,也不再想到对方是个外国使馆官员。于是,他向她刺探秘密的时候,她毫无保留地告诉了他,甚至还帮助他偷拍在他看来仅仅是"了解一下贵国时事政策"的国家秘密。最终,费丽成为"美男计"的俘虏。

一生真伪如何决

相术虽然荒谬,却并不等于不能依据丰富的生活经验,来推断一个人的能量、品味与人品等概貌。孔子曾经说过:"始吾于人也,听其言而信其行。今吾于人也,听其言而观其行。"意思是说,从前我听到一个人怎么说,就会相信他会按所说的做。现在我年纪大了,吃亏的经验多了,所以不但会听一个人怎么说,还要观察观察他到底是怎么做的。孔子还说:"视其所以,观其所由，察其所安，人焉廋哉？人焉廋哉？""视其所以"即看他的目的是什么？"观其所由"即知道他的来源、动机。孔子还有所谓"温故而知新，可以为师矣"，其实就是讲"前事不忘，后事之师"的根本道理，从历史中总结出经验来，从一个人过往的处事中推测其未来可能采取的行动，这些都是强调从一个人实际的行动来观察其行为特点等。《福尔摩斯探案集》的主人公福尔摩斯在这方面也很有一套。他能依据丰富的生活经验，透过一项旧毡帽推测出毡帽的主人：聪明，花白头发，经济上原来很富有但现在已经走下坡路了，他的夫人已经不爱他了，他家里还没有安煤气灯。福尔摩斯的根据是帽子的容量大，证明主人的头很大，而头大的人一般都比较聪明；从帽子的折旧程度，推断出帽子买回的时间背景，从帽子上的头发屑、油腻以及上边落的数点蜡油等，又推断出其他结论。包公案中也有一个根据丰富的生活经验巧断"牛舌案"的故事。有个农夫来告状，说贼人把他家耕牛的舌头割掉了，请求包公捉拿凶犯。包公告诉他，你回去把耕牛杀掉，罪犯就会自投罗网。农夫半信半疑，回去按包公说的办了。果然，第二天有个人来衙门告那位农夫杀吃耕牛。包公怒斥道，你割了人家的牛舌头，又来诬告好人，惊堂木一拍，喝令把贼人拿下。原来在北宋时期，朝廷为了发展农业生产，制定了一条杀耕牛犯罪的法令。包公从农夫耕牛的舌头被割，推断出犯人的目的是要造成这位农夫犯罪。因为牛没有了舌头，不能吃草，拖些天就会饿死，与其把耕牛拖瘦饿死，不如及早杀掉，还能多吃一点肉。而农夫一旦杀牛，那罪犯定会来告他。

　　从以上事例可以看出，成功的"相术"不过是人们对识人识事经验的总结，所谓读史明智是也。只有诸如从历史中得来的智慧，才是真正的可以为我所掌握的智慧。高明的经验是从历史中产生的，而虚

华歆像

假的相术却一相情愿到别人脸面上寻门道,给出的是一种绝对的模式,难以与现实生活搭配,因为生活和人是变化的,而相术却以不变应万变,不也太荒谬了吗?何况识人之难自古皆然,又岂能是相术所能胜任的?

《世说新语》中的《德行》曾记载了一个"割席断交"的故事:"管宁、华歆共园中锄菜,见地有片金,管挥锄与瓦石不异,华捉而掷去之。又尝同席读书,有乘轩冕(华丽大轿子)过门者,宁读如故,歆废书出看,宁割席分坐,曰:'子非吾友也!'"这是说,管宁和华歆一起在菜园中锄草,掘出了一块金子,管宁如同没见到一样,照常干活。华歆将金子拿到手里看了看,然后扔掉了。管宁和华歆一起同席读书,门外边有官员的仪仗喧哗而来,管宁听而不闻照样念书,华歆则放下书跑出去看热闹去了。等华歆回来,管宁已经将坐席割开,表示志趣不同,要与华歆绝交。

金块代表的是世人梦寐以求的财富,官员的豪华仪仗代表的是某些人无限向往的尊贵。后人读"割席断交"大多自觉不自觉地接受了一种道德评判,即管宁是清高的,华歆是世俗的;管宁相对来说是正面的人物,值得学习,华歆相对来说是反面人物,要接受世俗的唾弃与不屑。但是否可推断,管宁见了金子"挥锄与瓦石不异",源于其高度近视没看到?华歆知道自己捡到了金子,但又随手抛弃，不是更能说明他根本不在意金子吗？华歆之出去看热闹，其实只能说明他读书注意力不集中或不成熟，还上升不到人生志趣评判上来。即使这些问题实际上都不存在，一个人一生所做的事情那么多，又岂能单凭这两点并非人生关键的小事情，就能将人的高下清浊都给定性了呢？也许那个时代，就"小故事大道理"流行，弄得国人谨小慎微，生怕别人从一点小事看出自己的无能，或者害怕缺少以小见大的智慧？而据史载，管宁、华歆和同是山东老乡的另一个才子炳原，都是好朋友，号称是一条龙，华歆是龙头，管宁是龙腹，炳原为龙尾。既然是朋友，当然关系要非比寻常，怎么能够因为朋友出去看了一下外边的热闹，就轻易将交情割断了呢？如此轻率脆弱的友情又有什么意义呢？何况，管宁怎么能要求朋友和自己言行一模一样呢？那不是要改造朋友吗？

从后来的历史记载看，如果根据"割席断交"就简单判定管宁和华歆显然是错误的。史载，管宁一生不曾进仕，晚年有机会也坚决不干。《资治通鉴》称，魏明帝赐管宁为光禄大夫，给了他仪仗车马侍从，可他就是不去接受。后人称他为一代"高士"。据说管宁故乡的人们为怀念他，褒扬他的高风亮节，特建管宁祠，筑管宁冢，邻近五村无不以"管公"名村。相对而言，华歆的仕途一生都比较顺利：汉灵帝时举孝廉，任郎中，后称病辞官。官渡之战时，曹操向皇帝说好话，任用华歆当了议郎，参司空军事，入为尚书，转侍中，代替荀彧为尚书令。曹操征讨孙权，又任用华歆做军师。曹丕即王位后，华歆拜相国，封安乐乡侯，后改任司徒。明帝即位，晋封博平侯。显然，华歆是数朝重臣，为曹魏立下了赫赫功劳，且惠政不断，《三国志》作者陈寿就评价他"清纯德素"。实际上管、华两人都是按自己的志向生存了一回，正所谓"人各有

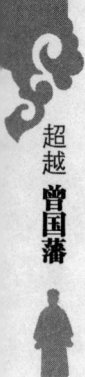

志"，这又岂能是相术或"以小见大"所能简单判定的？或许从某种意义上说，相术不过是在为个人的好恶和取舍找借口而已。喜欢某人，则从面部特征上说此人好，从而为亲近此人找理由。反之，则称此人如何如何面目不佳。著管、华史书的人也许因为自己不得志，所以更倾向于喜欢管宁，而不喜欢华歆。

《世说新语》里还记载说，华歆其实非常有见识：华歆和王朗一起乘船避难，有人想依附他们的船，华歆起先不同意，但是王朗同意了，那人就上了船。后来情势危急，王朗后悔了，要赶那人下船，这时华歆说："当初他上的时候我就考虑到了这个情况，但是现在既然叫他来了，怎么能够危急的时候丢下他不管呢？"就一直带着那个人逃难直到脱险。"世以此定华、王之优劣。"三国时人对华歆的评价也非常高，史载华歆当初受曹操征召将行，"宾客旧人送之者千余人，赠遗数百金"。华歆推辞不过，就暗暗在礼品上做上记号，事后一一送还。魏文帝时，华歆虽官拜相国，但"素清贫，禄赐以振施亲戚故人，家无担石之储"。可见华歆也不是贪图金银的人。假如以当初的"拾金"论，又何能全面观人？

实际上，不但相术无法定人高低，仅凭一点小事也无法定人高低。真正科学的办法是"观人观大节"，从多个角度和方面全面衡量一个人。《资治通鉴·汉纪》记载，刘备的谋臣法正，主持朝政，多次利用职权解决个人恩怨，有人劝诸葛亮禀告刘备，限制法正的权力。诸葛亮从大局出发，指出法正像羽翼一样，辅助刘备翱翔，不能因其有过失就限制他行使职权。后来毛泽东读史至此评点道："观人观大节，略小故。"认为观人要从大处着眼，全面看人，不能求全责备，以小故摒弃贤才。

观人即考察人是中国古文化的重要内容之一。正确观人是任人

的前提。《六韬》指出，君主观人有"六守"：一曰仁，二曰义，三曰忠，四曰信，五曰勇，六曰谋。富裕而能循规蹈矩，不胡作非为就是仁；尊贵而能遵守礼法，不骄傲放纵就是义；重任在肩而能信念坚定，不屈不挠就是忠；受托做事而能公私分明，不隐瞒欺诈就是信；面对危险而能够大义凛然，不畏惧退缩就是勇；事繁多变而能处置有序，应变无穷就是谋。这些观点无不显露出辩证的意味，而所谓观人观大节，也不过是在大贡献与小过节的辩证中肯定前者而已。当然，肯定大贡献而忽视小过，也是有前提的。就如诸葛亮所以宽容法正，是因为法正为刘备立下了汗马功劳。

法正最初投奔刘璋，久不被任用，还被人诽谤说"无行"，很不得志。后来他秘密勾结刘备，成功帮助刘备集团实施了西取益州的战略意图，被刘备任为蜀都太守，辅佐刘备经治巴蜀。建安二十二年（217年），曹操进兵张鲁，平定汉中。汉中是益州的北部屏障，曹操占据汉中后没有乘胜攻打益州，而是留下夏侯渊驻守，自己仓促北还。法正据此判断曹操此次出兵汉中，不是不想进军巴蜀，也不是力量不及，而是忧患所迫不得不还。"此盖天以予我，时不可失也。"所以他劝刘备立即出兵汉中，占据这块战略地域。刘备听从法正之计进军汉中，杀死夏侯渊。曹操在西征乌丸时得到汉中战报，不无感慨地说："我本来料定刘备不会有此举动，必为人所教也。"法正辅佐刘备西取巴蜀，北征汉中，为刘备建立帝业奠定了基础。刘备称帝后，发兵东征为关羽雪耻，群臣莫能劝阻，大败而归。时法正已死，诸葛亮叹息道："法孝直若在，定能制止主上东征，即使不能劝止也不至于落得如此惨败。"毛泽东评点的，就是法正在蜀都太守任上的事。

法正量小失政，不足称道，但以一时一事观人更不可取。金无足赤,世无完人,十个手指不会一般齐。善于观人的人,见到人之所长则知人之所短,见到人之所短则知人之所长。观人见短不见长是愚,任人避长不避短是蠢。任人之长者势益强,责短弃士者势益弱。倘若一个人在领导者眼里没有缺点过失,各个方面就像组成木桶的每一块木头,这样的人很难说不是一个巧伪圆滑的诺诺奴才;一个人在群众眼里没有了缺点过失,十个手指一般齐,这样的人很难说不是一个庸碌无为的好好先生。从这一意义上说,"木桶理论"是一种不折不扣的求全责备理论。宋代苏洵在《心术》中说:"吾之所短,吾抗而暴之,使之疑而却;吾之所长,吾阴而养之,使之押而堕其中,此用长短之术也。"意思是说,在用兵打仗时可以把我方短处公开亮出来,让敌人疑惑而有所顾忌;把我方长处设法隐藏养护起来使敌人看不到,让敌人麻痹大意而落入我的圈套。此即示短用长,在军事上善于针对己方的短处,采取欺骗措施隐蔽真相,最后用自己的长处打击战胜敌人。在苏洵的"长短之术"中,短和长永远都是辩证意义上的长与短,如果放在特定的环境中,短就是长,长就是短。如果善于变换观察问题的角度,就能把别人通常视为短的地方变成长,善于变"短"为长,并加以利用。可见,长与短只是一个辩证的概念,关键是从哪个角度去看。如在股市上,当大家都抛弃某只股票时,恰恰是有心人低价收集筹码的时候。当大家都在追捧某只股票时,又恰恰是庄家抛售筹码之时。

　　管仲曾说:"吾尝与鲍叔牙经商,分财利多自与,鲍叔牙不以我为贪,知我贫也;吾尝与鲍叔牙谋事,而更穷困,鲍叔牙不以我为愚,知时有利不利也;吾尝三仕三见逐于君,鲍叔牙不以我为不肖,知我不遇也;吾尝三战三走,鲍叔牙不以我为怯,知我有老母也;公子纠败,召忽死之,我幽囚受辱,鲍叔牙不以我为耻,知我不耻小节而耻功名不显于天下也。"在一般的相术家们看来,鲍叔牙眼中的管仲不应该是一个十足的小人吗?干啥啥不行,吃啥啥不剩,几乎是个废物。而实际上,鲍叔牙的才智学识,与当宰相的管仲相比,并无多大差距。而且他为人正直,是个贤人。这说明,看人只看表面,是根本看不明白一个人的。唐代白居易的《放言五首》之三,感叹的就是识人之难。诗中说:"赠君一法决狐

管仲像

疑,不用钻龟与祝蓍。试玉要烧三日满,辨材须待七年期。周公恐惧流言日,王莽谦恭未篡时。向使当初身便死,一生真伪有谁知。"

  白居易在这里要说的是,看一个人至少要花七年的时间,无论什么相术和签卦都是靠不住的,关键还是以事实为依据,日久见人心。诗中的周公,是西周初杰出的政治家和军事家。周公作为周武王姬发的弟弟,在周灭商之战中,"常左翼武王,用事居多"。灭商两年后,武王病死,其子成王年幼,由周公摄政。武王的另外两个弟弟管叔和蔡叔心中不服,便散布流言飞语,说周公有野心,有可能谋害成王,篡夺王位。周公闻言,便对太公望和召公奭说:"我所以不顾个人得失而承担摄政重任,是怕天下不稳。如果江山变乱,生民涂炭,我怎么能对得起列祖列宗和武王对我的重托呢?"周公又对将要袭其爵位,而到鲁国封地居住的儿子伯禽说:"我是文王之子、武王之弟、成王之叔父,论身份地位,在国中是很高的了。但是我时刻注

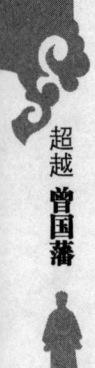

意勤奋俭朴，谦诚待士，唯恐失去天下的贤人。你到鲁国去，千万不要骄狂无忌。"不久，管叔、蔡叔勾结纣王的儿子武庚，并联合东夷部族反叛周朝。周公奉成王命，率师东征，经三年的艰苦作战，终于讨平了叛乱，征服了东方诸国，收降了大批商朝贵族，同时斩杀了管叔、武庚，放逐了蔡叔，巩固了周朝的统治。

周公摄政六年后，成王已经长大，于是周公决定还政于成王。在还政前，周公作《无逸》，以殷商的灭亡为前车之鉴，告诫成王要知"稼穑之艰难"，老百姓生活不容易，不要纵情于声色、安逸、游玩和田猎。然后把政权交给成王，自己则带头向成王称臣。周公退位后，把主要精力用于制礼作乐，继续完善各种典章法规。他年老病终前叮嘱说："一定要把我葬在洛邑，以表示我至死也不能离开成王。"

诗中的王莽，是西汉末年新朝的建立者。王莽是汉元帝皇后王政君之侄。幼年时父亲王曼去世，很快其兄也去世。王莽孝母尊嫂，生活俭朴，声名远播。王莽对其身居大司马之位的伯父王凤极为恭顺，王凤临死嘱咐王政君照顾王莽。汉成帝时，王莽开始当一些小官时，就很是礼贤下士，清廉俭朴，常把自己的俸禄分给门客和穷人，甚至卖掉马车接济穷人，所以深受众人爱戴。其叔父王商上书愿把其封地的一部分让给王莽。永始元年（前16年）王莽封新都侯，骑都尉，光禄大夫侍中。绥和元年（前8年）王莽继他的三位伯、叔之后出任大司马，时年38岁。翌年，汉成帝死掉了。汉哀帝继位后，丁皇后的外戚得势，王莽退位隐居新野。其间他的儿子杀死家奴，王莽逼其儿子自杀，得到世人好评。但就是这样一个"好人"，在公元5年毒死汉平帝，立年仅两岁的孺子婴为皇太子，自称"假皇帝"或"摄皇帝"。随后在公元8年，王莽接受孺子婴禅让

后称帝,改国号为新,改长安为常安,开中国历史上通过篡位做皇帝的先河。由于王莽在篡位称帝前礼贤下士,表现出的品德十分高尚,因此白居易感叹如果王莽在篡位称帝前就死了,那谁又会知道他心底的不臣之心?那其后的史书中他岂不就成了一代贤臣,名垂青史了?同样,假设当管叔、蔡叔正四处散布流言诬周公有反叛之心的时候,周公便一病而亡,那么请问谁又可以说得清周公姬旦到底是忠是奸?

当然,否定相术的荒谬并不等于否定预见。事实上,历史上有许多成功的预见。这些预见,有的源于世事的阅历。如佛道中人,无事就云游天下。儒家有"读万卷书,行万里路",可以想见,经年在外,闯荡江湖,足迹遍天下,见过大世面的人,观人观事之术更会高人一筹。《韩非子·说林下》记载了一则"愚人误国"的寓言故事,说的是晋国的执政官知伯要去攻打接邻的仇由国,因道路艰险阻塞,无法行军。若派兵劈山开路,不但耗费巨大,且会暴露军事企图。于是,知伯心生一计,他先铸造了一口贵重的大钟,赠送给仇由国君。仇由国君非常高兴,准备开辟通路,迎取这口大钟。此时,仇由国大臣赤章曼枝向国君谏议说,这件事非同小可,赠送贵重的礼物,一般都是小国服侍大国的做法,现在一反常态,大国给小国送重礼,其中必然有诈,我们万万不可接受。仇由国君不听忠言,执意接受知伯赠送的大钟。赤章曼枝预见形势不妙,悄悄地跑到齐国去了。事过七个月,当仇由国耗费庞大人力物力修好迎接大钟的道路时,仇由国也被知伯发兵灭掉了。

此外,渊博的知识也是掌握预测能力的一个条件。同那些靠闯荡江湖来积累经验的人相比,读书的人知识积累的效果更为显著。因为他们读的书是古人千百年来的经验积累,是古人对天下万物的观察和描述。正如中国民间俗语描绘的，"秀才不出门，能知天下事"。知识是预测未来的基础，没有知识，没有对事物的准确认识，就不可能预测未来。比如说，有的人就根据所谓黄金分割律0.618，进行过多次成功的预测。黄金分割律0.618是古希腊著名哲学家、数学家毕达哥拉斯于2500多年前发现的。古往今来，这个数字一直被后人奉为科学和美学的金科玉律。在艺术史上，几乎所有的杰出作品都不谋而合地验证了这一著名的黄金分割律，中国古代兵马俑的垂直线与水平线间，就完全符合1：0.618的比例。一代枭雄拿破仑的命运，也曾与0.618紧紧地联系在一起。1812年，拿破仑进军俄国时前三个月胜利进军，后两个月则战而无果，而前三个月与后两个月的分界线正好是黄金分割点。1941年6月22日，纳粹德国启动了针对苏联的"巴巴罗萨"计划，实行闪电战，在极短的时间里，就迅速占领了苏联广袤的领土，并继续向该国的纵深推进。在长达两年多的时间里，德军一直保持着进攻的势头，直到1943年8月，"巴巴罗萨"行动结束，德军从此转入守势，再也没能力对苏军发起一次可以称之为战役行动的进攻。被所有战争史学家公认为苏联卫国战争转折点的斯大林格勒战役，就发生在战争爆发后的第17个月，正是德军由盛而衰的时间轴线的黄金分割点。

当然，要预见还要有一些哲学方法，即设计或推断出几种可能并采取相应的上、中、下对策。公元237年，魏明帝曹睿拟令司马懿领兵4四万前往辽东讨伐公孙渊。当司马懿整装待发时，曹睿召他进宫问道："贤卿此次出征，预料公孙渊将会用何种计策来对付呢？"久经沙场的司马懿早就对这一情况反复推断过，便顺口答道："公孙渊得知我军征讨的消息，弃城避战，这是上策；据守辽河抵抗，这是中策；如果坐守襄平那是下策，也就只有坐等被我们俘虏了。"那么，公孙渊到底会采取哪一策，理由又是什么呢？司马懿又进一步用肯定的口气回答说："如果他善知敌我，明智地定下决心，就会断然割舍眼前利益，弃城出走，以此拖延时日，疲惫我军，待机而战。可是公孙渊智浅寡断，上策难用，他必然会认为我孤军深入，难以持久，定会依托辽河拒守，接战不利，退守襄平，即由中策转入下策，在襄平待我军捉拿，这就是他的必由之路。"结果，公孙渊的心理所思与事态的发展和司马懿预料的一模一样，公孙渊被活捉斩杀，他的整个部队被彻底打垮。

何惧吹断大王旗

自然，"人在江湖，身不由己"，基于迷信或相术可以进行双面解释，历史上不乏聪明的人对此按需而取，使之为己所用。中国谋略家的鼻祖姜子牙的故事就是其中之一。

姜子牙所处的时代，正是殷商走向衰亡、地处商朝西部的一个属国周逐渐上升的时期。姜子牙听说周伯姬昌施行仁政、经济发达、政治清明、社会稳定、大得人心，便很想为兴周灭商一展雄才大略。而此时姬昌也正在为治国兴邦而广揽人才，于是姜太公便下定决心，离开生之养之却到了他70岁仍不任用他的商朝，不辞劳苦，

姜太公像

来到了周的领地渭水之滨,终日以钓鱼为生,其实是在观察世态的变化,寻找接近周文王姬昌的机会。据说,姜子牙钓鱼用的是直钩,鱼当然钓不上来,但这种特立独行的"炒作"却传播开来,并吸引了周文王的注意,最终他以姜子牙为相。所以才有"姜太公钓鱼,愿者上钩"的说法。

做了姬昌的军师后,姜子牙可谓厚积薄发,游刃有余,对内,他帮助姬昌制定了一系列发展经济的政策,极大地促进了生产力的发展,为有朝一日兴兵伐纣奠定了稳固的经济基础。对外,姜子牙协助姬昌实行韬光养晦,孤立瓦解的政策,对商王他表面上表现得谦和恭顺,暗中却采取种种手段拉拢争取殷商王朝的其他属国,使殷商越来越孤立,结果殷的三分之一天下在实际上都归了周。

姬昌死后,他的儿子姬发继位是为周武王,他拜姜子牙为国师并号称尚父。姜子牙继续全力辅佐姬发以图大业,使周朝的政治更加清明,背叛殷商而依附周室的人越来越多,出师伐纣的日子已经指日可待了。就在周朝已羽翼丰满时,殷商王朝却出现了土崩瓦解之势。特别是殷商王朝统治集团内部,忠臣良将被杀的被杀、被囚的被囚、外逃的外逃、降周的降周。姜子牙审时度势,认为伐纣的时机已经到了,便亲任主帅统领大军以吊民伐罪为号召,联合诸侯各国出兵直取商都。公元前1057年,周武王伐纣。但据史载,当武王决意伐纣出师前,算命的那伙人所占卜的结果却并不吉祥,许多人认为不宜出兵。

但姜子牙力劝武王勿失良机说："顺天之道未必吉，逆之未必凶。若失人事，则三军败亡。"但周军出兵后，行至中途又遇狂风惊雷，吹折了大旗和车辆。吕尚则把这巧妙解释为对殷商的天怒之象。就这样，周武王牧野一战，大败商军，迫使商纣王连夜出逃，与妃子妲己投火自焚于鹿台。中国历史上的殷商王朝至此也便宣告灭亡了，姜子牙终于完成了扶周灭商的宏图大业。试想，如果听信所谓相术的胡言，以所谓不祥征兆解说吹断大旗，那么周武王何时才能出兵拥有周的天下？

除了将迷信和相术作对自己有利的解释外，有的聪明者甚至创造迷信并使人相信，从而为自己找行动的理由。秦末农民起义领袖陈胜、吴广，为了统一民心，借助鱼狐兴兵就是如此。众所周知，秦朝二世元年（前209年）秋，有两名军官要押送900名壮丁到秦的北部边境渔阳守边防。但这两名军官怕半道出事，便挑选了体魄健壮，有办事能力的陈胜和吴广当屯长。当队伍行进到大泽乡（今安徽宿州东南）时，遇到大雨，误了日期。秦法规定误期当斩，大家死难当头，十分恐惧。此时，陈胜、吴广暗中商量造反，但他们觉得自己没有威信，怕不能得到大家的一致拥护，于是就开始借人们都相信天意的心理，大肆进行炒作。陈胜找来几块布，用红笔在上面写了"陈胜王"三个字，分别把布卷成

《史记》书影

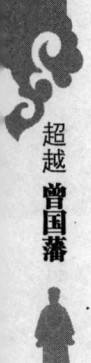

团团塞进鱼肚子里,交给伙夫去做菜。伙夫剖鱼腹时发现这一情况。很奇怪,而这一消息也很快传到每个壮丁的耳朵里。大家纷纷议论:"这是上天让咱们的屯长坐天下呀。"同时,吴广又利用住地旁边一块荒草坡上的一间破庙,半夜在庙旁点起大火,引人注意,在那里假作狐狸的声音叫:"大楚兴,陈胜王。",壮丁们听到后更把生的希望寄托在陈胜身上,决心跟着他大干一场。就这样,陈胜、吴广举旗率众而起,揭开了中国历史上第一次农民大起义的怒潮。而此后,中国历代农民起义借助宗教、迷信的例子更是层出不穷,甚至一些歪门邪道也选择了这种方法。

而三十六计中著名的"假痴不癫",则又是另一种制造并利用迷信的案例。

宋仁宗皇祐年间,位于南疆的广源州酋长侬智高举兵反宋,在短短的半个月内便横扫广西、广东境内诸州之地,并围广州达57日之久,号称当时名将的张忠、蒋偕等相继败死,北宋官兵溃不成军。当时全面负责岭南军政事务的是驻于桂州(今桂林)的广南西路经略安抚使余靖,面对一败涂地的局面手忙脚乱,毫无办法,只好把雪片般的报急文书转报朝廷,宋仁宗也急得团团转。经过与朝廷大臣们的紧急磋商,最终决定派遣防守西北屡建奇功的名将狄青南来广西主持军事。

狄青字汉臣,是北宋汾州西河(今山西临汾)人,行伍出身,善骑射,临敌之时披发戴铜面具,即使是强悍如苍狼的西夏敌军也畏之如虎。狄青接到任命之后,连夜南下,来到桂州,与余靖会合,商讨进军的方略。余靖向狄青陈述了侬智高军的作战特点:侬军着绛色征衣,每逢战阵,持蛮牌、标枪迎敌,望之如火。作战之时,勇不可当,宋军往往闻风而溃。狄青听后,心中十分着急,他知道宋军与侬军作战,由于多次战败,已有了一种心理上的恐惧,如果不能将这种恐惧消除，宋军与侬军作战，必败无疑。

为了扭转这一不利情况，狄青想了一个办法：桂州城郊之南有一庙宇，当地土民盛传庙中神圣十分灵验，于是狄青率部属来到庙中，跪拜之后狄青拿出一百枚铜钱，当众向神灵祷告说："如此次征南能够获胜，这一百枚钱撒出去后应当全部字面都朝上。"僚属们都大吃一惊，认为绝无百钱字面都朝上的道理，这样做只会动摇军心，影响本来就不高的士气，于是纷纷劝阻。但狄青根本不为所动，将钱撒出，想不到其结果就像狄青所祷告的那样，一百枚铜钱字面无一不是朝上。一时间全军欢声雷动，大家都认为此次征南有神灵相助，不愁不胜，于是军心士气得到了极大的鼓舞。其实狄青用的不过是一种特制的两面字钱，不管掷出去的状态如何，总是有一个字面朝上。之所以这样做无非是用智谋消除宋军原有的恐惧罢了。

随后狄青率军趁侬军不备之机偷越天险昆仑关，然后与侬智高军决战于归仁铺（今南宁北郊）。侬军依然是以标枪队出阵，而宋军却没有像从前那样一惊而溃。双方短兵初接，狄青的前锋将孙节被标枪刺于马下，宋军虽然小却，宋军大将孙沔也面容失色，但宋军仍未溃败。后来狄青披散头发，戴铜面具亲自上阵，率骑兵左右穿插横击，终于战而胜之，侬军大溃，败于邕州（今南宁）城中。第二天天未亮，侬智高率少数亲随弃邕州出逃往大理去了。

数十年之后，北宋大臣蔡坝作《铁围山丛谈》一书，详细地记载了这件事情，并认为狄青之所以能够取得胜利，在桂林南郊用智掷两面钱以扭转军心的办法实际上起到了很重要的作用。

因此，若非曾国藩故意在用相术来掩盖自己的某种计谋，那么面对他利用相术"智慧"观人观事却不灵的尴尬，不妨与孔子、姜尚等人携手超越他。

第九章

身心平衡VS身病心病，谁能超越曾国藩

曾国藩富贵却不长寿，奋斗了一辈子，还没等到快快乐乐享受一下生活，生命之鹰就收起了呵护他的翅膀，实足为人所扼腕一叹。究其原因，是曾国藩活得太累了，真可谓身累心也累。其实，成功而以健康甚至生命为代价的人太多了，即使是一些威风八面的人也再所难免。这在事实上使世人陷入了一种要成功还是要健康的尴尬境地。而实际上，成功与健康完全可以兼得。

身病心病困一生

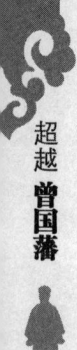

自古以来，中国文化就非常注重修身养性。古人不但强调要注重个人的道德修养，也强调要多多从事体育活动增进身体健康，减少烦恼保持精神和心理的健康。以修德而言，最为著名的首推《论语》、《老子》，以及其后许多古人的优秀著作。无论是儒家的偏于修德，还是道家的重于养生，都是如此。就修身而言，《黄帝内经》所阐述的经络和医学养生方法、汉代由华佗开创的五禽戏、南北朝时期起于少林寺的拳术，都是古人出于平衡身心而出现的修身方法。总而言之，古人非常强调修身养性。

这一点，自然影响到了作为文人的曾国藩，他也非常讲究要调养身心。曾国藩一生强调"惩忿窒欲"。所谓"惩忿"，就是遇事不要烦恼、发怒，心平气和地对待。他在家书中就说："养生以少恼怒为本。"所谓"窒欲"，就是对不良嗜好和私欲都要有效地抑制，不让其萌生，从而胸怀坦白、心身泰然。这样自然脏腑气血调和，生机勃勃。他还用静坐的方式养心。据说他即使在战事危急，事务繁忙的时候仍每天坚持不懈。他日记中常常会记有"静坐片刻"。曾国藩还强调在饮食上要"少食"、"素食"、"清淡"。日常生活多以素食和蔬菜为主，"常食老米粥以疗脾亏"。"吾夜饭不用荤，以肉汤炖蔬菜一二种"，而且认为这是"崇俭之道"。他强调"脾胃为人后天之本"，膏粱厚味，肥鱼大肉，皆可损伤脾胃。"少食"、"素食"、"清淡"足可以养脾胃，脾胃得养，自然健康长寿。曾国藩还强调要"多动"、

"习劳"，认为多活动人才能气血和、经脉通，不动则病滞。曾国藩曾专门告诫自己的子女、儿媳，要亲自种菜、养猪、织布、下厨，不要随便使唤奴仆，出门要多走路，少骑马坐轿。他说："劳则寿，逸则夭。"所以据说曾国藩每天坚持饭后走一千步。不仅如此，他还要求儿子曾纪泽每日早晚各走五里路，加强锻炼身体。

曾国藩一生引以为荣的，还有"早起"。他说，"早起为养生第一秘诀"，"早起可以振奋精神"，"早睡早起身体好"。事实上，早起是曾氏祖辈几代的传统家风。在曾国藩的教导和影响下，曾家中人人"黎明即起，洒扫庭除"。他手下的幕僚、将领也无不效法，没有几个敢睡懒觉。除此之外，曾国藩每晚睡前一般都以热水洗脚，而且要求水一定要温热，要浸洗到膝关节以上。曾国藩还告诫儿子不能因为身体的虚弱而过多地用药。他认为，得病须用药，但药物并非有益无害的东西，"药能治人，亦能害人"。

曾国藩的养生，可以说有其一套理论，但在现实生活中的曾国藩，其实却身病心病都不少，活得很累，最后也未能长寿。

众所周知，曾国藩患有癣疾，虽然多方医治，但一直时好时坏，不能根除。据称，曾国藩35岁时所患癣疾一度发作，全身皮肤干燥、脱屑，犹如蛇身，奇痒难忍，彻夜不得成寐。此后，蛇皮区似乎也随着他的官位升高越来越大，折磨得他痒痛异常，日难处理军情，夜难入睡，早起后满床都是皮屑。咸丰十一年，曾国藩51岁时又一次癣疾大发。当年5月20日，曾国藩在家书中写道："余遍身生疮，奇痒异常，极以为苦，公事多废搁不办，即应奏之事亦多稽延。"10月14日，曾国藩在家书中再一次写道："余身体平安，惟疮久不愈，癣疾如常，夜间彻晓不寐，手不停爬。人多劝买一妾代为爬搔。"后来，在别人的劝说下，曾国藩还真娶了一个湖北籍的陈姓女子为妾。

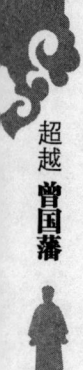

咸丰十一年11月14日，曾国藩在家书中说："余身体平安，惟疮癣之痒迄不能愈，娶妾之后亦无增减。陈氏妾入室已二十日，尚属安静大方。"然而娶妾其实仍然没有解决曾国藩的癣疾，所以曾国藩后来还自我安慰说："大约此是积年痼疾，非药饵所能愈，亦非爬搔所能愈也。"事实上这一怪病始终未能治愈，伴他到死，困扰其一生。

关于曾国藩的癣疾，有人解释说他是蟒蛇精转世，身上长的是蛇癣。据说在曾国藩降生的前一天夜间，曾国藩的曾祖父曾竟希梦见一条巨虺（古代传说中一种有角的小龙）自空中蜿蜒而下，直入曾宅，头悬于梁，尾盘于柱，鳞甲灿烂，把老人惊醒了。对于这个奇梦，老人家百思不得其解。后来人告知曾孙即曾国藩出世，老人顿有所悟。还有一桩巧事说就在曾国藩出世的当天，曾家屋后长出一棵苍藤，当地人称为"蟒蛇藤"。据野史说，家人观藤之枯荣，可知曾国藩的境遇如何。巨藤枝叶茂盛，则曾国藩加官晋职，巨藤枯槁，则曾国藩身处逆境。曾国藩死后，巨藤也随之叶落枝枯，不久亦死。乡人相信，这棵"蟒蛇藤"就是曾国藩的化身。另外，还说有相师为曾国藩看相，认为"端坐注视，张爪刮须，似癞龙也"，于是，就有了曾国藩是"癞龙即蟒蛇转世"的传说。

当然，这些神话附会根本解释不了曾国藩的皮肤病。现代一些研究者认为，曾国藩实际上得的是一种类似银屑病、牛皮癣或鱼鳞病、蛇皮癣也叫蛇身的那样一种皮肤病。这类皮肤病的特点是皮肤干燥，粗糙状如鱼鳞，有灰褐色鳞屑或深重鱼鳞（蛇皮）斑纹，起白皮或棕黑皮。这种病有时显得很顽固，但病因却不是很清楚。

而据研究，诸如麻疹、牛皮癣、皮疹等皮肤病，虽有一些遗传的原因在其中，但通常也都是因为某种心理或脏腑疾病引起的。就心理而言，这类皮肤病与"焦虑、恐惧、衰老、我受到了威胁"等思维

模式有很大的关系，尤其是与过于郁闷造成肝气不畅，引起肝病等大有联系。联系历史可以看出，曾国藩一生都心重，总是焦虑过度。而他两次癣疾大发作时，都是在官场不如意，过于担心功名之时。这说明，他的皮肤病与其心情及受心情影响的脏腑疾病有极大的联系。

其实，古老的中医一直有一个观点认为，疾病是透视心灵的窗口，身体反映人内心的想法和感觉。人离真实的自己越遥远，思维模式就越容易纠结成团，从而阻塞生命能量的流动。这种阻塞就像拧绞在一起的绳结，每个不健康的想法都会造成一个新的结，直到疾病在身体某个部位发作。生活中的负面情绪长期积压就会在头脑中形成习惯性的有害态度。而有害态度则会命令脑垂体分泌不利于健康的"痛苦荷尔蒙"——肾上腺，从而导致疾病产生。其中，恐惧和痛苦的情感会引起"战斗或逃避"的反应，从而对肾上腺和神经系统造成压力，导致激素水平失衡。爱的缺乏和痛苦的情感能持续影响身体系统——心血管系统、呼吸系统、内分泌系统、循环系统、消化系统、神经系统、排泄系统等的正常循环机能，导致身体逐渐崩溃，直到病变危及生命。对某些"脆弱"的人来说，愤怒以及其他强烈的情绪冲动，甚至可能会触发致命的心律失常，从而发生心脏病而死亡。总之，那些自我破坏性的态度——比如，认为自己受人伤害，对事情无能为力，充满恐惧，疑虑重重，难以释怀等，都会切断人同真实自我的价值和力量之间的联系，从而造成疾病。而这是身体对你的有害态度和行为发出的警报，身体在用这种方式提醒你免疫系统已经不堪重负，提醒你作出改变。据资料显示，英国一位名叫约翰的著名生理学家曾经预言，让他发疯的人会杀了他。果然在一次会议上，有人激怒了他，导致他心肌梗死当场死亡。之所以出现这样的悲剧，是因为人在愤怒时会诱发血压急剧升高，后果之一是血管破裂。如果大脑血管

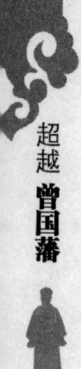

破裂,严重的会死亡;而心脏血管破裂或堵塞,则可能猝死或心肌梗死而死。据称,所谓动脉硬化、冠心病、脑血栓等因血管堵塞产生的疾病其实都是慢性的,要几年、十几年、几十年才可能把血管堵死。一般人四五十岁开始血管硬化,每年血管都要狭窄1%—2%,但只要愤怒着急,一分钟就可能狭窄100%,当时就死亡。愤怒生气可以杀人,并非危言耸听。因此,要把"制怒"牢记在心坎上,任何情况下都要控制自己的情绪,常想犯不着就某事与某人一般见识,犯不着拿自己的生命开玩笑。

  同理,要避免因情绪导致疾病,就要注意由心理到生理痛苦的变化,保持平和的心理,以帮助身体恢复健康。如果在得病以后还漠视身体的反馈信号,或是用药物麻痹身体的反馈机制,就会使疾病加重。如有的人患上了湿疹,常常以为这种疾病来源于某种感染,单纯是皮肤的问题,就不断地在患处涂药膏,结果适得其反。而其实,湿疹的产生同肝脏工作是否正常有极大的关系,如果理通了肝气,湿疹往往会不治自愈。所以,问题的关键是有一个好的心情,有一个快乐的生活态度,活在当下,别患得患失。这一点,其实从曾国藩自己治癣病就能感受到。道光二十六年(1846年)秋,曾国藩全身发热发烧,癣疾甚烈,给他看病的医生疑是梅花疮的毒气发作,而他却不愿服用药性过于猛烈的方剂。他的好友吴竹如给他提供一方:每天服食槐一碗,但见效不大。至道光二十七年,他更是遍身癣毒,以至于"整日整夜地坐卧不安,不停地爬搔"。在无药可治的情况下,他置之不理,结果反而渐渐好转。由此,他悟出一方:"此点皮肤之疾,万无送命之理,断不可因此而妄伐根本,令禁吃药,并禁敷药,不久即便痊愈。"

  实际上说曾国藩由于心思太重而得病,并不是冤枉他。曾国

藩主张"淡","淡然无极"、"淡而无为","淡泊以明志,宁静以致远"。这个"淡",就是清静、超脱。然而很多年来,曾国藩就是清静不得,超脱不了,总是焦虑过多,没有一天可以坦荡于天地之间。这主要在于他有两个毛病,一是名利心太切,二是俗见太重。曾国藩本人曾承认,他有时过于计较一些东西。如他自称:"余三十多岁时十分好名,与人交谈总是喜好论辩,这就是好名;喜欢作诗,也是好名。"他曾称自己为"盗名之具",就是盗取美名的工具,他反省自己总是希望曾氏家族能表率一方,显示出他求名心切。此外,曾国藩还经常为成功与失败劳神太过。在与太平军作战中,他曾三次因战败想投河自尽。曾国藩的这种累在他留下的文字中也曾清晰地表现出来:一方面"居江南久,功德最盛",另一方面又杀人如麻人称"曾剃头";一面声称不望富贵愿代代有秀才,另一面又分别以甲科鼎盛为子侄乳名排行,以张升李升王升呼其门房仆人;一方面将湘军定位为勤王卫道之师,另一方面又将其视为私家产业;一方面总是提醒众兄弟谦抑退让,另一方面又时不时好勇斗狠倔犟逞强;一方面以理学自负标榜民胞物与,另一方面却被指"横征暴敛、剖克民生、剥削元气";一方面训导诸弟"明德、亲民、止至善皆我分内事",另一方面又处心积虑配合弟弟曾老九将克服金陵之功留在曾家。此外,在曾国藩的早期信件中充满了年轻人昂扬奋发的豪气,但后期却意气瑟缩,如败叶满山,尽是垂暮之气。他叹息宦途艰险,没有了少年时的阳刚之气,自然也容易抵挡不住疾病之生。同样,在唐浩明的长篇小说《曾国藩》中,给人印像最深刻而且反复出现的情节就是曾国藩动不动就要一个人枯坐一夜。皇帝那传来什么不利的消息,会令他彻夜难眠,焦虑不已;未得到想得到的职位,也会让他难以入睡;战败之后虚荣心惨遭践

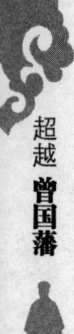

踏，也会令他久久与孤灯为伴。或许，这正是曾国藩六十多岁即辞世的原因之一。

而科学研究表明，晚睡及引起晚睡的焦虑都是健康的大敌。睡眠是身体进行自我调整的时刻，谁侵略它的时间，它便侵略谁的健康。晚上9点到11点为免疫系统排出人体纳入的毒素时间，晚间11点到凌晨1点肝在进行这类工作，这些排毒均需在熟睡中进行；凌晨1点到3点，胆的排毒亦需在熟睡中进行；凌晨3点到5点，肺的排毒也需要在熟睡中进行；凌晨5点到7点，大肠需要排毒；半夜至凌晨4点为脊椎造血时段，必须熟睡，不宜熬夜。而如果过劳则会造成体内器官阴阳失调，最后造成器官衰竭甚至使人死亡。同时，恐惧、担心、急躁等不良情绪会引发焦虑，焦虑会危害人的身心健康。焦虑常常使人觉得自己不能放松下来，全身紧张，唉声叹气。焦虑也会使人心跳加速、血压上升、皮肤苍白、手心出汗、口干舌燥和呼吸变深、尿意频繁、恶心、呕吐或腹泻，甚至大小便失禁。严重的焦虑还会引起消化不良或食欲减退以及睡眠障碍，并伴有大祸临头、惶恐紧张、多疑，从而导致注意集中困难、联想和记忆能力减弱、工作效率降低、社会活动能力下降等。而实际上，这些外部的表现都和内部的脏腑受到一定的伤害有密切联系。

战国蝴蝶意悠长

曾国藩在平衡身心健康上,显然是非常不成功的。即使是生活条件远不如清朝时期的战国的大思想家庄子,都比他活得长。据史料记载,庄子约生于公元前369年,卒于公元前286年,活了83岁。

细数起来,庄子的生活其实比曾国藩苦多了。庄子生活在战国时期,与梁惠王、齐宣王同时,约比孟轲的年龄略小,曾做过漆园小吏,生活很穷困,却不接受楚威王的重金聘请。可以说,他在生活质量上远不如少年时家底殷实、中年做京官统领湘军的曾国藩。同时,庄子同年轻时的曾国藩一样有着相当的棱角和锋芒,而且终其一生都是如此。庄子认为一般人很虚伪,"人心险于山川,难于知天。天犹有春秋冬夏旦暮之期,人者厚貌深情(外貌忠厚而内情深藏难测,形容外貌与内心不一致)。"他批评儒家"以仁义撄人之心",即过于加强思想统治,只会导致"天下脊脊大乱"。而君主的专制统治和对知识的爱好,只会使人心更加败坏。世人广为流传的庄子的名言"圣人不死,大盗不止"、"窃钩者诛,窃国者为诸侯"等,都是其愤世嫉俗的体现。

虽然如此,庄子却很长寿,其原因何在?这是因为庄子淡泊名利,视所谓当官、评职称如浮云,一文不值。他主张修身养性、清静无为。而且庄子主张精神上的逍遥自在,追求一种不需要依赖太多外力就能达到的逍遥自在境界。他认为做官和积极参与评职称之类戕害

人的自然本性，不如在贫贱生活中自得其乐。因为世道污浊，有损其理想和身心，所以他选择退隐，不参与那些污七八糟的事，省心；因为知道"螳螂捕蝉，黄雀在后"的道理，所以他也与世无争，做好自己的事；因为人生有太多不自由，所以他才强调率性，活一回就活好自己。庄子认为"天人合一"，主张宇宙中的万事万物都具有平等的性质，人融于万物之中，从而与宇宙相终始。他主张物我两忘，所以他有着通达的生死观；他提倡护养生命的主宰亦即人的精神是要顺从自然的法则，要安时而处顺，不要因为当官而扭曲自己善良的天性；庄子要求重视内在德行的修养，德行充足，生命自然流注出一种自足的精神力量。归根到底，庄子长寿源于其思想家的超凡脱俗，一切看得透，而且没有像西方某位哲学家那样，为了证明自己的哲学主张而死给统治者看。在庄子看来，那样太愚蠢了，太不值得了，太对不起自己了。庄子的方法是，"该说的我都说了，听不听是你的事，我犯不着赔上性命让你听我的"。

由此可见，保持身心平衡、健康最主要的是如何对待名利二字，以及如何恰当调理，而其根本有：正确的思维、平和的心态、良好的环境、恰当的运动。

恰当的运动因人而异，各人各不相同，最为人推崇的就是太极拳和散步。据说，这是目前最为安全的两种健身方式。不过有时如果太过偏执于运动，对运动执迷起来，也是有害的。如有的人执迷于运动，仿佛不运动就会生病而死，反而使运动成为心理负担，适得其反。所以无论是人与环境的互动，还是人与运动的和谐，归根到底都在于人怎么看这个世界，此即思维。

所谓良好的环境，是指一个人周围的环境好与坏，对人的影响不可忽视。如果把一个诗人关进地窖，那么他可能很难写出优美的诗

篇。如果把一个人放在风光旖旎的地方,则人的心地也容易趋于良善。但反过来看,环境对人的影响也不是绝对的。真正乐观的人,即使在流放生涯中仍会乐观如一,甚至创造出诗篇和不朽业绩,屈原和郑成功就是这样的人物。

屈原作为战国时楚国贵族,曾在朝中做过左徒、三闾大夫等大官。楚怀王时,屈原主张联齐抗秦,选用贤能,但受贵族排挤不见用,并遭靳尚等人毁谤,被放逐于汉北,于是他作《离骚》表明忠贞之心。楚襄王时他被召回,又遭上官大夫谮言而流放至江南,终因不忍见国家沦亡,怀石自沉汨罗江而死。其忌日成为后人纪念他的传统节日端午节。屈原第一次流放时所作《离骚》是我国古代最长的一首抒情诗,全诗融入大量的神话传说及历史人物故事,使诗篇波澜起伏,千变万化,雄伟奇丽。从《离骚》的意境来看,屈原的流亡只是离开属于自己的生存地域,而不是精神的流亡。一般的流亡,是指流亡者或遭受自然灾害或身陷困苦或受人为的障碍,而离开故地或祖国。而精神的流亡则指人在精神上的失落感、漂泊感、彷徨感、迷惘感、虚无感、荒诞感以及心灵的无家可归感,是对精神上寻找出路的迷惘,是精神的受伤,是对人存活的理由、根据、勇气的困惑,它常以发疯、自杀的形式表现出来,一旦人找不到精神上的出路、发生信念危机则只有自杀一条路。但屈原虽然最后自杀而死,却不是因为伤己而是因为伤国,他并不是一个弱者。体现屈原思想的《离骚》并不是在导致他死亡的第二次流亡时所作,而是他第一次流亡时所作。何况其最后选择死亡,也并不是那种装模作样,而是想以死警醒统治者,是要以与祖国一同死亡来悼念自己的祖国。这说明,屈原是在困境中支撑的坚强英雄人物,其最后所以选择死,也是勇者之死的视死如归,而不是怯懦之死。他

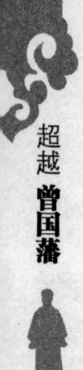

是在流放中发出一种企盼国家振作的强有力的号召。正因为有这种精神在，虽然屈原自杀，但没有人听说他当时有什么疾患，因为他的心理一直很健康，一直在考虑国家而不是考虑自己的利益。

另一个在逆境中的成功者是郑成功。郑成功为明朝最后一个强调反清复明的官员，但他在流亡生涯中，通过实质的武力攻击让当时占据台湾的荷兰东印度公司人员撤退，收复了台湾。

郑成功的父亲为郑芝龙，受明朝朝廷招安前为一海盗首领。母亲是日本女子田川松，因此郑成功是中日混血儿。1644年，李自成攻入北京，明思宗自缢，吴三桂引清兵入关。在这样的乱世里，郑成功进入南京国子监太学读书，拜当时南京礼部尚书钱谦益为师。在此期间，郑成功受南明隆武帝笼络，赐姓为明朝的国姓朱，并封忠孝伯。22岁时，郑成功任南明隆武帝御营中军都督。清顺治三年（1646年）清军攻克福建，唐王隆武皇帝遇害，在清大学士洪承畴的招抚下，郑成功的父亲认为明朝气数已尽，只身北上向清朝朝廷投降。清军在这时掠劫郑家，郑成功的母亲田川氏为免受辱于清兵，切腹自尽。"国仇家恨"之下，1647年1月郑成功在烈屿（小金门）起兵，旗帜上的称号是"忠孝伯招讨大将军罪臣朱成功"，开始了自己的流亡生涯，并在对抗清军的作战中颇有建树。1655年，清定远大将军济度率兵约三万进入福建，会同驻福建清军，进攻郑军。郑成功利用清军不善水战的弱点，诱其出海作战，次年4月将其水师歼灭于厦门围头海域。在起义后的16年间，郑成功完全控制了海权，利用和外国人做生意收集资金，筹备军力。期间，降清的郑芝龙在清庭的要求下多次写信给郑成功招降，清帝亦曾下诏册封郑成功为靖海将军海澄公，郑成功坚辞不受。1658年，郑成功统率水陆军17万北伐，次年进入长江，攻克镇江，围攻南京，后因中清军缓兵之计，损兵折将，败退厦门。为取得抗清根据地，郑成功于1662年打败侵占台湾38年之久的荷兰殖民主义者，收复了我国神圣领土，并写下《复台》诗："开辟荆榛逐荷夷，十年始克复先基；田横尚有三千客，茹苦间关不忍离。"诗作高度概括了收得台湾的艰难历程，无限深情地抒发了自己与将士们同甘共苦、生死相依的血肉深情。郑成功在以一点小力对抗清的大势力与荷兰殖民主义者中，完全没有自暴自弃，自我退守与贬抑，没有甘心于自己的苦难与放逐状况，更没有因为处于非主流生活状态而心有郁结生病，而是雄心勃勃、敢做敢当，无形中成为收复台湾的民族英雄。

从郑成功的诗中，不难得出"境由心造"的结论。一个人心态好，世界上一切都变得很美好。杜甫讲过："感时花溅泪，恨别鸟惊心。"花鸟很好，为什么流眼泪、心惊肉跳？因为"烽火连三月，家书抵万金"。在战争年代家里亲人死活都不知道，一看花鸟只能更伤心，甚至会因为伤心而根本对所谓的花鸟视而不见。白居易诗中说："行宫望月伤心色，夜雨闻铃肠断声。"皇帝的行宫漂亮，月亮很美，但在唐明皇眼中却是伤心的颜色；铃声优美，但在唐明皇听来却是肠断的声音。原因在哪里？因为唐明皇听到心爱的杨贵妃死了，感觉到失魂落魄。当他心态不好时，一切看来都难免很灰暗。而如果心态好，灰暗也可以成为光明。人与环境、人与事的互动，最关键的转换就是思维的正确与否。思维正确可以变忧为喜，有一个良好的心态；反之则会视喜如忧，心态非常糟糕，并表现在身体的疾病上，从而像曾国藩那样，虽然位及人臣，却身病心病日增。

人生中，经常有无数来自外部的打击，但这些打击究竟会对你产生怎样的影响，最终决定权在自己手中。如果别人认为是沉重的打

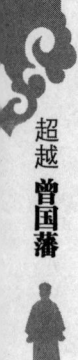

击，而你认为无所谓，那你的斗志就非常昂扬，从而能够举重若轻，从容应对。而如果普通人还认为是鸡毛蒜皮一样的小事，你却当成泰山一样重要，除非你有过人的见识，从中发现了重要事态萌芽和机关，否则就只有自己可怜自己致死的份了。对于真正的强者来说，"遭受打击"这个词组有时是不会轻易说出口的。命运一直藏匿在人们的思想里，许多人走不出人生各个不同阶段或大或小的阴影，并非因为他们天生的个人条件比别人差多远，而是因为他们总是活在幻想之中，或沉溺于自己的所谓打击里，没有耐心慢慢地找准方向，一步步地向前，直到眼前出现新的洞天。美国石油大王洛克菲勒说："如果把身上的衣服全部都剥光，一个子儿都不剩，然后把我扔到大沙漠去，这时只要有一支商队经过，那我又会成为亿万富翁。"如果洛克菲勒整天幻想其失去的财富，又何能用心创造新的财富？法国大作家雨果说，世间有一种比海洋更大的景像，那便是天空，还有一种比天空更大的景像，那便是内心的活动。日本作家池田大作也说："自己的路由自己决定，不要依赖任何人，只有不向任何苦难低头，建设坚强的自我，才是新的自我革命。"还有一句名言说："开步走吧，只要走，就会产生力量。"思想的宽阔，行动的力量，是医疗心病的最好的药，而忧愁是没有什么用的。由此可见，只要敢于承认现实，人就可以出发去成功。

当然，平衡身心的正确思维也需要有一个主心骨，这就是独立坚强。世界上有两种人，一种是被别人影响的人，另一种是影响别人的人。受别人影响的人难以平衡身心，因其活得不自立，完全活在别人的嘴巴之间、眼皮之间。别人的一点是非言论他就受不了，别人的一点难看脸色就让他思虑几天。这样的人既不快乐，也难以成功成才，这里或许用得着曾国藩推崇的"倔犟"二字。曾国藩认为，建功

业、写文章都离不开倔犟，否则，陷入柔靡，一事无成。孟子所讲的至刚，孔子所讲的贞固，都要靠倔犟养成。如果能制住怒气以保养身体，保持倔犟以激励志向，就会前途无量。当然从广义上讲，能影响别人的人在世界上只占1%，大部分人刚开始都是被别人和环境所影响，能去改变被别人所影响和环境所支配的命运，需要具备很强的个性和毅力，同时要以积极的心态和信念去改变环境，推动时代和社会的进步与发展，这样才能真正成为影响别人的人，成为改变他人思想的人，也就是能成为英雄，成为时代风云的人物。

但倔犟过头了，有时就容易成为偏执，因此在倔犟之外还要保持宽容。"度尽劫波兄弟在，相逢一笑泯恩仇。"保持宽容之心，多给予而少索取，不仅是避免结怨的处世之道，也是其遵循"天道"的修身之法。不过，"宽容"作为一种无法估量的力量，是要有实力做基础的。如果没有实力的宽容，就会是忍辱退让，任人宰割。只有有实力的宽容、包容，才是真正平等的宽容与包容。

历史上狡兔三窟的故事，说的就是宽容达到的较高境界。狡兔三窟的重要角色，是战国时齐人冯谖。他是齐国孟尝君门下的食客之一，为战国时期一位高瞻远瞩、颇具深远眼光的战略家。当时，孟尝君以"好客养士"、"好善乐施"而名闻天下，他对待门客，不惜"舍业厚遇之"，因而门下食客达三千余人。与孟尝君的这种大场面相比，冯谖的实力显然微不足道。所以冯谖在当门客时也相当不客气，该要鱼吃就要鱼吃，该要车坐就要车坐。所幸，孟尝君也都满足了他的要求。在冯谖当孟尝君门客一年后，由于收养的门客太多，孟尝君封邑的收入不够奉养食客，于是派人到薛地放债收息以补不足。但是放债一年多了，还没收回息钱，门下食客的俸养将无着落。孟尝君于是想在食客中挑选一位能为他收取息钱的人。当孟尝君就此事征求冯

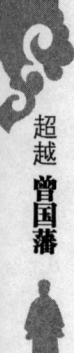

谖意见时,冯谖爽快地答应了。冯谖在辞别孟尝君时问道:"债收完以后,需要买点什么东西回来?"孟尝君说:"你看家里缺什么就买点什么。"有了这句话,冯谖辞别了孟尝君,驱车到了薛地,派官吏召集应该还债的人,让他们偿付息钱,结果,得息钱十万,但尚有多数债户交纳不出。冯谖便用所得息钱置酒买牛,召集能够偿还息钱和不能偿还息钱的人都来验对债券。债户到齐后,冯谖一面劝大家饮酒,从旁观察债户贫富情况,一面让大家拿出债券如前次一样验对,凡有能力偿还息钱的,当场订立还期,对无力偿还息钱的,冯谖即收回债券,并假传孟尝君的命令,为无力还钱的老百姓免去了债务,"因烧其券"。冯谖说:"孟尝君所以贷钱者,为民之无者以为本业也;所以求息者,为无以奉客也。今富给者以要期,贫穷者焚券书以捐之。有君如此,岂可负哉!"于是,所有的"坐者皆起,再拜","民称万岁"。这样,冯谖就在薛地百姓中埋下了感恩于孟尝君的种子,换得民心,功德无量。

冯谖办完事后立即赶了回去。孟尝君听到冯谖烧毁契据的消息,十分恼怒,责问冯谖为什么要那样做。冯谖说:"您有了个小小的薛邑,不把那里的百姓当做自己的子女一样加以抚爱,却用商贾手段向他们敛取利息,我认为不妥,就假托您的旨义,把债赏赐给那些无力偿还的百姓,这是让薛地百姓把您视为亲人,并彰显您的名声。我是在为您买'义',您怎么还能怪我?"面对冯谖这种硬气样子,孟尝君听后虽然心里不快,但也无可奈何,只得包容地挥挥手说:"算你说得对,你休息去吧!"

冯谖办完事回去当然少不了遭受孟尝君就其烧毁契据发出的责备。但过了一年,有人在齐缗王面前诋毁孟尝君,缗王便以"寡人不敢把先王的臣当做自己的臣"为借口罢掉了孟尝君的相位。孟尝君罢

相后返回自己的封地，距离薛邑尚有百里，百姓们早已扶老携幼，在路旁迎接孟尝君。孟尝君此时方知冯谖焚券买义收德的用意，感慨地对冯谖说："先生你买的'义'，今天我终于看见了！"

自从相位被齐缗王罢免后，孟尝君门下食客多离他而去。后来经过冯谖的努力，孟尝君得以恢复相位。而当孟尝君复相后，冯谖策马前去迎接，其他门客都未到。孟尝君感慨地对冯谖说，自己一生好客，对待客人从来不敢有所闪失，而他们见自己被罢官，却都离自己而去了。今仰赖冯谖先生我才得以恢复相位，门客还有什么脸面再见我呢？我如果再见到他们，"必唾其面而大辱之"。冯谖听了忙下马向孟尝君叩头，孟尝君急下马制止，问他是否是替其他的门客谢罪。冯谖说，任何事物发展都有自身的规律，像有生命的东西一定会死亡一样，这是一种必然规律；"富贵多士，贫贱寡友"，这也是一种规律。"您失去相位，宾客自然都离去了，您不应该因此埋怨士人"，希望孟尝君能够"遇客如故"。孟尝君非常感激冯谖的提醒，于是再次拜谢并接受了冯谖的建议，"敬从命矣，闻先生之言，敢不奉教焉"。

冯谖为孟尝君营造"退居之地"，劝他"遇客如故"，虽然可以有多个角度来阐发，但宽容却是一个重要的方面。宽容就是一门艺术，一门做人的艺术，宽容精神是一切事物中最伟大的行为。宽容待人，就是在心理上接纳别人，理解别人的处世方法，尊重别人的处世原则。冯谖告诉孟尝君，在接受别人的长处之时，也要接受别人好势利的短处，知道人是怎么回事，这样自己才不烦恼，也才能真正地与门客和平相处，既保存了一个良好的心态，也尽宾客之所能为我所用。一个人影响别人的方式有多种，其一是用他的狭隘，越狭隘越容易生事，惹麻烦。另一点，便是气度。实际上一个人能影响别人和社

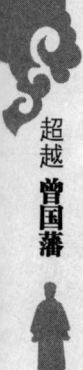

会的程度，决定了他能成就多大的事业。冯谖辅佐孟尝君的故事也说明，做大事要有一种开阔的胸襟。人的职位越高，气度应该越大，二者呈正比关系。唐代贞观之治和开元盛世时，宰相个个都有胸襟，所以国家气运旺盛。古往今来的大失败者，都败在不能自我控制，没有气度。而能宽容、有气度的人，因为眼中看得下任何东西，心中装得下任何东西，所以也不会因为看不过、忍不过而生气、生病，从而也就保持了身心健康。这同时也说明，为什么成功不必以健康为代价。这一点对于在官场上的人来说尤其重要，如果像曾国藩那样以健康为代价获得高官厚禄，不也是不值得吗？

若问21世纪什么最宝贵

虽然人生愁恨何能免，古人也曾感叹："人生七十古来稀，前十年弱小，后十年衰老。中间只有五十年，一半又夜里过了。算来只有二十五年在世，受尽多少奔波烦恼。"但当人们在21世纪再学习曾国藩时，已不应只是感叹"不在愁中即病中"，而是要比他活得更健康轻松。若问21世纪什么最宝贵，答："健康。"为了保持健康，人们也在探索无数的办法，其中有一种办法说的是"养心八珍汤"。养心八珍汤有八味药：第一味药，慈爱心一片。第二味药，好肚肠二寸。对世界充满爱心和慈悲心肠，自然一切都看得进去，一切风波在你眼中都风平浪静,自然你的心就风平浪静,不生心病。第三味药,正气三分。第四味药,宽容四钱。宽容比正气要多,因为人非圣贤,都有不足,你要不宽容不行,人必须度量大,对他人宽容。

"宠辱不惊,闲看庭前花开花落,去留无意,漫随天外云卷云舒。"梁启超给谢冰心写过:"世事沧桑心事定,胸中还岳梦中飞。"世界上虽沧桑变化,我心事定,无论你怎么变化,我心里有数。心里各种烦恼的事,做一个梦,睡个觉就过去了。这就是度量。张学良1932年就是国民党军副司令,海陆空的副总司令,仅次于蒋介石,1936年却因西安事变抓起又放了蒋介石而成为阶下囚,可谓一生出没风波里。他如果心理不平衡,度量小,十个张学良都死了。而他却能坦然地活到101岁,不能不说是个长寿奇迹。原因是他无论受多大的挫折,都能维持心理平衡。而张学良将军不但活得高寿,还不时作诗调侃自己:"平生无所恨,唯一爱女人。"笑骂"人何寥落鬼何多"?张学良曾说:"我自己发现一件事,我自己的事情,只到了36岁,以后就没有了。"他所指的当然是政治仕途,36岁那年他发动西安事变,政治生涯基本上结束。没有了事业上的轰轰烈烈,没有了官场中的权欲角逐,也没有了前呼后拥的阿谀捧场,更没有了明争暗斗的尔虞我诈,当然也就没有了让张学良烦躁不安的焦灼。张学良研读古代医家孙思邈医书中四句箴言时,对"清心寡欲"理解更深刻。"人的养生有五难,一是名利不去为一难,二是喜怒不除为二难,三是声色不去为三难,四是滋味不绝为四难,五是神虑精散为五难。"也就是人只有心里安静,才不会百病缠身,才会远离尘世的烦恼忧愁。一位马来西亚记者向张学良将军询问长寿之谜时,他说:"我没有任何养生之谜,就是什么事情都不放在心上!我这个人真没有什么长寿之道,就是好吃好喝好睡,有时候我可以整整睡上一天,也不睁眼

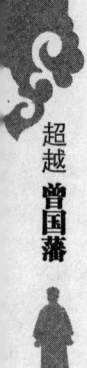

睛。"后来张学良在总结自己长寿原因时说："我为什么长寿？就是睡觉睡得好，我就是这个样子。无论什么时候，我要睡觉，就躺在那儿睡觉。没关系，就是有人在那里干什么，我都照样睡觉。我长寿的最大原因，我这个人真不知道，只是不知道愁。不跟你说笑话，真的不是我说笑话……我不管其他事，我是不在乎任何事的，我就是要睡觉。我这一生，就真的可以说不怕死，不爱钱。连死都不怕，当然能睡好觉。"张学良的经历，明白地表明了"乐观者寿"。乐观的人，既无心病，也少身病。

顺便说一下，养心八珍汤的第五味药是，孝顺常想。第六味药，老实适量。当然，人也不能太老实，太老实，变成傻子也不行。但是不老实也不行，老实只能看情况，适量掌握。第七味药，奉献不拘。第八味药，回报不求。把这八味药放在"宽心锅"里炒，文火慢炒不焦不躁。就是慢慢经常思考，还放在"公平钵"里研，精磨细研，越细越好，三思为末，淡泊为引，做事要三思而行，还要淡泊宁静；菩提子大小，和气汤送下，清风明月早晚分服。可净化心灵，升华人格，物我两忘，宠辱不惊。宽人，宽己，就拓宽了生命之路。

宽容的对面，就是窝里斗。所谓"窝"者，就是一个或松散或紧密的集体，里面如果总有人要显得比别人强，或者无视他人而放纵自己的卑劣，斗争就不可避免，而它也是最让人身心受累的。有西方政治学者指出，中国人就是不习惯妥协，不会求同存异，而总是在不自觉地追求零和博弈，画圈为战，也就是窝里斗。台湾的柏杨也因此给国人头上加上了"丑陋"两字。

圈子面子皆微妙

中国人把人际关系称为"圈子",是一个非常贴切的称呼。中国人以自己为圆心,把自己周围的人按照亲疏远近来画"圈子":最里面一圈是父母兄弟姐妹等亲人,稍外一圈是亲朋好友等友人,再外一圈是邻居同事等熟人,最外一圈就是素不相识的外人。然后,处理人际关系的时候,要遵循"先里后外"的顺序,按照远近亲疏的不同关系,给予不同分量的砝码。此即所谓"内外有别":对自己人和对外人给予不同的待遇,要给自己人特别的优待和关照。西方人崇尚人权,人权也就是人们相互平等对待。可中国人并不主张人人绝对平等,而是主张相对平等,比如对亲人给予九分关照,好友给予七分关照,一般朋友给予五分关照,熟人给予三分关照,这样就"摆平关系"了。如果一个中国人违背了"内外有别"的原则,对亲朋好友与陌生人一视同仁对待,就是没有"摆平"人际关系,就会遭到众叛亲离的悲惨下场。

从这一意义上说,小圈子有"多个朋友多条路"的作用,正所谓"在家靠父母,出门靠朋友"。在中国,一个人如果没有关系网,那真是寸步难行。有了关系网,就可以钻法律的漏洞,甚至贪赃枉法而行。《水浒传》里郓城县押司宋江杀死阎婆惜,负案逃匿。知县派众公人到宋家村宋太公庄上捉人。宋太公道:"上下请坐,容老汉告禀,老汉祖代务农,守此田园过活。不孝之子宋江,自小忤逆,不肯本分生理,要去做吏,百般劝他不从。因此,老汉数年前,本县官长

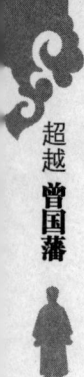

处告了他忤逆,出了他籍,不在老汉户内人数。他自在县里住居,老汉自和孩儿宋清,在此荒村,守些田亩过活。他与老汉水米无交,并无干涉。老汉也怕他做出事来,连累不便,因此在前官手里告了执凭文帖,在此存照。老汉取来,教上下看。"众公人都是和宋江好的,明知道这个是预先开的门路,苦死不肯做冤家。众人回说道:"太公既有执凭,把将来我们看,抄去县里回话。"众公人回县衙后,知县也就以此为由,不再追究宋太公一家之罪,仅"出一千贯赏钱,行移诸处海捕捉拿",即以悬赏通缉了事宋江,因为有自己平时精心维护的关系网,免了家人的麻烦,自己也暂时逃过一劫。

但《水浒传》里还有一个故事说,武松私自为兄武大郎报仇,经周密谋划,杀死因为奸情而谋杀了武大郎的潘金莲与西门庆,并押掳合潘金莲与西门庆奸情的王婆到阳谷县衙门自首。知县"念武松是个义气烈汉",便与手下吏员商议:"念武松那厮是个有义的汉子,把人们招状,从新做过,改作:'武松因祭献亡兄武大,有嫂不容祭祀,因而相争。妇人将灵床推倒,救护亡兄神主,与嫂斗殴,一时杀死。次后西门庆因与本妇通奸,前来强护,因而斗殴,互相不伏,扭打至狮子桥边,以至斗杀身死。'"武松私自复仇,故意杀人,被改写成激情过失杀人和斗杀人命,死罪改成了流罪。按《宋刑统·断狱律》有关规定,阳谷县知县这一行为明显是"故出人罪"的犯罪行为。对此,其上司东平府尹陈文昭心中很明白。因为陈"是个聪察的官",而且"已知这件事了"。但他看了阳谷县的申文之后,不仅不加指斥,而且按照阳谷县申文的路子,重新一一审录了口供,还"把这招稿卷宗去改得轻了",才"申去省院详审议罪"。并且,他又"使个心腹人,赍了一封紧要密书,星夜投京师来替他干办。那刑部有和陈文昭好的,把这件事直禀过了省院官",终于使本该被判处死刑的武松幸运地只被判处"脊杖四十，刺配二千里外"。陈文昭对武松如此用心袒护，只是哀怜他为兄报仇，"是个仗义的烈汉"。而事实上，在此之前正是那位替武松篡改案情的阳谷县知县，逼得武松杀人的。武松杀嫂杀西门庆之前，本是手握证据告到县衙，想请阳谷知县依法惩处西门庆和潘金莲。但是"原来县吏都是与西门庆有首尾的，官人自不必说"。"当日西门庆得知，却使心腹人来县里，许官吏银两。""这县官贪图贿赂"，就推托案件难办。这才迫使武松不得不以身试法，私下复仇。

这件事说明，利益纺织的关系网存在一个普遍的问题：朋友很容易骤然转变成仇人，"多个朋友"有时极具讽刺地成为"多个仇人的种子"。因为中国人的"小圈子"有时更多的是利益之交。有这样的老话："结交须胜己，似我不如无"；"无钱休入众，遭难莫寻亲"；"世上结交需黄金，黄金不多交不深"；"人情似纸张张薄，世事如棋局局新"，等等。孔夫子说，君子群而不党。但凡是有人群的地方，总是能找到一个个的小圈子，说话、做事，往往以小圈子为依据，想不斗都难。人们靠不上个小圈子心里就不踏实，没有办法寄托自己的情感，甚至没法子给自己找乐。进了小圈子，就会以此为依托。动机和冲动，是非和曲直，全以小圈子为准。曾国藩给下属的一个遗产就是小集团，而其实小圈子又恰恰是烦恼的根源之一。因为，"窝里斗"多半源于派系，实际上看起来派系间的争斗往往是无原则的，甚至像是乡下妇女间莫名其妙的闹剧，但事实上都有其利益争夺的背景。同时，不仅小圈子中的人彼此斗，这个小圈子还与另一个小圈子斗，真是烦恼不尽。因此，与其因有小圈子自寻烦恼，不如超脱做自由人。

而实现这种超脱，离不开淡泊名利。不欲，才能遂其欲。一个

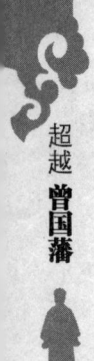

私心重贪欲深的人，必定把个人的名利看得高于一切，就会不惜以尊严换取私欲的满足，不惜出卖自己加入小圈子，这就谈不上修身养性了。而且，越是追名逐利，有时越是得不到。正如老子所说："名与身孰亲，身与货孰多？得与亡孰病？甚爱必大费，多藏必厚亡。故知足不辱，知止不殆，可以长久。"老子这里问到，名声与身体相比哪个与自己更亲切？身体与财产相比哪个对自己更重要？得到和丧失相比哪个对自己更有害？答案不言自明，所以过分的吝惜必招致更大的破费，丰厚的储藏必有严重的损失。知道满足就不会遭到侮辱，知道适可而止就不会遇到危险，可以长久安全。老子还说，"无欲则刚"。无欲者既不想邀功请赏，又不想追名逐利，无求于人，才能挺起脊梁，不看人眼色，才能扬眉吐气；无私者以天下之名为名，以天下之利为利，以天下之苦乐为其苦乐，其精神自然就宏放，身心自然就和谐，就不会身病心病不断。

有时，名利的表现就是面子。因此，平衡身心的正确思维还要勿过于注重面子。一个地位显赫的官员自认为是虔诚而谦卑的佛教徒。有一天在拜访一座寺庙时，这位官员向庙里的高僧请教何为佛教中的"骄"。这位高僧神色严峻，用不屑而轻蔑的口气说道："真是个愚蠢至极的问题！"高官勃然变色，愤怒地吼道："你竟敢这样同我说话！"高僧挺直身体微微一笑："施主，这便是骄。"这位官员的动怒，不过是为了一点毫无意义的面子。不仅如此，令人动怒的绝大多数事情都没有什么实际意义，只不过是冒犯了一些动怒者自以为重要的抽象事物，你的观点和看法、你的地位和名利，尤其是你的自我意识等。那首《莫生气》就非常恰当地表明，正确的思维需要趋利避害："人生就像一场戏，因为有缘才相聚；相扶到老不容易，是否应该去珍惜；为了小事发脾气，回头想想又何必；别人生气我不气，气出病来无人替；我若气死谁如意，况且伤神又费力；邻居亲朋不要比，儿女琐事由他去；吃苦享乐在一起，神仙羡慕好伴侣。"

真正大才不加班

在许多人看来，平衡身心最大的难点在于时间和精力在工作与健康之间的分配关系摆不平，难免要有案牍之劳形，结果就活得太累，但实际上这也需要通过提高素质、增强效率和善于收放等艺术来化解。1942年8月，第二次世界大战中的北非战场交战正酣，德军坦克部队战绩辉煌，英军第八集团军节节败退。8月8日，英国蒙哥马利上将奉命任第八集团军司令，对抗有"沙漠之狐"之称的德国名将隆美尔。蒙哥马利一到北非战场就发现：由优秀士兵组成的第八集团军，是在一片混乱中与德军对峙的；皇家空军近在咫尺，却各自为战，不相往来；他的历届前任沉于琐事而无法协调军事行动。蒙哥马利到任后，首先提升原作战情报处长德·甘冈为参谋长，并当众授予甘冈和自己同等的权力。接着，又与空军商定协同作战事宜。中东总司令亚历山大对蒙哥马利的行动毫不干涉，全力支持。整顿后的第八集团军面目一新，各个组成部分已经可以协调一致地行动，共同应战了。而蒙哥马利在作出如此安排后，也开始轻松地享受其统帅生活了。8月31日，隆美尔发动了阿拉曼之战。时值深夜，蒙哥马利早已熟睡，甘冈火速报告军情，蒙哥马利只说了句"好极了！"就继续睡觉。甘冈按预先部署，出色地协调了各部队的行动，击溃了敌人的进攻。接着，英军乘胜反击，一举歼灭了德国的非洲远征军。人们不禁要问：蒙哥马利司令缘何敢于在同德军生死较量的战争中酣睡无忧？这是因为他善于事前策划，所谓"凡事预则立，不预则废"，事前准备了，临事自然不用慌乱，甚至不用再做更多的工作，只等收获即可。真正大才不加班，在这种从容的统筹之下，不无事忙，达到一切尽在掌握之中，身心当然会得到平衡。

其实，这个世界有许多令人奇怪的地方，本来钱是用来交易的，现在钱却支配了人的生活。本来人与人交往是为了更好地互相帮助，传递快乐，但人际关系却成了困扰许多人生活和心情的重要因素；本来工作是为了谋生的，现在工作却成了人的全部，甚至成为身心之累。而实际上工作不过是谋生的一碗饭。有个故事说，有两个年轻人工作一直不如意，便结伴去拜望师父。"师父，我们工作很不如意，被人呼来唤去太痛苦了，求您老开示，我们是不是该辞掉工作？"两个人一起问。师父闭着眼睛，过了半天，吐出五个字："不过一碗饭。"就挥挥手，示意年轻人退下。回到公司后，一个人就递上辞呈，回家种田。另一个没动，仍在此上班。日子一晃十年过去了。回家种田的以现代方法经营，加上品种改良，居然成了农业专家。另一个留在公司的忍着气，努力学，渐渐受到器重，成了经理。有一天，这两个已经今非昔比的人相遇了。农业专家说："奇怪，师父给我们同样'不过一碗饭'这五个字，我一听就懂了，不过一碗饭嘛，日子有什么难过？何必把自己束缚在公司？所以辞职了。"他问另一个人："你当时为何没听师父的话呢？""我听了啊，"那经理笑道，"师父说'不过一碗饭'，受气、受累，只不过为了混碗饭吃，老板说什么是什么，少赌气，少计较，就成了。荣誉与称谓，有时不过是上司用来引诱你卖命或羞辱你的东西，不必当真。师父不是这个意思吗？"两个人又去拜望师父，师父已经很老了，仍然闭着眼睛，过了半天，答了五个字："不过一念间。"

两个徒弟对一碗饭的不同理解，表明了无论选择什么样的道路，只要看得开，看得透，自己把问题想清楚，有时拿得起，有时放得下，不为所累，不仅心态轻松，事业也会发达。相反，如果没有超脱，没有看得透，世界上任何事情都做不成，世界上任何伟大的事业都不会成功。所以古希腊著名哲学家伊壁鸠鲁说："我们拥有决定事变的主要力量，因此命运是有可能由自己掌握的，愿你们人人都成为自己的命运的建筑师。"歌德说："谁不能听命于自己，就是永远的奴隶。"高尔基说："最伟大的胜利，就是战胜自己。"

不过，当我们再次回顾曾国藩不能平衡身心问题时，似乎也能感受到他内心的无奈与形单影只。有一首歌曾经大言不惭地说"孤独的人是可耻的"，实际上人在本质上从来都是孤独的，孤独仿佛是人类的宿命，无论何时何地，总有一些人独自品味孤独、为孤独所累。实际上，即使身处人民群众的汪洋大海中，人也是孤独的，没有人会为你完全负责，除非你自己对自己负责。孤独并不可怕，可怕的是不善于在孤独中自处。显然，孤独不等于寂寞、枯坐或者无聊，面对孤独不应像曾国藩那样心里痛苦，只会枯坐。孤独是对生命的独特品味，是自己与自己心灵的沟通，孤独并不排除超脱、激情和奋起。超脱了，才不会为生活本身所累而乐观地活，身心轻松而不是身心疲惫地

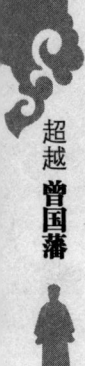

活。当一个人超脱以后，他就可以轻松地一心干事业。而当他专注于事业时，想不成功都难。有人说过，只要有专注和时间，即使把一头牛放在电脑前，都能写出优美的诗篇。超脱而有激情的人，十有八九会成功，因为他已经是觉悟的人。

在追求成功又能平衡身心问题上，人们应以曾国藩为戒，与庄子、郑成功等那些既经历苦难却又乐观长寿、身心无病的人携手超越他。

第十章 顺势而为VS狭窄问路，谁能超越曾国藩

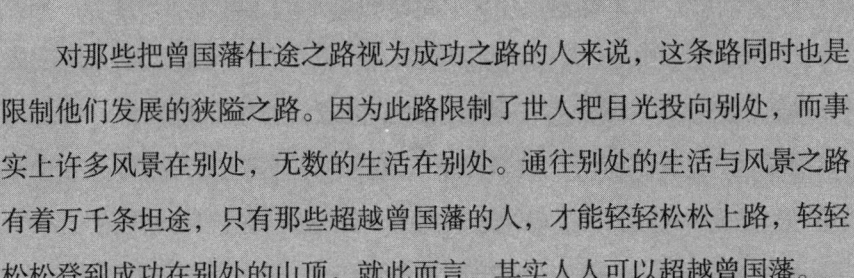

  对那些把曾国藩仕途之路视为成功之路的人来说，这条路同时也是限制他们发展的狭隘之路。因为此路限制了世人把目光投向别处，而事实上许多风景在别处，无数的生活在别处。通往别处的生活与风景之路有着万千条坦途，只有那些超越曾国藩的人，才能轻轻松松上路，轻轻松松登到成功在别处的山顶。就此而言，其实人人可以超越曾国藩。

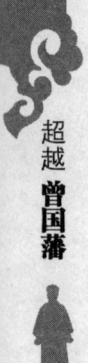

如何坐上"蒸汽船"

很多人都以为曾国藩是做官的,但实际上这是大错特错的看法。因为曾国藩一生的成功,与其说是"做官"得来,不如说是靠"做军队"得来,即顺应清政府镇压太平天国的需要,建立湘军得来,所以更准确点说,曾国藩是靠顺应时政需要成功的。其实何止曾国藩,当时成名成家的左宗棠、李鸿章等,不都是顺应清政府的军事需要建立各自的子弟兵,才得以扬名立腕的吗?

曾国藩6岁入私塾读书,8岁能读八股文诵五经,14岁时能读《周礼》、《史记》、《文选》,并参加长沙的童子试,成绩列为优等。28岁时曾国藩便考中进士,得中第38名,三个月后在紫禁城正大光明殿殿试,名列三甲第42名,得赐同进士出身。有一个典故说,曾国藩有一次与众幕僚闲谈,随口吟了一句上联:替如夫人洗脚。有个幕僚张口接了一句下联:赐同进士出身。由于曾国藩当时刚刚娶了一个

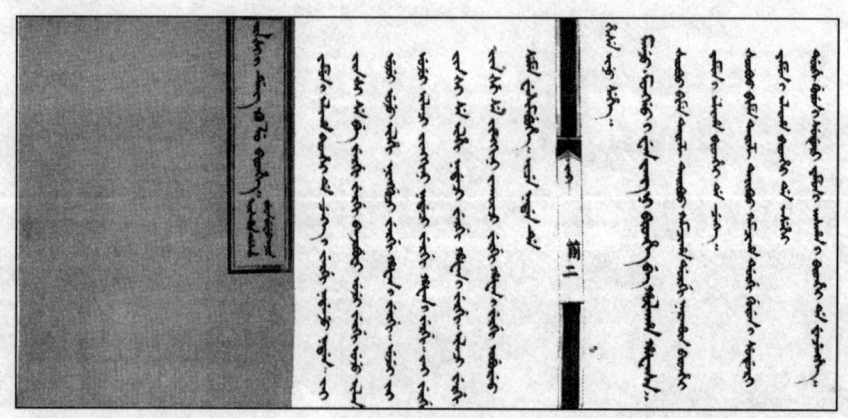

清代的进士登科录

小妾，小妾又称为如夫人，因此这副对联恰似在说曾国藩，所以气氛顿时尴尬。

虽然是"同进士出身"，曾国藩却官运亨通，在京十年七迁，连升十级。先后任翰林院庶吉士，累迁侍读、侍讲学士，文渊阁直阁事，内阁学士，稽察中书科事务，礼部侍郎及署兵、工、刑、吏部侍郎等职，步步升迁到二品官位。他奋斗了数十年，获得二品官阶，虽然算是很有能耐了，但如果没有后来建立湘军，曾国藩的人生估计也就这么过了。清及清以前的历朝历代，不知有多少二品大员早已被时光湮没，何况曾国藩当时又根本没有什么特别的地方。

相反，后人推崇他的所谓立德、立言、立行"三不朽"，是在他建立湘军，开始镇压太平军开始的。曾国藩干的是"做军队"的买卖。如果说做官是一种生意，那么与"做军队"这个生意相比，做官远没有"做军队"来得狠、来得硬。因为军队手中有刀，既可以救人，也可以杀人；既可以是政权的支柱，也可以是政权的毁灭者，全看其领导者的选择。所以曾国藩的地位和分量，在建立湘军后开始变得越来越重。在太平军一度打败清兵主力江南大营、江北大营后，曾国藩的湘军逐渐成为清廷的主要依靠兵力后，曾国藩更是举足轻重。有人甚至将他和他的湘军比喻为韩信，暗含三分天下有其一之意，投向太平军则太平军胜，投向清王朝则清王朝胜。曾国藩的实力，已经根本不能用二品官阶来衡量了。有人甚至劝他学赵匡胤"黄袍"加身，取清廷而代之。如果只是一个二品大员，曾国藩何能如此受人重视？

及至后来，当他在别人劝其当皇帝之后，害怕湘军为自己惹祸而逐渐削弱湘军时，他的地位也开始逐渐下降。由于没有自己的子弟兵，他剿捻以失败告终，再加上没有能够处理好天津教案，更多的人似乎也找到了诋毁他的理由。但这些诋毁，根本的原因之一是他手中已经没有军队了，已经是光杆司令了。

与此形成鲜明对比的是，他的学生李鸿章因为继续顺应治乱世的需要"做军队"，反而成了曾国藩还没退休就已经取而代之的人。同样，李鸿章的学生袁世凯，也是顺应治乱世的城要"做军队"，才得以以一个政治流氓的身份成为晚清与民国之际不可一世的人物。

放眼历史，在重大历史关头因为顺应需要而"做军队"功成名就的大有人在，而其中看得透的佼佼者，更是当了皇帝。这些都足以说明，顺应城要是多么的重要。

在曾国藩那个时代，顺应当时时代需要成功的人，还可以说说科学界的徐寿、华衡芳等人。1818年，徐寿出生在江苏无锡市郊外一个没落的地主家庭。幼年丧父、家境清贫的生活使他养成了吃苦耐劳、诚实朴素的品质，正如后人介绍的那样："赋性狷朴，耐勤苦，室仅蔽风雨，悠然野外，辄怡怡自乐，徒行数十里，无倦色。"青少年时期，徐寿学过经史，研究过诸子百家，常常表达出自己的一些独到见解，因而受到许多人的称赞。然而他参加取得秀才资格的童生考试时，却没有成功。经过反思，他感到学习八股文实在没有什么用处，毅然放弃了当时95%以上的读书人都具有的通过科举做官的打算，准备学习点科学技术为国为民效劳。这种志向促使他开始学习近代科学知识，而且涉及面很广，凡科学、律吕（指音乐）、几何、重学（即力学）、矿产、汽机、医学、光学、电学的书籍，他都有所涉猎。正是在徐寿想通自己的发展道路之时，西方社会近代科学的发展已经达到了一个高峰，包括几何学、化学等多门学科，都取得了长足进步。这就为徐寿接受新的知识提供了外在的条件，如果再加上他努力地自学，其成功也就顺理成章了。

1856年，徐寿在上海读到了墨海书馆刚出版的、英国医生合信编著的《博物新编》中译本。这本书介绍了诸如氧气、氮气和其他一些化学物质的近代化学知识，还介绍了一些化学实验。这些知识和实验引起了徐寿的极大兴趣，他依照书中记载边实验边读书，加深了对化学知识的理解，同时还提高了化学实验的技巧。徐寿甚至独自设计了一些实验，表现出他的创造能力。就在此时，第二次鸦片战争失败的耻辱，促使清朝统治集团内部兴起一阵办洋务的热潮。洋务派们主张购买洋枪洋炮、兵船战舰，学习西方的办法兴建工厂、开发矿山、修筑铁路、办学堂。但是，洋务派中的作为封建官僚权贵，大都不懂这些学问。在这种情况下，博学多才的徐寿引起了洋务派的重视，曾国藩、左宗棠、张之洞都很赏识他。1861年，曾国藩在安庆开设以研制兵器为主要内容的军械所，聘请了徐寿和他的儿子徐建寅，以及包括华蘅芳在内的其他一些学者。

晚清著名科学家李善兰、华蘅芳、徐寿在江南制造局合影

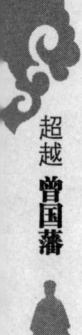

由于曾在《博物新编》一书中得到一些关于蒸汽机和船用汽机方面的知识，所以徐寿等在安庆军械所接受的第一项任务是试制机动轮船。根据书本提供的知识和对外国轮船的实地观察，徐寿等人经过三年多的努力，终于独立设计制造出以蒸汽为动力的木质轮船。这艘轮船命名为黄鹄号，是我国造船史上第一艘自己设计制造的机动轮船。当时，华蘅芳协助徐寿主持技术工作，并与美国友人玛高温合译出版有关矿物学的译著《金石识别》。同治十一年（1872年），华蘅芳写出《开方别术》一书，被当时著名数学家李善兰推为杰作。此后，华蘅芳与玛高温、博兰雅先后合译了《地学浅释》、《防海新论》、《御风要术》等书，于同治十二年（1873年）相继出版。同治十三年（1874年），华蘅芳与英人傅兰雅又先后合译《代数术》、《微积溯源》由江南机器制造总局出版。1866年年底，李鸿章、曾国藩要在上海兴建主要从事军工生产的江南机器制造总局。徐寿因其出众的才识，被派到上海襄办江南机器制造总局。徐寿到任后提出了办好江南机器制造总局的四项建议："一为译书，二为采煤炼铁，三为自造枪炮，四为操练轮船水师。"把译书放在首位是因为他认为，办好这四件事，首先必须学习西方先进的科学技术，译书不仅会使更多人学习到系统的科学技术知识，还能探求科学技术中的真谛，即科学的方法、科学的精神。1868年，徐寿在江南机器制造总局内专门设立了翻译馆，除了招聘包括傅雅兰、伟烈亚力在内的几个西方学者外，还召集了华蘅芳、王德钧、赵元益及自己的儿子徐建寅等略懂西学的人才。他们翻译的书籍反映了当时西方科学技术的基本知识、发展水平及发展动向，对于近代科学技术在我国的传播起了很大作用。

光绪二年，华蘅芳助徐寿创办的上海格致书院开学，华蘅芳主讲数学。华蘅芳还与傅兰雅合作，先后译出《三角数理》、《代数难题解》、《决疑数学》等，编写出版了《开方古义》、《算法须知》、《数根术解》、《学算笔谈》等著作。光绪十三年（1887年），华蘅芳主讲天津武备学堂。光绪十八年（1892年），他主讲湖北武昌两湖书院和自强学堂，写出《求乘数法》、《数根演古》、《循环小数考》、《算学琐语》等著作。徐寿则翻译了《化学鉴原》、《化学鉴原续编》、《化学鉴原补编》、《化学求质》、《化学求数》、《物体遇热改易记》、《中西化学材料名目表》，加上徐建寅翻译的《化学分原》，合称化学大成，将当时西方近代无机化学、有机化学、定性分析、定量分析、物理化学以及化学实验仪器和方法作了比较系统的介绍。尤其是徐寿巧妙地应用了取西文第一音节而造新字的原则来命名化学元素，例如钠、钾、钙、镍等。徐寿采用的这种命名方法后来被我国化学界接受，一直沿用至今。

与此同时，徐寿和华蘅芳还在制造局进行了多项船炮枪弹的发明，例如他们能自制镪水棉花药（硝化棉）和汞爆药（即雷汞），这在当时确是很高明的。综观徐寿和华蘅芳的发展轨迹，可以看出他们不图科举功名，不求显官厚禄，但却顺应了近代世界科技大发展及其向东方传播的潮流，勤勤恳恳地致力于引进和传播国外先进的科学技术，对近代科学技术在我国的发展作出了不朽的贡献，不愧为科学家的一生。他们虽然不是曾国藩一样的大官，但同样像曾国藩一样著名，甚至在对历史的推动上比曾国藩的作用还要大。因为他们从科学技术方面开启了民智，这是比什么都强的。

由此可见，一个人成功与否最重要的他是否顺应了时代和历史的潮流。如果顺应了潮流，不必非要做官，做什么都能很顺利地取得成功，有如曾国藩坐上蒸汽船一路顺风；如果不顺应潮流，那么做什么都会很难。当然，顺应潮流也有被动顺应的方式，如唐代大

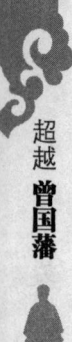

诗人李白、杜甫，本来都有意于仕途，也都花费了一生的时间积极争取。但由于缺乏在官场混所需要的圆融手段，有时甚至因为不小心而陷入反叛集团遭受重挫，最终没有在仕途上取得成功。可正是这些复杂的经历，丰富了他们的头脑，使他们得以把诗人的天赋发挥出来，写出了惊天地、泣鬼神，光耀千古的壮丽诗篇。

同时我们也应看到，纵然是徐寿、华蘅芳这些人顺应时代潮流成功了，他们也难免受到官场的影响。如他们要在曾国藩、李鸿章等人的支持下，才能更好地开展学术研究和传播，也不免要把一些精力用于研究枪炮。可正是因为受政治和军事发展且独大的制约，中国近代科学其实并没有什么太大的进步。

如果一个社会中政治和军事人物过多，而且受崇拜比较严重，那么这个社会肯定不会有太多的进步。因为这样的社会取向，对于社会颇有些害处。就此而言，如果简单以为曾国藩是一个政治人物，而看不透其实际上更是一个自觉不自觉顺应潮流的人，过于推崇曾国藩为官的"心法"、"绝学"，那么对社会风气和导向都将产生不利的影响。

狭路求存叹凋零

透过历史可以发现，中国社会数千年的历史中，千朝百代产生了千行百业，可中国读书人的人生选择无论在观念认识

上还是现实选择中都有些狭窄。孔子的"学而优则仕",几乎圈定了历代读书人的发展路径。及至到了曾国藩官场绝学流传开来,"学而优则仕"更是达到了疯狂的地步。其最直接的表现是在社会上,衡量成功自觉不自觉以"官"字"权"字"势"字为标准,官、权、势盛行,使"为官要为民"的根本目的丧失殆尽,而是想办法捞权、捞钱、捞女人及其他社会资源,等等。用一句流行的话来说,导致社会某一领域"玩权玩钱玩女人"盛行。在以当官为最高人生境界追求的人中,除了少数真正能为民做主的外,大多都难逃这一历史规律。而且这些人有了一点权势和通过权势捞到的几个钱,就习惯于指使别人;自己有了点小得意就容易把一口井当大海。甚至因为官场文化的流行,而容不得社会其他领域中不同于官场的思想,只要有了权就会横着使。

在这种情况下,许多人的读书也附庸于求官的目的。而一旦读书人把学识用于权谋谋私,就会使社会变得难看。在这方面,曾国藩本人就是一个很好的例子。曾国藩认为读书如果没有远志、大志,则失去了读书、治学的目的,因而也就不可能持久并取得效果。但他所谓的"远志、大志"是什么呢?不过就是当官而已。读书为当官服务,就使得他难以享受读书的乐趣。他饱读诗书只学得了权谋诡计,却失去了读书学做社会良心的本义,反而一生郁闷。客观上导致其书读得越多越有招数玩权谋,越玩权谋在官场上向黑暗的一面陷得就越深。后来曾国藩虽然也有所觉悟,但并没有真正摆脱出来。

因为读书只为做官而没有境界的追求,所以曾国藩的"官念人生"也造成了社会的许多流弊。正如台湾著名学者南怀谨曾经分析,春秋《左传》开篇所以选择《郑伯克段于鄢》,就是为了警示世人,郑庄公玩权玩出的官权谋已渗透到社会各个角落,造成道德的坏死和沉沦。据记载，郑伯即郑庄公排行老大，他母亲姜氏生他的时候是"寤生"，即迷迷糊糊在昏迷中生的，做母亲的受了惊，害怕了，从此对庄公没有好感，始终心里不高兴。后来姜氏又生了一个孩子段。在中国古代，长子是继承官位的，将来继承诸侯的当然是郑伯。可姜氏生了第二个孩子后，告诉丈夫，希望将来由次子继承王位，但未能如愿。

后来郑庄公继位做了诸侯，姜氏就要求郑庄公让弟弟段到"制"这个最好的地方去做首长。而郑庄公对姜氏说，"制"这个地方并不好，是艰苦之地没有发展价值，既没有经济价值，又不是政治重心，还是换一个地方好，于是把弟弟封到"鄢"。南怀瑾说，实际上"制"在当时的郑国，是军事、政治上的重镇，郑庄公不是不想封弟于此，而是不敢养痈贻患，因此郑庄公用了权术，说了一通假仁假义的话，骗了母亲。南怀瑾认为，孔子写这一段是说郑庄公没有用道德，而用权术。

后来，母亲姜氏和弟弟段要起来造反，招兵买马，积草囤粮，已经有了反叛的明显迹象，左右大臣都向郑庄公报告。郑庄公明明清楚但却强调说没有问题，姑且等等看吧！意思是说，他的狐狸尾巴还没有露出来，要培养他们把狐狸尾巴露出来再处理。郑庄公这么做体现的是不讲道德的政治权术。道德的政治绝对不可像郑庄公这样，尤其对亲兄弟，应该感化他，把这件事情坦然地告诉母亲来处理，不应该像培养敌人罪行那样培养他、"惯着他"，最后"惯"到母亲与弟弟共同造反，郑庄公出兵灭了这个弟弟。因此南怀瑾便指出历史上第一个奸雄是郑庄公。

南怀瑾认为，孔子著《春秋》用这件事开始是为了说明社会的变乱，并不是普通人能够引导的，都是权臣、有地位的人败坏了风气，所谓乱自上生,社会风气奸诈都是权力场中人自私惹的祸。可以说,对权力的崇拜和滥用,毒化了人们的生活。从这个环境出来的人,只要有了权,往往就会陷在怨毒和嫉妒的旋涡里而不自知。

南怀谨先生之言不虚。有历史学家说:中国五千年的古代文明史一不是封建主义,二不是资本主义,而是官僚主义。本来,官是一个较为好听的名称:处理国家公务曰官。官者,公也。《说苑·至公》:"博士鲍白令之对秦始皇曰:'天下官则让贤,天下家则世断,故五帝以天下为官,三王以天下为家。"可见,官的本义是"为公"。正因为以"公"相通,才有了尧舜禅让的佳话。韩非子在《五蠹》中就说道:"以是言之,夫古之让天下者,是去监门之养而离臣虏之劳也,故传天下而不足多也。"但后来在韩非的时代,社会上产生了重官的思想:"今之县令,一日身死,子孙累世絜驾,故人重之。"自此"官吏"成为权力的像征。权力则能够带来财富和地位,因此官吏便成为社会最尊贵的阶层。

在官僚主义的作用下,中国古代"官本位"文化十分泛滥,主宰了社会生活的各个角落。社会越来越习惯于把是否为官当成一种核心的社会价值尺度,去衡量个人的社会地位和价值。公共权力的运行以"官"的利益和意志为最根本的出发点和落脚点,社会形成了严格的上下级制度,下级对上级唯首是瞻,上级对下级拥有绝对权力,以是否为官、官职大小、官阶高低为标尺,或参照官阶级别来衡量人们社会地位和人生价值的社会心理。在此基础上形成敬官、畏官的社会心理,并逐渐发展成了一种政治文化,其核心是官重民轻,官尊民贱,官为本位,民为末位。因此中国古代草民最恨的是"官",可他们心底最佩服的也是"官",如此矛盾的价值观正是"官本位"文化的千年杰作。在此心理作用下,贪官们刮地三尺时也并不在乎百姓戳脊梁

骨骂他们的娘，只是一门心思向上爬，因为升了官百姓就会认同他们，就会忘记他们昔日的恶。正经女人爱骂妓女，可她们都不希望自己成为妓女，只有"官"才是中国人又骂又恨又爱的角色。平民百姓一方面恨官骂官，一方面又热切地希望挤进官场分一杯羹。

当人们蜂拥于"学而优则仕"和"官字天下第一大"时，其群体效应所产生的问题是制造了社会发展的不平衡。因为社会可以分为经济、政治、文化等层面。政治需要精英，经济、文化层面同样需要精英。而且从创造财富的角度来讲，经济和文化能够创造更多的物质和思想财富，而政治一般却只负责"分配财富"和"分享财富"，而显然重要的是创造而不仅是分配和享受。对一个社会繁荣最重要的禀赋是：它要能够保持创造财富和思想的能力——如何能保持这种能力呢？最重要的在于这个社会知识精英的价值取向，知识层级中最顶尖的人要对创富和创造思想的领域保持一种激情，时代最先进的知识、最优秀的人才、最短缺的资源要用于创造财富和思想，这样的社会才会有活力和创造力，才会做大社会发展的蛋糕。

可以想象，如果一个社会最顶尖的知识精英在某种价值引导下涌向"分配财富"和"分享财富"的权力领域，致力于分配、分享而非创造，这样的社会如何保持活力？这恐怕也是中国封建社会在其末期最终落后于西方的重要原因。政治精英当然是精英，但只是一个正常社会精英中的一个很小部分。更广泛的社会精英、商业精英、学术精英、宗教精英等与政治精英处在一种既合作又制约的关系中。从这一意义上说，政治最大的荣誉并不在于自身的强大而在于社会的强大，最大程度地让社会保持创造财富和思想的活力，让一切创富创思源泉充分涌流。政治的吸引力不在于"千里求官只为财"，而应致力于引导社会顶尖的知识精英留在"创造财富"的经济、文化、社会领域。"学而优"者涌向官场，其实折射着社会某种创富和创造思想能力的衰退。甚至可以说，权力大于经济、思想和文化的社会，过度崇尚权力的社会是一个低级的社会、幼稚的社会。

所以要追求一个"深刻的社会"，就要让各种人才顺应各种潮流而产生，涌现更多的思想家、科学家、投资家、艺术家。而不要仅把当官作为唯一的发展选择，患上发展道路狭隘症，以至于虽然每天都"敢问路在何方"，所走的却是狭隘的官路。其实，当人们把目光从执著的仕途转向别处时，才会发现天地是多么的广阔。

慈悲自然天地宽

当今世界，最为著名的科学家是世界首富比尔·盖茨，最著名的投资家是沃伦·巴菲特，他们顺应的潮流就很值得思考。这两个人之所以为世人所熟知，是因为他们都在世界上最富有的人之列。但正是这两位名字始终位在《福布斯》全球富豪榜的人，同时也位列全球搞慈善活动最多的那几个人中。

在追求财富成为世界潮流的大趋势下，2006年6月以来，荣登当年《福布斯》全球富豪榜前三名的世界富豪们，却纷纷把财富之外的慈善作为另一种表明"不白活一回"的价值标准。当时世界首富同时

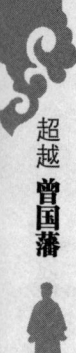

也是《亚洲华尔街日报》所统计的一千年来全球最富有的50人中在世的一位——微软公司董事长比尔·盖茨，决定将其98%的财产全部留给以他和他妻子的名字命名的慈善基金会。而当时世界第二富豪投资家沃伦·巴菲特则捐出307亿美元投入盖茨的基金会，请这个世界上唯一比他更善于赚钱的男人帮他行善。随后，世界第三大富豪墨西哥人卡洛斯·斯利姆，也决定将以相对基金的方式捐款资助墨西哥的教育、卫生和社会福利事业，即只要世界上有资金投入到墨西哥的社会工作领域，斯利姆就会捐出同等数额的款项。面对世界前三名富豪把慈善作为获得财富之后衡量成功价值的最高标准，美国《华盛顿邮报》感叹，世界慈善事业进入了一个新的黄金时代：把慈善作为财富之后另一成功标志的世界潮流。

对比中外富豪处理财富与慈善的关系，可以发现许多有趣之处。据2005年统计显示，中国国内所获捐赠的70%都是来自港台地区及国外，国内富豪捐赠仅占15%，捐款绝对数字很小。而据《福布斯》美国慈善榜统计，10年来美国富豪对各类慈善组织的捐赠总额超过2000亿美元。两相对比，可以看出中西方富人如何对待财富和慈善：一个非常热心，一个稍显冷淡；一个视为必然，一个视为可有可无的点缀。这种站在财富的土地上对待慈善表现出的不同，还形成了中西方富人不同的形像和生活方式。比尔·盖茨和巴菲特等人选择将绝大部分财产捐献给社会，帮助那些无钱治病、无钱读书的人摆脱困境，然后心安理得享受和常人一样的生活与发展机会。然而，中国某些富豪却并没有这么轻松，有些人一边拼命为后代存款，一边担心"富不过三代"，同时还要为个人安全担心。如有报道称，某身价过亿的房地产老板把用70万元买下的丰田陆地巡洋舰4700改装成一辆商务防弹车：车玻璃用铁锤猛砸半个小时不会破，汽车轮胎被手枪打破后仍

可狂奔50公里，车底被自制爆炸物爆炸后仍能安然无恙行驶。总而言之，他的座车经过改装后可防范任何绑票和暗杀，他显然是害怕社会上存在的某种仇富心理导致某些人伤害自己。然而，为什么中国富豪刚到几亿元人民币的身价就提心吊胆恐惧仇富者，而《福布斯》全球富豪榜上名列前茅者却从容淡定？

不可否认，美国富人化解仇富心理某种意义上源于宗教影响，相信有钱人就应该按教义去帮助穷人。但回顾历史却不难发现另一种解答。20世纪初，美国国内贫富两极分化相当尖锐，富人们也因此受到了社会强烈指责，迫于压力和不希望社会动荡甚至解体，美国政府出面一边加强社会与媒体监督，防范富人不正常致富，一边建立健全政府的福利政策，通过各种调节手段重新分配社会财富。最为影响深远的是，美国开始大力推行私人的慈善公益事业。当时见证这一历史进程的美国钢铁大王卡耐基，也因此说出了"在巨富中死去，是一种耻辱"的名言。在他看来，贫富悬殊是一个不可避免的结果，问题的关键在于富人如何处理自己的财产，富人的财富只是被"临时托管"，最终要归还给社会。出于这种认识，卡耐基捐出了相当于现在73亿美元的巨额资产，这些钱被用于在全美建设2000多个图书馆。直到今天，美国很多偏远的地方仍有免费的公共图书馆，它对美国教育作出的贡献是不可估量的。而比尔·盖茨和巴菲特也继承了这种慈善认知和财富观念。他们相信富人之所以成为富人，是因为很大一部分社会财富到了个人手中，而他们也不过是这些财富的社会管理者，当财富总额达到一定程度的时候，这些财富就不仅仅属于他们个人和社会了，更属于整个国家，甚至全人类。"取之于民"，自然也要"用之于民"，如果不把这笔财富回馈给社会，将个人所得回报人类，就是一件十分可耻的事情。当然，他们是这么想也是这么做的。虽然据调查显示，2005年美国各家公司总裁的平均收入是普通工人的262倍，而40多年前这个比例才有24倍，但40多年前那个强烈仇富的时代却早已烟消云散。

古往今来，排座次从来都是人类用来衡量个人能力与荣耀的方法。《水浒传》里，梁山泊一百单八条好汉曾排定英雄座次，用以衡量兄弟们替天行道的能力指数。中国历代科举考试选手，都以取得状元、榜眼、探花这前三名为最高追求目标，用以检验背书水平。而闻名世界的《福布斯》财富排行榜，则又"明目张胆"地把财富列为衡量天下男人成功的标准，世人莫不以登上该榜为荣。然而，正是这个榜给出了财富与良心平衡问题的思考。

当然，不仅是当今外国的富翁要做慈善家，自古以来中国就涌现了许多民间慈善家。他们或是大商人，以个人名义进行慈善义举，或是地方官员，以自家的资财资助贫困和孤病之人，充当了财富界的社会良心。

虽然"慈善"一词是佛教传入中国以后才使用的，但慈善的思想理念和行为在中国却早已出现。春秋战国史上的范蠡，作为春秋后期越国的大政治家，曾经帮助越王勾践复国雪耻，后来乘扁舟流落江湖经商，而且变名易姓为陶朱公。《史记》称他"十九年之中三致千金，再分散与贫交疏昆弟"，是一位"富好行其德"的大慈善家。北宋时期的大峰和尚的主要慈善事业以修桥为民造福为主。北宋徽宗政和六年（1116年），这位佛学大师从福建来到广东潮阳，自己募捐筹集资金，在潮阳修建和平桥，含辛茹苦历经12年，至宣和末南宋初年建成。当地居民感恩戴德，在桥旁建立了"报德堂"以祭祀他。不仅如此，大峰的慈善思想还流传到海外，在泰国曼谷也建立了大峰祖师庙，成立了有关民间慈善机构，在此基础上于20世纪90年代兴办了泰国华侨崇圣大学。可以说，大峰是一位国际性的慈善家。

明末清初，我国江南地区许多具有进步思想的知识分子也纷纷成立地方慈善组织，一方面互相联络感情，反对宦官黑暗统治，集会抨击腐败政治；另一方面对社会实施有效救济，遇寒者给衣，饥者给食，病者施药，死者施棺，有的还筹集经费，给贫困儿童办学。明万历十八年（1590年），一个叫杨东明的人组织父老在河南虞城创立第一个同善会组织，它随后在江南地区流行起来。同善会大都由地方绅士举办，经费主要依赖会员捐献。每次捐献的金额，从银九分到九钱不等。随着申请救助人数的增多，每次筹集的捐献已入不敷出，同善会还置办了不动产——土地，以地租收入来维持同善会的运营。

清朝的两位慈善家一位是陶澍，另一位是大名鼎鼎的林则徐。陶澍是清朝道光年间的封疆大吏，他曾官至两江总督的高位。道光三年至五年（1823—1825年），陶澍任安徽巡抚，恰逢大火灾，他开始考虑建立一座防备灾荒的民间义仓，定名为"丰备义仓"，意思是"以丰岁之有余，备荒年之不足"。到道光十五年（1835年），陶澍已任两任都督，终于和任江苏巡抚的林则徐把丰备义仓建成，地址选在江宁、苏州地区。这年年初，林则徐在苏州城里修筑了十间大小仓库，从无锡买粮存放。因为地在今江苏长洲、元和和吴县三县，历史上把这座民办公助的救灾仓库命名为"长元吴丰备义仓"。从1835至1860年的二十多年间，这座义仓有效地起着荒年赈灾的作用。鸦片战争后，"苟利国家生死以，岂因祸福避趋之"的林则徐被流放到新疆。他在边区伊犁又一次自己捐款兴修了龙口渠，为新疆人民谋福利，完成了一生中最后一次为国为民的慈善事业。清朝晚年，长元吴丰备义仓完全由官民合办转手为当地士绅联办，慈善事业规模越来越大，不仅灾荒赈济粮食，还扩建了一

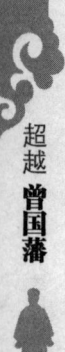

所解决流亡人口和贫民子弟就业的"贫民习艺所"。可以说，中国古代的慈善事业也已经摸到了现代慈善重经营讲教育的精髓。

虽然中国古代有钱人这些并不逊于今日之世界富豪的慈善事业历历在目，但精通中国以仁为本的曾国藩，在慈善事业上所作的贡献却委实难有迹可寻，至多不过是周济一下周围的亲戚而已。问题是，那些学曾国藩的人有许多连曾国藩这点皮毛也没有学到，只知享受自己和家族的风光，却没有把别人尤其是百姓的利益放在心上。而稍具讽刺意味的是，中国古代的慈善思想，正是源于曾国藩这些理学家所推崇的儒家"仁"的学说。

儒家鼻祖孔子倡导的"仁"，虽然内涵丰富，在不同的场合可以有多种解释，但"爱人"却永远是"仁"的基本出发点。孟子继承并发展了孔子的"仁"说，把"仁"和"义"当做基本的政治范畴和道德规范，并因而把施行仁政提到极端重要的地位，认为"三代之得天下也以仁，其失天下也以不仁。国之所以废兴存亡者亦然"。孟子说："恻隐之心，人皆有之；善恶之心，人皆有之；恭敬之心，人皆有之；是非之心，人皆有之。恻隐之心，仁也；善恶之心，义也；恭敬之心，礼也；是非之心，智也。仁义礼智，非由外铄我也，我固有之也，弗思耳矣。"所谓的"恻隐之心"，无非是指人类情感中的同情心、怜悯心和爱心。

这种仁的学说与佛教的慈悲观念相互作用，影响了中国古代的慈善思想。公元1世纪，佛教传入中国。由于得到统治者的支持，佛教逐渐由宫廷流入民间。魏晋南北朝时期，中国社会处于分裂割剧状态，频繁的战争动乱不仅给普通百姓带来了灾难，也使统治者们陷于朝不保夕的境地。于是，对人生失望的情绪在社会各阶层蔓延，寻求精神寄托和灵魂安慰的渴望随之而生。在此过程中，一些著名的高僧致力于将佛教教义与中国民族文化和习俗心理相结合，使佛教走上了中国化的道路，其中慈悲精神是佛教教义的核心。在处理人际关系时，佛教道德是以利他、平等为旨趣的。这种利他主义道德观，在佛教中称为慈悲。《观无量寿经》上称"佛心者大慈悲是"，即是说佛教以慈悲为本，讲究怜爱、怜悯、同情。《大智度论》中则说："大慈与一切众生乐，大悲拔一切众生苦；大慈以喜乐因缘与众生，大悲以离苦因缘与众生。"慈心是希望他人得到快乐，慈行是帮助他人得到快乐。悲心是希望他人解除痛苦，悲行是帮助他人解除痛苦。

　　说到这里，不妨为佛教说句公道话，佛教并非通常所说的纯为消极思想。"佛"，在其起源之地的印度语言中是"智慧、觉悟"的意思，"法"则是指世间万事万物。在佛法创始人释迦牟尼眼中，"一切众生本来成佛"，意谓世间所有人本来就是有智慧的，只不过这种智慧后来湮没于种种欲望或迷失于万事万物给人的眼花缭乱，需要通过严格修行才能取回来，否则丧失这种智慧的人会感觉活得很"苦"：想不开。而所谓佛教其实就是对佛陀展开这种教育，佛经上称之为"破迷开悟，离苦得乐"：了解自己和环境的真相，以便"不想错、不看错、不做错"，从而获得理智大觉、奋发进取、乐观向上的人生观及人生乐趣。为了推广佛的这种智慧，释迦牟尼及其后学还规定了修佛的种种法门，也就是达到"破迷"的途径，如由戒而得定，由定而得慧，并开创寺院作为讲授佛法开启智慧之所。在这些戒律中世人所耳熟能详的，就包括不贪、不嗔、不淫等。所以实质上佛法并非消极而是积极，是在破除对人生的迷信而不是制造迷信。释迦牟尼并不反对其弟子靠进取获得真正利益，只是要求弟子们要比普通人多一种"不迷信"。在己不要成为物质的奴隶而能够"得之不喜，失之不忧"，在他则用进取之智与合法所得之财造福社会。就此而言，前述将大部分个人财富捐献于慈善事业的比尔·盖茨，可谓已经达到了佛祖的要求，完全有资格成为佛门好弟子。相反，若只知进取而不知"觉悟"，即使身在佛门也只是披着袈裟的官僚和商人，不但学不到佛的真智慧，反而还会生出"著了袈裟事更多"的感慨。

印记最深是良心

因小说《铁皮鼓》被评论界认为是战后欧洲最佳小说从而被授予1999年度诺贝尔文学奖的京特·格拉斯，既是20世纪德国最杰出的作家，也是一位遭到最多批评的作家。他1927年出生在当时德国的但泽市，早年曾在家乡参加过希特勒青年运动，16岁应征入伍，1945年德国战败前夕受伤，被美国人送进巴维拉集中营关押了九个月。格拉斯1955年正式开始写作。1956年，第一部诗集问世，然后他在巴黎生活了三年，其间创作完成了《铁皮鼓》。此作品被誉为德国社会的完美写照，后来由德国电影导演沃克·施伦多尔夫搬上银幕，并且获得了金像奖。《铁皮鼓》以格拉斯的出生地、出生年代为背景，用夸张的手法描写了一个3岁男孩决心终止自己的身体发育，通过急促的鼓声和呐喊与成年人交往。格拉斯的作品带有强烈的人道主义思想和社会责任感，将文学艺术和道德承诺巧妙地融为一体。格拉斯周围的人都说，他勇敢无畏，保护弱者，热爱自由，站在被压迫者一边，善于针砭时弊，主持公道，是个"驱邪者"。最终他因被视为"时代的良心"，而获得诺贝尔文学奖。

此后不久的1964年，瑞典文学院碰到一件足以载入史册的尴尬事情，当他们宣布诺贝尔文学奖时，获得者竟然拒绝领奖，此人就是法国存在主义大师让·保罗·萨特。萨特在写给瑞典方面的信中说，签名为"让·保罗·萨特"是一回事，签名为"诺贝尔奖获得者让·保罗·萨特"就完全成了另一码事。"无法想象谁有权给康德、笛卡尔或歌德颁奖"，"我拒绝这样做，拒绝一切荣誉"。尴尬的瑞典方面宣布，诺贝尔奖一经宣布便无法更改。因此，该年的记录上写着："文学奖得主让·保罗·萨特（作者拒绝领奖）。"拒奖后的萨特生活依然如故，思考哲学问题、出版著作。对当年拒绝诺贝尔奖，他毫不后悔，重申自己骨子里没有丝毫改变。1980年，75岁的萨特在争议声中病逝，赞誉他的人将他奉为"20世纪人类的良心"，诋毁他的人将他视为放荡不羁甚至道德败坏的人。

与上述两位诺贝尔文学奖获得者被称为是时代或人类的良心一样，1973年诺贝尔文学奖得主帕特里克·怀特也被冠以"良心"二字。1973年，怀特成为澳大利亚第一位诺贝尔文学奖得主。怀特的获奖让世界一片震惊，一家法国杂志怏怏不快地说："怀特何许人？谁知道？连澳洲人也不知道！"不知道又有什么关系！因为怀特本人对这个奖项根本不在意。当在自己澳洲农场家中得知这个消息后，他笑笑说，"诺贝尔文学奖不会使我的生活有任何改变"，然后就拎着鱼竿钓鱼去了。评论家说："怀特的目光不是朝向天空，而是指向内心。"对人类心灵世界的发掘，使怀特的作品更具有一种对生命的关切和强烈的精神气质。晚年的怀特依然住在自己的农场之中舞文弄墨，而且更喜欢写杂文和随笔，以文笔辛辣尖刻

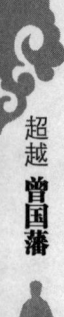

而著称。萨特与怀特几乎共同对诺贝尔文学奖表示淡然，真实地证明了他们不是像曾国藩那样重于名利，而是重于内心的真实，重于担任社会的良心。

中国最为著名的文学家鲁迅先生，也认同这一点。1927年，瑞典考古探险家到中国考察研究时，曾与刘半农商量，拟提名鲁迅为诺贝尔奖候选人，由刘半农托台静农写信探询鲁迅的意见。这年9月25日，鲁迅便郑重地给台静农回了一封信表示拒绝说："诺贝尔赏金，梁启超自然不配，我也不配，要拿这钱，还欠努力。""我觉得中国实在还没有可得诺贝尔奖赏金的人，瑞典最好是不要理我们，谁也不给。倘因为黄色脸皮人，格外优待从宽，反足以长中国人的虚荣心，以为真可与别国大作家比肩了，结果将很坏。"

鲁迅这封信既没有故意轻蔑诺贝尔奖的矫情，也没有刻意抬高诺贝尔奖的心思。当时他已完成了里程碑式的《呐喊》、《彷徨》、《野草》等作品，但他却清醒地觉得自己还"不配"、"还欠努力"。在他看来，中国作家得不了诺贝尔文学奖原因有很多，既有客观方面的原因，也有主观方面的原因。中国作家缺的是思想和视野，少有站在思索人类命运的高度上的作品，难获奖也就不出奇。可以说是"文学良心"铸成大部分诺贝尔文学奖的权威性。正是一个个坚定的"文学良心"，敢于讲真话，百年来如同一长串宝石珍珠，把诺贝尔文学奖的桂冠镶嵌得闪闪发亮，铸成了它不可企及的权威性。而面对当时的中国，鲁迅却深感中国文学的良心还不够。

后来有资料显示，鲁迅曾批评诺贝尔文学奖的评委说，他们在把中国最有希望获得诺贝尔奖的巴金先生的著作翻译成英文时，翻译质量很差，是"欺负巴金不懂英文"。在鲁迅看来，巴金代表着中国的良心。2005年10月17日19时零6分，101岁高龄的中国一代文学巨匠巴金在上海逝世时，无数人都在惊呼：一个时代结束了！1927年，年轻的巴金以第一部小说《灭亡》踏上现代文学的舞台，并逐渐成为中国文坛的领军人物。后来的《激流三部曲》，成就了巴金高傲的灵魂。巴金一生留下的26卷本的不朽著作和10卷本的精彩译著，影响了一代又一代人的心灵，更丰满了一代又一代人的精神境界与人格。

尤其是在1978年，人们尚未从那风雨如晦的阴霾中走出，巴金已经开始致力于从文化上反思那场噩梦的根源。

当年的巴金觉得自己时日不多了，不应再听从所谓的指示，而应该听从于内心、听从于良心的呼唤，将发自内心的话说出来，对时代与社会有个交代。于是，他拿起笔，以一篇又一篇不炫技巧、直指人心的随笔，写下自己"随时随地的感想"。当《随想录》合订本出版时，巴金在《新记》中写道："我在写作中不断探索，在探索中逐渐认识自己……不怕痛，狠狠地挖出自己的心。"《随想录》体现了巴金先生的两大思想核心，一是反对任何形式的强权，二是强调个性自由。从早期《激流三部曲》对于封建家庭专制的控诉与反叛，到晚年《随想录》中的深刻反思，巴金对于"独立性"的反思与追求始终是贯串一致的。"无论是个人压迫百万人的政府，或是百万人压制一个人的政府……反对多数压制与反对少数压制是一样的。"巴金的思想信仰曾使他饱受磨难，但恰恰是这种对于独立性的坚持，使得巴金仍然保持了一个作家最为可贵的反思与批判精神，成为中国作家良心和"讲真话"的代表。也许有人会说，只在文字上做社会的良心，那么超越曾国藩不是很容易吗？但实际上，历史上无数的文字狱已经证明，以文字载着思想做社会的良心，其实是非常难的。

历史书是知识分子写的。知识分子的良心某种程度上决定着历史的面目。《三国志》是晋人陈寿所作。《晋书》载："丁仪、丁斜

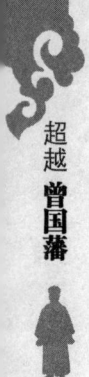

有盛名于魏"，理应在史书上有一席之地。陈寿碰到了丁家的后人，说："可觅千斛米见与，当与尊公作家传"。"千斛米"不是一个小数字了。但是丁家后人没有理睬他，由于陈寿没有得到"润笔费"，就不给丁仪和丁斛作传。倒是后来裴松之为《三国志》作注时补上了。陈寿的父亲曾经是马谡的参军，马谡失街亭被诸葛亮按军法从事，陈寿的父亲也被处分了。陈寿怀恨在心，在为诸葛亮立传时说，"亮将略非长，无应敌之才"。陈寿搞"有偿立传"，不禁让人想起许多有关历史的论述。说得文明一些的，说"历史是一个任人打扮的小姑娘；"说得粗俗的则直截了当地称"历史是一个婊子"，谁想玩弄就玩弄一下。

书写历史的人本身就在书写自己的历史。人类的一切现在都是明天的历史，因为历史是每一分钟的现在，一切往事都属于现在，所以历史的考验几乎无处不在，而且这种考验几乎都是在不知不觉中进行的。只有真正有良心的人，才会如实地记录历史，同样，也只有有良心的人才会写好自己的历史。

最后也应该承认，评价曾国藩是一件非常复杂的事。曾国藩曾经写道：陈容有言曰"仁义岂有常？蹈之则为君子，违之则为小人。大能言乎！仁者物我无间之谓也。一有自私之心，则小人矣。义者无所为而为之谓也。一有自利之心，则小人矣。同一日也，朝而公正，则为君子；夕而私利，则为小人。同一事也，初念公正，则为君子；转念私利，则为小人"。又说，"所谓小人者，识见小耳，度量小耳。井底之蛙，所窥几何，而自以为绝伦之学；辽东之豕，所异几何，而自以为盖世之勋。推之以了了为义……以龊龊为廉，此皆识浅而易以自足者也。君臣之知，须积诚以相感，而动凝主恩之过薄；朋友之交，贵积渐以相孚，而动怨知己之罕觏，其或兄弟不相容，夫妇不相信,父子不相亮,此皆量小而易以滋疑者也。君子则不然,广其识,则天下之大,弃若敝履;尧舜之业,视若浮云。宏其度,则行有不得;反求诸己。己所不欲,勿施于人。乌有所谓自私自利者哉?不此之求,而诩诩然号于众曰:'吾君子也!'当其自诩君子深信不疑之时,识者已嗤其为小人矣"。事实上,曾国藩同任何人都一样,时而是君子,时而是小人。问题的关键是学其优点,而不断超越其缺点及优点,多做君子,少做小人。

就选择"唯仕途为大"之外的发展之路,参与慈善与持有对社会问题的关怀,以及将精力贡献于担当社会良心等普世追求而言,除了与林则徐这些人携手超越曾国藩外,其实人人可以超越曾国藩。